현대 중국의 문화산업 읽기

아시아총서 50

▶ 정책, 역사, 콘텐츠로 읽는 중국 문화산업

현대 중국의 문화산업 읽기

김창경
공봉진
안승웅
이강인
지음

산지니

들어가는 말

최근 중국 문화산업은 세계적으로 강한 경쟁력을 지니고 있으며, 특히 게임산업을 비롯한 e스포츠는 세계 최고의 수준이다. 2024년 세계를 강타한 중국의 문화콘텐츠로 중국 고전 『서유기』를 모티브로 한 「검은신화: 오공」이 바로 그 예이다. 이 게임은 2024년 미국 게임업계의 대표 시상식인 '더 게임 어워드'에서 베스트 액션 게임에 선정되었고, 또 스팀 유저들이 직접 선정한 2024년 스팀 올해의 게임(Game of the Year, GOTY)으로 선정되었다.

중국은 2024년 1월 31일 국제표준화기구(ISO)에 '게임용어 표준 제안서'를 제출했고, 5월에 이를 공식 승인받았다. 이 제안서에는 e스포츠 관련 용어, 경기 방법, 주최자 및 장비 용어 등 게임 운영의 필수적인 세부 사항들이 포함되어 있으며, 향후 e스포츠 규칙과 종목 선정, 게임 운영 방식에 중대한 영향을 미칠 수 있는 가능성을 내포하고 있다.

2024년 2월 26일부터 3월 2일까지 중국에서 애니메이션 「천추의 명시(千秋詩頌)」가 방영되었다. 이 애니메이션은 중국중앙방송총국(CMG)이 중국 최초로 문자 기반 생성형 AI 기술로 제작한 것으로, 중국의 고대 명시들을 중국의 수묵화풍 영상으로 구현했다. 중국 사이버공간관리국이 2024년 8월 발표한 통계에 따르면 중국에서 출시된 생성형 AI 제품은 180개 이상이다. 2025년 1월에 공개된 중국의 생성형 AI 기업 딥시크(DeepSeek)는 세계를 놀라게 하였다. 중국 정부의 적극적 지원 정책으로 4,500개가 넘는 AI 관련 기업들이 중국에 있는 것으로 알려졌다.

중국의 적극적인 관련 제도 수립과 지원정책은 단지 게임이나 애니메이션 산업에만 그치는 것이 아니라, 영상·공연·인터넷산업 등 문화산업의 전 분야에 걸쳐 이루어지고 있다. 아울러 중국은 문화산업의 세계적 추세에 따라 발빠르게 적응하고 있을 뿐만 아니라, 실험적인 도전을 계속하고 있다.

시진핑(習近平) 국가주석은 2012년 집권 이래 '신시대 중국특색 사회주의' 건설을 제기하면서, 줄곧 '4개의 자신감'을 강조하고 있다. 그 가운데 중국 '문화에 대한 자신감', 즉 "중국의 이야기를 잘 풀어내야 한다."라는 점을 더욱 강조한다. 아울러 시진핑 국가주석은 2021년 『인민일보』를 통해 중국 국가연극원 단원들에게 보낸 서신에서 "몸과 마음을 다해 중국의 이야기를 잘 풀어내야 한다."라고 하면서 "시대와 인민에 부끄럽지 않은 작품을 만들어야 한다."라고 강조하였다. 이러한 중국 최고지도자의 언급은 중국 문화산업에 많은 영향을 주었을 뿐만 아니라, 영상산업과 게임산업 등에 중국 이야기를 널리 알리는 중요한 통로가 되고 있다.

중국은 현재 하드파워적 강국으로 자리매김하였을 뿐만 아니라 소프트파워적 문화강국으로 나아가기 위해 많은 노력을 기울이고 있다. 이러한 의지 이면에는 중국 고유의 문화원형을 통해 중국 이야기를 풀어나가고자 하는 국가적 지원이 충분히 담보되고 있기에, 전통문화에 대한 다양한 해석과 현대적 의미와 가치를 다양한 문화산업의 형태로 표출하고 있다. 이는 자국의 전통문화에 대한 보존 의미가 담겨 있을 뿐만 아니라, 자국 문화의 본원적 원형과 이를 새롭게 탈바꿈한 문화콘텐츠를 통해 자국 문화의 세계적 확산을 이루고자 하는 것이다. 또한 중국의 문화유산에 대한 관심은 그것이 유형이든 무형이든 중국 내 문화유산을 매우 강조하고 있다. 특히 지역문화를 대표하는 고성과 고진은 그 자체로의 보존 가치가 충분히 있는 것이다. 아울러 이러한 지역문화의 문화 재생은 지역 경제에 긍정적인 효과를 가져다 주고 있다.

본 책은 중국의 문화산업을 올바로 이해하고자 하는 것에 주안점을 두어 기술하였다. 그래서 1부에서는 중국 문화산업의 현황과 시진핑 시기의 문화정책을 다루었다. 2부와 3부에서는 구체적인 산업별로 나누어 그 산업의 역사와 발전 그리고 관련 산업 정책을 소개하였다. 4부에서는 중국 고유의 문화원형에 기초하여 문화콘텐츠로 대중화를 이룬 작품을 중심으로 살펴보았고, 이러한 문화원형의 현재적 재해석과 가치를 살펴보았다. 5부에서는 전 세계적 추세로 진행되고 있는 도시재생의 중국적 상황을 살펴보았다.

각국의 다양한 문화산업은 비단 자국 문화의 보존과 가치를 확보할 뿐만 아니라, 타국의 문화와 문화산업에 일정 정도 영향을 가져다준다. 중국의 문화와 문화산업 또한 예외가 아니다. 중국과 이웃하는 한국은 문화의 다양성에 유사한 면을 많이 보이고 있기에 양국 상호 간에 호보적인 영향 관계를 이루고 있다. 이에 본 책은 중국의 문화산업에 대한 기본적인 이해에 그치는 것이 아니라, 이를 통해 한국 문화를 새롭게 해석할 수 있는 창조적 상상력을 펼칠 수 있는 단초를 제공할 수 있기를 기대한다.

현재 한중관계는 2008년에 맺은 전략적 동반자 관계에 멈춰 있다. 2016년 사드 배치는 한국과 중국 간의 관계 변화와 개선에 어두운 그림자를 더욱 짙게 했다. 이러한 문제를 해결할 수 있는 방안은 바로 문화교류를 통한 활발한 인적교류라고 할 수 있다.

2024년 11월 21일부터 사흘간 중국 정부의 초청으로 대한민국 문화체육관광부 장관인 유인촌이 상하이에서 열린 '중국 국제관광교역회'에 참석하여 중국 문화관광부 부장인 쑨예린(孫業禮)과 회담을 가졌다. 이때 쑨예린 부장은 콘텐츠 등 문화강국 한국의 성공 사례를 배우고 싶다고 밝히며 "양국 문화·관광장관 회담과 부처 간 교류의 정례화, 박물관·미술관·도서관·극장 등 양국 문화기관과 예술단체 간 교류, 양국 기업 간 교류 심화"를 제안했다. 유인촌 장관은 "게임·영화·엔터 분야에서 한중 간 투자와 협력이 이미 활발하다. 앞으로 대중문화 분야에서 한중합작 등을 통해 양국이 힘을 모은다면 세계 시장도 겨냥할 수 있다"라며 "중국 내 한국 영화 상영이나 공연 등이 활발해진다면 지역경제 활성화에도 기여할 수 있을 것"이라고 제안하였다. 그리고 유인촌 장관은 "2025년과 2026년 양국의 문화가 활짝 꽃피우도록 함께 노력하자"라고 하였다. 그리고 쑨예리 부장은 "앞으로 양국 장관이 서로 방중, 방한으로 더욱 자주 만나길 희망한다"라고 강조했다.

이러한 분위기 속에서 중국은 한국 관광객의 무비자를 선언하였다. 2024년 11

월 중국 정부는 한국을 포함한 9개국을 상대로 2025년 말까지 무비자 정책을 시행한다고 밝혔고, 당초 15일이었던 무비자 기간도 30일로 늘렸다. 2024년 12월 17일 중국중앙TV(CCTV)에 따르면 중국 국가이민관리국은 경유 비자 면제 기간이 기존 72시간과 144시간에서 240시간(10일)까지 연장됐다는 내용의 공고를 발표했다. 이에 따라 대한민국, 일본, 러시아, 브라질, 영국, 미국, 캐나다 등 54개국의 여권 소지자의 경우 중국을 거쳐 제3국으로 환승 이동할 때 무비자로 체류할 수 있게 됐다. 이러한 중국과의 교류 확대를 바탕으로 양국의 문화산업이 상호 협력을 통해 창의적이고 혁신적인 방향으로 발전하기를 바란다.

이 책을 출판하는 데 도움을 주신 산지니 출판사에 깊은 감사를 드린다.

2025년 8월, 대표저자 김창경

차례

제1부 중국 문화산업의 현황과 문화정책

1. 문화산업, 스토리텔링, 문화원형   15
    1) 문화산업의 정의와 특징   15
    2) 스토리텔링(Storytelling)의 개념과 종류   18
    3) 문화원형과 문화콘텐츠 개발   29

2. 중국 문화산업의 변천과 분류   39
    1) 중국 문화산업의 변천   39
    2) 중국 문화산업 원칙과 분류   44
    3) 중국 문화산업 향유 세대   46

3. 시진핑 시기 문화정책   50
    1) 문예강화   50
    2) 문화정풍운동   52
    3) 시진핑 문화사상   55

제2부 중국 영상산업

1. 중국 드라마   58
    1) 중국 드라마 역사와 발전   58
    2) 중국 드라마 제작 방식과 환경 변화   69
    3) 한국 드라마 중국 진출과 한중 합작 드라마   74
    4) 중국 드라마 산업 관련 정책   78

2. 중국 영화   85
    1) 중국 영화의 역사와 발전   85

    2) 주요 영화감독, 영화촬영소, 영화제   96
    3) 한중 합작영화   104
    4) 중국 영화산업 관련 정책   106

3. 중국 애니메이션   111
    1) 중국 애니메이션의 역사와 발전   111
    2) 한국 애니메이션의 중국 진출과 한중 합작 애니메이션   121
    3) 중국 애니메이션산업 관련 정책   123

제3부 중국 공연·게임·인터넷 산업

1. 중국 공연   128
    1) 중국 공연산업의 역사   128
    2) 주요 지역 공연문화   133
    3) 한중 합작 공연   137
    4) 중국 공연산업 관련 정책   139

2. 중국 게임산업   147
    1) 중국 게임산업의 역사와 현황   147
    2) 중국 e스포츠   150
    3) 중국 게임산업 관련 정책   153

3. 중국 인터넷 산업   160
    1) 중국 숏클립과 라이브방송   161
    2) 중국 인터넷 기업과 문화엔터테인먼트 산업   165
    3) 중국 인터넷방송 산업 관련 정책   166

제4부 중국 문화원형과 문화콘텐츠

1. 중국 특색 문화원형의 사회문화적 배경 179
   1) 중단 없는 오랜 역사 179
   2) 한자 문화 180
   3) 유·불·도의 전통사상 182

2. 신화전설 184
   1) 산해경 185
   2) 삼황오제 190
   3) 양산백과 축영대 195
   4) 백사전, 우랑직녀, 맹강녀 199

3. 역사 인물 204
   1) 진시황 205
   2) 양귀비 209
   3) 포청천 214
   4) 황비홍 218

4. 문학 223
   1) 삼국지 224
   2) 서유기 231
   3) 수호전 237
   4) 현대 무협소설 244

5. 중국 문화원형의 현대적 의미 250
   1) 전통 신화와 전설의 현대적 재해석 250
   2) 문화원형으로서 역사 인물의 역할과 현대적 의미 251
   3) 창작의 원천으로서 문학 작품의 문화적 가치 251

제5부 문화생활의 새로운 공간

1. 도시재생과 관광의 결합   255
   1) 세계의 도시재생 현황   255
   2) 중국 도시재생의 역사   257
   3) 중국 공업단지의 재생과 관광   258
2. 중국 문화창의산업단지와 주요 사례   260
   1) 문화창의산업단지   260
   2) 베이징, 상하이 등의 공업단지 도시재생   263
   3) 후퉁, 시주룽의 문화공간 재생   268
3. 문화유산의 고품격 관광산업   272
   1) 중국 문화유산의 관광자원화   272
   2) 중국 고성의 주요 사례   273
   3) 중국 고진의 주요 사례   279
4. 문화콘텐츠로서의 현대적 의미   285

부록: 문화산업 관련 주요 5개년 규획   287
참고문헌과 읽을거리   293
찾아보기   296

제1부

중국 문화산업의 현황과 문화정책

2024년 중국에서 제작된 콘솔게임「검은신화: 오공(黑神話: 悟空, Black Myth: Wukong)」과 2025년 1월에 공개된 중국의 'AI 딥시크(深度求索, DeepSeek)'는 세계를 놀라게 하였다. 2025년 1월 29일에 상영되었던 애니메이션「나타2(나타지마동료해(哪吒之魔童鬧海))」는 많은 기록을 남겼다. 게임「검은 신화: 오공」은 전설인 '우공이산(愚公移山)'에서 영감을 얻어 제작되었다. 딥시크는 오픈 소스 대형 언어 모델을 개발하는 중국의 인공지능 연구 기업이자 회사의 제품명이다.

「나타2」는 개봉한 지 9일 만에 중국 역대 흥행 1위「장진호(長津湖)」(2021)를 밀어냈다. 그리고 2월 13일에는 중국 영화 최초로 '2억 명 관객 동원' 기록을 세웠는데, 이는 '단일국가 내 박스오피스 10억 달러 돌파'라는 세계 최초의 기록이라 할 수 있다.「나타2」는 2025년 2월 18일까지 16억 9900만 달러(약 2조 4450억 원)의 흥행 수익을 거둬 미국 픽사의「인사이드 아웃2」(2024년·16억 9800만 달러), 디즈니의「겨울왕국2」(2019년·14억 5300만 달러)를 제치고 세계 애니메이션 최대 흥행작이 되었다. 중국에서 상영되었던 '나타' 시리즈는 소설『봉신연의(封神演義)』의 등장인물과 스토리 라인을 따왔으며, 중국의 신화와 전설을 스토리텔링한 영화이다.

문화산업의 변방에 속하던 중국 문화산업이 점차 세계 중심에 들어서고 있다. 중국의 문화산업은 1990년대에 들어와 정부의 관심과 지원하에 발전하기 시작하였다. 한국콘텐츠진흥원 베이징비즈니스센터는 2024년 3월 6일에 발간한『중국 콘텐츠 산업동향』에서 "시진핑 총서기 집권 3기(2022~2027)에 들어서면서 중국문화 및 관련 산업(문화콘텐츠산업)은 중국 경제발전의 새로운 성장 산업으로 주목받고 있다"라고 밝혔다.

1. 문화산업, 스토리텔링, 문화원형

1) 문화산업의 정의와 특징

(1) 문화산업 정의

문화산업은 문화내용물의 기획, 제작 및 유통과 관련된 산업 분야를 의미한다. 좁게는 영화, 방송, 음악, 게임, 애니메이션, 공연 등 오락적인 분야를 포함하고 넓게는 출판, 인쇄, 광고, 미술 등을 포함하는 산업을 포함한다.

문화산업의 좁은 의미는 "오락의 요소가 상품의 부가가치 형성에 커다란 역할을 하는 산업"을 의미한다. 넓은 의미로는 "문화와 예술 분야에서 창작되거나 상품화되어 유통되는 모든 단계의 산업"과 "이윤 추구를 목적으로 문화와 예술을 상품화하고 생산하여 시장에서 거래하는 것"을 의미한다.

문화산업은 국가에 따라 용어가 다소 다르게 사용되고 있다. 미국은 '엔터테인먼트산업(entertainment industry)', 프랑스는 '문화산업(cultural industry)'이라 부른다. 영국은 '창조산업(creative industry)'이라 부르는데, '저작산업(copyright industry)', '체험경제(experience economy)'라 부르기도 한다.

문화산업을 육성하기 위한 기술을 '문화기술(Cultural Technology, CT)'이라고 부른다. 문화기술은 문화상품의 기획, 개발, 제작, 생산, 유통, 소비 등에 관련된 기술을 포괄적으로 의미한다. 2020년대에 들어와 AI(인공지능)를 활용하는 사례가 늘어나고 있는데, 특히 2022년 오픈AI의 챗GPT 등장 이후 증가하는 추세다. 2022년 미술대회에서 이미지 생성 인공지능 '미드저니(Midjourney)'가 우승했고, 2023년에는 사진대회에서 생성형 인공지능을 활용한 작가가 우승했다. 2024년에는 생성형 인공지능을 문화산업에 적용하는 사례가 많아지고 있고, 교육프로그램도 증가하고 있다.

(2) 문화산업 특징

문화산업의 대표적 특징은 '창구효과(Window Effect)'이다. 창구효과란 하나의 문화상품이 문화산업의 한 영역에서 만들어진 후 부분적인 기술적 변화를 거쳐 문화산업 영역 내부, 혹은 다른 산업의 상품으로서 활용이 지속되면서 그 가치가 증대되는 것을 말한다. 창구효과의 단점은 원소스(One-Source)의 흥행 여부에 따라 파생상품의 흥행이 결정된다는 것이다.

문화산업에서 OSMU(One-Source Multi-Use)와 OBMU(One-Brand Multi-Use)가 자주 언급된다. 먼저 OSMU는 창구효과이다. 이는 하나의 원천 콘텐츠가 게임, 만화, 영화, 캐릭터, 소설, 음반 등의 여러 가지 2차 문화상품으로 파급되어 원 소스의 흥행이 2차 상품의 수익으로까지 이어지는 문화상품만이 가지는 연쇄적인 마케팅 효과이다. OSMU 사례로는 "아기공룡 둘리, 미키마우스, 포켓몬, 깜부, 슈퍼윙스"가 있고, 2022년 한국을 강타한 '포켓몬빵'도 하나의 예이다. 포켓몬의 OSMU는 음악CD, TV방영, 잡지 연재, 카드게임, 게임보이(GBA), 캐릭터, 극장상영 영화, 비디오 등으로 확산되었다.

한국 SBS 애니메이션 「베스티언즈(BASTIONS)」는 3D 액션 히어로 애니메이션으로 2023년 5월부터 알려지기 시작하였다. 주인공 베스티언즈가 환경을 파괴하는 빌런 정체를 밝혀 위기에 빠진 지구를 구하고 진정한 히어로로 성장하는 과정을 그렸다. 「베스티언즈」의 제작사인 티모스미디어는 제우스코퍼레이션과 「베스티언즈」 IP(지식재산권)를 활용한 상품화 계약 콘텐츠를 체결하였다. 이는 콘텐츠 및 OST 관련 IP를 접목한 OSMU 전략을 통해 글로벌 시장에 진출하기 위해 체결하였다고 볼 수 있다.

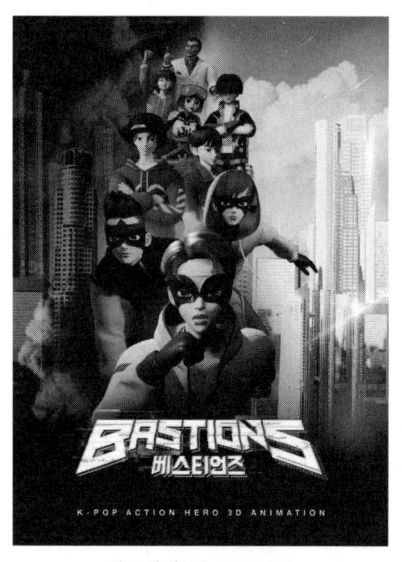

베스티언즈(BASTIONS)

방탄소년단이 부른 「더 플래닛」은 OST 타이틀곡으로, 지구의 소중함을 노래하였다. 「더 플래닛」은 2023년 11월 일본 도쿄

돔에서 열린 CJ ENM 연말 음악 시상식 '2023 MAMA AWARDS'에서 베스트 OST 부문을 수상하였다.

OSMU는 제품이나 서비스의 인지도를 높이기 위해 사용되는 마케팅 비용을 상대적으로 줄일 수 있다. 뿐만 아니라 한 장르의 성공이 다른 장르의 문화상품 매출에도 영향을 끼친다는 점에서 문화콘텐츠의 핵심 마케팅 전략이다. 요즘은 웹툰과 웹소설, OTT(온라인동영상서비스) 분야까지 콘텐츠 IP 분석 사업을 확대해 OSMU 시장을 공략하고 있다.

OBMU는 '미디어 믹스' 전략이라고 불리는데, 하나의 문화콘텐츠를 게임, 출판, 음반, 영화, 애니메이션 등으로 동시에 발표하는 것을 말한다. OBMU는 시너지 효과를 겨냥한 새로운 마케팅 전략이다. OBMU 사례로는 영화「매트릭스」,「반지의 제왕」,「해리포터」등의 게임과 애니메이션 동시발매를 들 수 있다. 특히「매트릭스」는 개봉과 동시에 게임, 소설, 애니메이션이 발매되면서 동반 상승 효과를 기록했다.

중국에는 '굿즈(谷子, goods)경제'라는 말이 있다. '굿즈(谷子)'는 'goods'의 음역에서 유래한 단어이다. 굿즈는 애니메이션, 만화, 게임, 아이돌 등 콘텐츠 IP를 기반으로 파생된 제품을 의미한다. 굿즈는 포스터, 포토 카드, 키링, 피규어, 인형 등으로 제작된다. 최근 중국에서는 전문 매장 '굿즈점(谷子店)'이 등장하였고, '굿즈를 먹는다'라는 의미인 신조어 '츠구(吃谷)'가 등장하였다. 애니메이션「나타2」가 인기를 얻으면서,「나타2」의 굿즈도 호황을 누리고 있다. 대표적인 굿즈는 주인공이 한 머리띠이다. 세계 최대 규모의 도매 시장이 있는 이우(義烏) 지역의 한 판매자에 따르면 주문량이 20만 개를 넘어선 것으로 알려졌다.

최근 중국의 굿즈경제는 서브컬처 IP 굿즈를 중심으로 발전하였고, 중국 MZ세대의 핵심 소비 트렌드로 자리 잡고 있다. 중국의 시장조사기관 아이미디어(艾媒咨詢, iiMedia) 컨설팅자료에 따르면, 중국 서브컬처 관련 시장 규모는 2019년 약 2983억 위안에서 2024년 5977억 위안으로 증가했다. 2024년 중국 굿즈경제 시장 규모는 1689억 위안으로 2023년 대비 40.63% 증가했다. 중국 굿즈경제가 성장하게 된 이유를 3가지 요인에서 찾고 있다. 첫째는 완성도가 높고 좋은 애니메이션과 게임의 성공이고, 둘째는 심리적 만족감을 추구하는 정서적 가치지향 소비문화이고, 셋째는 경제력을 갖춘 Z세대의 소비력 향상이다.

중국에서 '2차원 경제'는 젊은 층을 중심으로 파생되는 문화산업 시장을 가리킨다. 중국 소비자들은 2차원 경제를 'ACGNC'로 정의한다. 'ACGNC'는 '애니메이션(Animation), 만화(Comic), 게임(Game), 소설(Novel), 코스플레이(Cosplay)'의 머릿글자를 땄다. 실제로는 음악, 문학, 라이브스트리밍 방송 등 다양한 분야를 포괄한다.

중국에서 애니메이션을 기반으로 2차원 경제의 인기가 계속되면서 대형상권의 1호점 입점 유치가 활발하다. 즉, '1호점 경제' 발전인데, '첫 번째 경제(首發經濟, debut economy, 론칭경제)'와도 관련이 있다. 소매 분야 1호점의 50%가 '여성 소비', '2차원 경제'를 중심으로, 여성 의류, 신발, 보석, 패션, 게임 등의 소비를 촉진하고 있다.

2024년 12월 중앙경제공작회의에서는 적극적인 소비 촉진과 내수확대를 2025년 9대 중점 과제 중 최우선으로 삼을 것을 밝히며, 관보를 통해 '첫 번째 경제'를 언급하였다. 첫 번째 경제는 '첫 출시, 첫 공연, 첫 전시, 첫 매장 오픈' 등을 포함한다. 첫 번째 경제는 '신제품, 신기술, 신비즈니스 모델' 등 새로운 성과의 '첫 등장'에 중점을 둔다.

2) 스토리텔링(Storytelling)의 개념과 종류

(1) 스토리텔링

스토리텔링은 소설의 구성방식 중 하나로 단순히 말이나 문장으로 서술하는 것을 뜻한다. 스토리텔링은 말 그대로 '이야기하기'이다. 오늘날의 스토리텔링의 특징은 매체와 표현방식에 제한이 없고 자유자재로 변용이 가능하다는 것이다. 스토리텔링은 주로 온라인 영역인 광고와 문화콘텐츠(영화, 애니메이션, 게임, 모바일, 엔터테인먼트 방송), 오프라인 영역(도시, 테마파크, 박물관, 축제, 이벤트) 등을 기획하고, 홍보 전략을 수립하는 전 과정에서 활용된다.

스토리텔링은 문화기술과 결합하면서 문학·만화·애니메이션·영화·게임·광고· 디자인·홈쇼핑·테마파크·스포츠 등의 장르를 아우르는 상위범주로 새롭게 개념화되고 있다. 2019년 중국을 흔든 5대 마케팅 키워드가 있다. 그중 하나가 '스토리텔링 광고'이다. 광고에 대한 소비자들의 거부감을 줄이기 위해 광고를 하나의 이야기처럼 제작하였다. 이렇게 제작된 스토리텔링 광고는 소비자의 몰입도를 높이고 메시지 전달력을 높임으로써 소비자들을 집중시켰다.

2019년 영화 「페파피그의 새해맞이(小豬佩奇過大年)」의 '페파피그(小猪佩奇, peppa pig)가 뭐야?(啥是佩奇)', 화웨이(華爲)의 '오공(悟空)', 렉서스(雷克薩斯, lexus)의 '말할 수 없는 이야기(說不出來的故事)' 등 이슈가 된 광고는 모두 스토리텔링 광고였다. 하나의 이야기로

페파피그의 새해맞이(小豬佩奇過大年)

서 사람들의 감성을 자극하여 깊은 인상을 남겼다.

'페파피그가 뭐야?'는 중국의 인기 캐릭터인 페파피그를 모르는 할아버지가 페파피그를 갖고 싶다는 손주를 위해 만나는 사람마다 "페파피그가 뭐냐"라고 물어보다가 끝내 직접 페파피그 송풍기를 만들어 낸 이야기를 담은 영화 홍보영상이다. 이 광고는 중국인의 정서를 잘 파악하고 에피소드를 재미있게 풀어나가 중국 어린이는 물론 어른들 사이에서도 인기를 끌었다. '페파피그가 뭐야?'가 크게 히트를 하며, 영화 「페파피그의 새해맞이」의 흥행 성적도 좋았다.

(2) 세계관 설정

세계관은 정치, 경제, 사회문화, 철학, 예술, 역사 등 다양한 지식을 바탕으로 정립되는 개념이다. 세계관을 어떻게 설정하고 얼마나 많은 시간을 투자하여 노력했느냐에 따라 완성도가 높은 결과물을 얻을 수 있다. 세계관은 게임, 영화 등으로 넘어오면서 시나리오의 바탕을 이루는 시간적·공간적·사상적 배경을 가리키게 되었다.

세계관은 지적인 측면뿐 아니라 실천·정서적 측면을 아우르는 세계 파악을 목적으로 한다. 세계관은 문학·영화뿐만 아니라, 최근에는 엔터테인먼트업계와 유통업계까지 영향을 미치고 있다.

먼저, 현대를 소재로 하는 세계관이다. VR 시뮬레이션 게임의 세계관이 대부분 현대적인 세계관을 채택하고 있다.

콜 오브 듀티

다음은 역사적으로 일어났던 사건을 세계관으로 설정한다. 예를 들면,「콜 오브 듀티」「배틀필드1」등과 같은 게임은 모두 제1차·2차 세계 대전을 소재로 하고 있다. 그 외에도 스페인 내전이나 십자군 전쟁을 소재로 한다. 한국에서는 고구려 역사를 배경으로 한「바람의 나라」가 있다.

다음은 판타지를 소재로 하는 세계관이다. 이때 중세 판타지 세계관이 두드러진다. 중세 판타지 세계관은 테이블탑 롤플레잉 게임(TRPG)에서부터 시작되었다. 테이블탑 롤플레잉 게임은 보드게임처럼 오프라인상에서 사람들이 테이블에 모여 앉아서, 대화를 통해 진행하고, 각자가 분담된 역할을 연기하는(role playing) 게임을 일컫는 용어이다. 서양 판타지 이야기의 배경에는 영국, 프랑스, 독일 지역이 중심이 되는 '게르만 문화'가 중심을 이루고 있다.

게임 속에 등장하는 기본적인 장비들의 설정이나 명칭, 직업의 배경 등은 모두 중세의 기본 규칙을 그대로 이식해두었다. 중심에는 봉건 제도가 자리를 잡고 있다. 십자군 전쟁이 보여 준 각종 장식이나 문양, 십자군 조직의 형태, 전쟁 의도 등은 판타지 세계관을 구축하는 데 큰 영향을 미쳤다.

동양에서는 무협이라는 이름의 동양 판타지 세계관이 구축되어 있다. 대부분 중국을 중심으로 한 무림의 각종 문파를 배경으로 한다. 동양 판타지에는 주역이나 불교 사상이 내재되어 있다. 선과 악이 뚜렷하게 나타나는 중세 판타지와 다른 특징이 나타나는 동양 판타지 세계관은 문파 사이의 세력 다툼이 중심이며, 정파와 사파 사이의 대결 양상을 그리고 있다. 불교 정신을 엿볼 수 있는 4대 천왕이나 지옥의 형태,『산해경(山海經)』등에 나와 있는 신화 전설 이야기는 동양 판타지의 좋은 소재이다.

다음은 우주 SF 세계관이다. 우주 SF는 소설, 영화, 게임의 단골 소재이기도 하다. 이는 미국과 소련이 우주 개발 경쟁을 펼쳤던 1960년대 냉전 시기를 배경으로 한다. 우주 SF 세계관은 게임에도 적용되어 「헤일로(HALO)」와 같은 FPS(1인칭 슈팅), 「스타크래프트」와 같은 RTS(실시간 전략 시뮬레이션)처럼 다양한 장르에 적용되었다. 우주 SF는 먼 미래를 시간대로 사용하기 때문에 다양한 최첨단 무기, 기괴한 우주 생물체를 표현하기가 쉽다.

헤일로(HALO)

세계관은 엔터테인먼트에도 적용되고 있다. 대표적인 사례가 한국의 대중문화를 이끄는 음악에서 두드러지고 있다. 특히 아이돌 그룹에서 세계관이 뚜렷하게 등장한다.

한국의 SM엔터테인먼트의 '엑소'는 K팝 아이돌 그룹 중 세계관을 가장 먼저 도입하였다. 그런데 이들은 초능력, 즉 가상의 세계관을 끌고 들어왔다. 엑소의 팀명은 태양계 외행성을 가리키는 '엑소플래닛'에서 가져왔다. 엑소 세계관에서 멤버들은 이 행성에서 온 것으로 간주하였다. 카이(순간이동)·백현(빛)·세훈(바람)·찬열(불)·디오(힘)·수호(물)·레이(치유)·시우민(결빙)·첸(번개)·크리스(비행)·타오(시간조정)·루한(텔레키네시스) 구성원마다 초능력도 부여하였다. 구성원 모두가 초능력과 기억을 잃어버린 뒤 지구에 불시착해 초능력을 되찾아가며 악의 무리를 물리친다는, 판타지 영웅 히어로물 서사를 가지고 출발하였다. 특히 2012년 데뷔 전까지 순차적으로 공개한 23개의 예고편을 통해 팬들이 직접 팀의 서사와 성격을 찾아가며 유추하는 형태의 시스템도 고착화했다.

세계에 K-culture를 확대시킨 '방탄소년단(BTS)'은 세계관을 현실에 도입한 팀이다. '학교 3부작' '청춘 2부작' '러브 유어셀프' 시리즈 등 앨범을 낼 때마다 연작 형식으로 현실과 맞물린 스토리텔링을 형성한 뒤 한 세계관을 만들고 팬들을 끌어들였다.

세븐 페이츠: 착호

이런 공감대는 세계적인 팬덤 구축으로 이어졌다.

방탄소년단의 세계관을 바탕으로 하는 웹툰「세븐 페이츠: 착호」는 근미래의 도시가 배경이다. 어번 판타지(urban fantasy) 장르로, 조선시대 '범' 잡는 부대로 알려진 '착호갑사'에서 모티브를 얻었다. 어반 판타지는 판타지의 하위 장르 중 하나이다. 현대의 '도시(urban)' 내에서 벌어지는 이야기를 바탕으로 하는 판타지 장르이다. 도시전설적 판타지와 도시 배경의 판타지라는 두 가지 정의가 섞여 사용되고 있다. 신화 속 곰과 호랑이의 이야기, 그리고 한국 전통 호랑이 설화 등을 하이브(HYBE)가 상상력으로 재해석했다. 범과 지독하게 얽힌 운명을 지닌 일곱 명이 범 사냥꾼 팀 '착호'를 결성해 혼돈한 세계를 헤쳐 나가는 모습을 역동적으로 그린다. 「세븐 페이츠」는 '운명'으로 묶인 7명의 소년이 함께 시련을 이겨내고 성장하는 시리즈다.

한국의 인기 걸그룹 에스파(aespa)의 노래와 뮤직비디오를 이해하기 위해서는 인간의 또 다른 자아인 'ae(아이)', 인간과 아이의 연결인 'SYNK(싱크)', 디지털 세계 너머 미지의 세계인 'KWANGYA(광야)' 등 이들의 '세계관'을 이해해야 한다. 'aespa'는 'Avatar X Experience'를 표현한 'æ'와 '양면'을 뜻하는 'aspect'를 합친 조어이다. "자신의 또 다른 자아인 아바타 'ae'를 만나며 새로운 세계를 경험하게 된다."라는 세계관을 기반으로 활동한다.

북유럽 신화의 세계관은 마블 영화 속 토르를 통해 유명해졌다. 북유럽의 신들은 불멸의 존재가 아닌 결국 죽을 존재이지만 그것은 종말이 아니라 새로운 시대의 시작이다.

영화나 드라마, 웹툰, 게임 등에 자주 등장하는 세계관은 종교적 세계관이다. 이때 중국의 불교와 도교적 세계관이 많이 나타난다. 웹툰「불멸의 투귀」는 불교 세계관과 액션을 적절히 다루었다. 「불멸의 투귀」는 불교에서 치열한 전투를 벌였던 두 신을 다양한 시각으로 재해석했다. '제석천(帝釋天)', '아수라(阿修羅)' 등이 대표적이다. 제석천은 팔부신중(八部神衆)에서 으뜸으로 치는 불교의 호법신이다. 아수

불멸의 투귀

라는 귀신들의 왕으로, 3개의 머리와 6개의 팔을 가지고 있다. 세계관도 '한랭지옥', '초열지옥' 등으로 나눠 특색있게 묘사했다. 「불멸의 투귀」의 주인공은 신이 아닌 '나수아'로, 초열지옥의 아수라로부터 힘을 얻은 캐릭터다.

게임 「신선놀음」은 전통 수목화풍 산수화 장르를 기반으로 자유로운 신선 세계를 그려낸 모바일 게임이다. 사용자들은 수련의 길을 걷고 신선으로 성장하여 마족들과 맞서 싸우는 과정에서 영물 육성, 선우(仙友)들과의 기상천외한 만남, 약초 재배, 그리고 고대 보물 수집 등 다양한 콘텐츠들을 방치만으로 즐길 수 있다.

게임은 신화, 민담, 전설 등을 세계관으로 하는 경우가 많다. 최근 영화나 게임 등에서 자주 사용되는 것이 메타버스 세계관이다. '메타버스'는 영어로 'Metaverse'인데, '초월'을 뜻하는 그리스어 'Meta'와 '현실 세계'를 뜻하는 'Universe'를 합성한 용어이다. 1992년 닐 스티븐슨(Neal Stephenson)의 공상과학 소설인 『스노 크래시(Snow Crash)』에서 처음 사용하였다. 메타버스는 현실과 가상의 결합이 현실 세계가 되어서 그 안에서 상호작용하고 활동할 수 있다.

2022년 6월 24일 문화체육관광부가 주최하며 한국콘텐츠진흥원에서 주관하는 '메타버스 콘텐츠 포럼'에서, 국내 최고의 메타버스 아바타 기업인 갤럭시 코퍼레이션(Galaxy Corporation) 최용호 CHO(최고행복책임자)는 "메타버스 생태계가 확장되어지기 위해선 세계관은 매우 중요하다"라며 "앞으로 메타버스는 다른 사람의 경험을 꿈처럼 소비할 수 있는 브레인댄싱(Braindancing, BD)의 형태로 진화할 것"이라 말했다. 이어 "메타버스 콘텐츠는 앞으로 단순히 스토리텔링(storytelling)의 선형적 구조로 가는 것이 아닌 세계관 안에서 살 수 있는 스토리리빙(storyliving)으로 진화되어야 한다."라고 전했다.

메타버스 플랫폼으로 유명한 갤럭시 코퍼레이션은 연예인 IP를 활용해 아바타를 생성하는 마블 스튜디오 방식의 사업을 구현한다. 그리고 연예인 IP를 메타버스 아바타화 하여 방송, 음원, 웹드라마, 콘서트에 활용하는 등 현실과 가상을 오가는 세계관 구축을 하고 있다.

메타버스에는 기존의 AR/VR/MR, 가상현실과 구분되는 몇 가지 특징이 언급된다. 바로 5C이다. 5C에는 "Canon(세계관), Creator(창작자), Currency(디지털 통화), Continuity(일상의 연장), Connectivity(연결)"이다.

문학콘텐츠는 미디어 발달과 함께 영화, TV 드라마, 게임까지 다양하게 활용되고 있다. 게임 분야에서는 게임 라이터(game writer)가 게임의 이야기를 담당한다. 2012년 대한민국 게임대상에서 대상을 수상한 「블레이드 & 소울(블소)」는 현재 중국, 일본, 미국, 러시아, 베트남 등 9개국에서 서비스 중이다. 다중접속역할수행게임(MMORPG)인 「블소」는 동양적 세계관을 바탕으로 선한 세력이 악한 세력과 대결하는 내용이다. 이차선 엔씨소프트 콘텐츠·스토리 디렉터는 "게임 라이터는 기획자의 마인드를 가져야 한다. 게임 단계와 상황에 맞춰 이야기를 만들어내야 하기 때문이다. 벽을 격파해야 게임이 진행된다면 라이터가 그 벽을 깰 상황을 만들어 플레이를 뒷받침하는 것"이라고 강조했다.

무협을 좋아하는 이용자를 위해서 세계관에 맞는 분위기를 구성하는 것이 매우 중요하다. 레벨 인피니트가 선보인 신작 모바일 MMORPG 「천애명월도M」은 무협 스토리를 진하게 녹여낸 게임이고, 끊임없는 캐릭터 성장의 재미를 갖추었다. 낮과 밤이 변화하도록 하는 효과를 통해서 아름다운 무림 세계를 표현했을 뿐만 아니라 비와 눈, 유성우, 모래바람 등 다양한 날씨의 변화도 이뤄지면서 이용자를 매번 다른 환경과 분위기에서 즐길 수 있게 하였다. 「천애명월도M」의 클래스는 '문파'라는 이름으로 구현되어 있다. 각 문파마다 고유의 기술과 포지션을 보유하고 있다. 무협 본연의 액션과 함께 이용자가 원하는 스타일의 캐릭터로 플레이하는 것이 가능하다.

천애명월도M

(3) 스토리텔링의 종류

디지털 스토리텔링(digital storytelling)
디지털 스토리텔링이라는 개념은 1995년 미국 콜로라도에서 열린 디지털 스토리텔링 페스티벌에서 처음 사용되었다. 디지털 스토리텔링은 디지털 매체 기반의 콘텐츠 제작을 위한 이야기 창작기술을 말한다. 매체 환경에 활용되는 디지털 기술은 인터넷방송·지상파 DMB·위성 DMB·무선 휴대 인터넷 서비스인 와이브로(WiBro) 등의 디지털 미디어를 뜻한다.

디지털 스토리텔링은 이용자끼리 상호작용하며 가상현실에서 이야기를 만들어가는 온라인 롤플레잉 게임이 대표적 사례이다. 그 외에 「졸라맨」, 「마시마로」, 「으쌰으쌰 우비소년」 등의 플래시 애니메이션이 있다.

졸라맨

디지털 스토리텔링의 가장 큰 특징은 '쌍방향성'과 '상호 작용성'이다. 이는 언제, 어디서든, 무엇이든 네트워크로 연결되는 디지털미디어의 특성이 반영된 결과라고 할 수 있다. 이는 기존의 스토리텔링과 확연하게 차별화되는 부분이다. 기존의 스토리텔링은 발신자가 일방적으로 자신의 이야기를 전달하고 수신자는 수동적으로 그것을 누렸다.

디지털 스토리텔링은 크게 2가지로 나눠볼 수 있다. 하나는 엔터테인먼트(entertainment) 스토리텔링이고, 또 다른 하나는 인포메이션(information) 스토리텔링이다. 한국소프트웨어진흥원에 따르면 엔터테인먼트 스토리텔링은 허구적인 이야기를 바탕으로 상업적인 디지털 콘텐츠들을 제작하는 것이다. 디지털 영화, 디지털 애니메이션, 컴퓨터 게임, 디지털 방송, 디지털 음악, 디지털 출판 등이 여기에 해당한다. 반면 인포메이션 스토리텔링은 주어진 정보를 바탕으로 이를 가공, 배치, 편집, 디자인하는 과정을 거치는 것을 가리키는 용어이다. 여기에는 디지털 광고, e-러닝(e-learning), 디지털 박물관 등이 해당한다.

게임 스토리텔링(game storytelling)

MIT 대학의 미디어 연구가로 뉴미디어와 게임 프로그램을 연구하고 있는 헨리 젠킨스(Henry Jenkins)는 2005년 디지털게임 학회(DiGRA)에서 "게임 디자인이란 내러티브(narrative) 구조를 설계하는 것이다."라고 정의했다. 내러티브는 이야기 또는 서사를 의미하며, 특정 사건이나 경험을 구조화하여 전달하는 방식이다. 게임콘텐츠 개발을 위한 게임기획은 콘텐츠의 성공 여부를 결정하는 중요한 영역이다.

2022년 4월 중국 인기 모바일 게임 「왕자영요(王者榮耀)」 캐릭터가 중국 베이징 유니버설 리조트(UBR)에 등장하였다. 베이징 유니버설 리조트에서 진행된 퍼레이드에서는 게임 캐릭터 11명이 꽃차 4개에 올라타 중국의 전통문화요소를 관광객에게 소개하였다.

왕자영요(王者榮耀)

시장조사업체 센서타워(Sensor Tower)에 따르면 중국 기술 대기업 텐센트가 개발한 「왕자영요」는 2021년 2월에 세계에서 가장 높은 수익을 올린 모바일 게임으로, 이용자 지출액은 약 2억 2천 500만 달러였다. 이와 관련하여 베이징 유니버설 리조트 관계자는 일반적인 퍼레이드는 캐릭터와 영화의 한 장면을 보여주지만 「왕자영요」 퍼레이드는 스토리텔링에 중점을 두고, "관광객들에게 감동적인 무대 연극을 선사한다"라며 이를 흥행의 요인으로 꼽았다.

'스크립트 킬(劇本殺)'은 실제 사람이 각본 속의 다른 역할을 분담하여 연기하는 게임이다. 이 게임은 플레이어들이 각본에 따라 수사 단서와 여러 차례 추리에 걸쳐 투표로 살인자를 찾는 방식이다. 2021년 4월 2일 중국의 시장조사기관 '아이미디어 리서치(iiMedia)'가 발표한 「2021년 중국 스크립트 킬 산업발전현황 및 시장조사 연구분석보고」에 따르면, 2019년 중국 '스크립트 킬' 시장 규모는 전년 동기대비보다 68% 증가하여 100억 위안(약 1조 7,039억 원)을 초과하였으며, 2020년에는 코로나 19의 영향으로 7% 증가한 117억 4,000만 위안(약 2조 원)이다. 해당 게임은 이미 산업 체인이 형성되어, 극본창작자·발행사(배급사)·연기자·게임장·수직 플랫폼 등 각 주체의 참여로 산업 규모가 지속해서 성장 중이다.

테마파크(theme park) 스토리텔링

'테마파크' 또는 '테마공원'은 특정 주제를 기반으로 연출되는 관광 시설을 말한다. 놀이공원, 박물관, 호텔, 상업 시설이 같이 있는 경우도 있다. 대표적으로, 스포츠 테마파크, 푸드 테마파크 등이 있으며, 놀이공원과는 다르다고 할 수 있다.

테마파크는 엔터테인먼트 즉, "사람을 환대한다"라는 개념을 최우선으로 한다. 애디 밀맨(Ady Milman)은 "테마파크란 관광자원의 비교적 새로운 개념이고 다른 장소 혹은 시대의 분위기를 창조하는 것을 목표로 한다. 일반적으로 핵심적인 주제를 중심으로 건축, 조경, 전통복장을 입은 인물, 놀이시설, 쇼, 식음료 서비스 그리고 상품이 조화된 공간이다. 이러한 주제는 캐릭터나 로고와 같은 일관적인 시각적 표현을 통하여 공원의 구조물과 조직을 통합하고 있다."라고 정의한다.

테마파크의 기원은 17세기 유럽의 플레져 가든(Pleasure Garden)으로 교외에 위치하여 녹지와 광장, 인공 호수나 화원 등으로 이루어진 공원시설을 일컫는다. 플레져 가든은 초기에 음악회 등의 이벤트를 제공하였고, 여기에 기구탑승형의 놀이시설이 설치되어 유원지 형태를 이뤘는데 오늘날 테마파크의 내용과 형식은 초기의 플레져 가든과 흡사하다.

중국에서는 테마파크를 '주제공원(主題公園)' 혹은 '주제낙원(主題樂園)'이라고 부르는데, 보통은 '주제공원'이라고 부른다. 중국에서는 테마파크를 '역사문화, 경관관광, 레저놀이, 정경모사(情景模擬), 주제창의'로 분류하고 있다. 역사문화의 대표적인 테마파크는 항저우의 송성경구(宋城景區), 카이펑의 청명상하원(清明上河園), 창저우의 춘추엄성(春秋淹城) 등이다.

경관관광의 대표적인 테마파크는 선전의 금수중화(錦繡中華), 세계의 창(世界之窓), 쿤밍의 세계원예박람원(世界園藝博覽園) 등이다. 레저놀이의 대표적인 테마파크는 '놀이공원(歡樂谷)' 계열의 테마파크, 쑤저우 테마파크(蘇州樂園), 항저우 테마파크(杭州樂園)이다. 정경모사의 대표적인 테마파크는 저장성의 헝뎬 영시성(橫店影視城), 인촨화하 서부영시성(銀川華夏西部影視城) 등이다. 주제창의의 대표적인 테마파크는 디즈니랜드, 유니버셜 스튜디오, 중화공룡원(中華恐龍園), 팡터환락세계(方特歡樂世界) 등이다.

저장성헝뎬영시성

중국 테마파크 발전 과정을 초보 맹아기(1989~1997), 점진적 성장기(1998~2004),

고속 건설기(2005~현재)로 구분할 수 있다. 초보 맹아기에는 테마파크의 개념이 출현하기 시작하였는데, 문화 위주였다. 1989년 대형문화테마파크인 금수중화가 선전에서 세워졌는데, 중국의 첫 번째 엄격한 의미에서의 테마파크이다. 이후 1991년에 중국민속문화촌, 1994년에 세계의 창이 선전에 세워졌다. 그리고 1996년에 헝뎬 영시성과 송성(宋城) 등 고건축물이 주제가 된 테마파크가 세워지기 시작하였다.

점진적 성장기에는 테마파크의 주제가 세분되었다. 1998년에 선전에 화교성 놀이공원(華僑城歡樂谷)이 세워졌다. 이는 중국에서 관상(觀賞)성, 취미성, 오락성과 참여성이 융합된 첫 번째 테마파크이다. 2000년에는 장쑤성 창저우에 중화공룡원이 세워졌는데, 공룡이 주제였다. 2002년에는 하이창(海昌)이 중국 최초의 해양공원인 다롄노호탄해양공원(大連老虎灘海洋公園)을 세웠다.

팡터환락왕국(方特梦幻王國)

고속성장기인 2005년 이후에는 테마파크가 지속적인 고속성장을 하게 되었다. 투자 규모도 커지고 기술력도 높아졌다. 2005년 홍콩에 디즈니랜드가 세워졌다. 2006년에는 초대형 주제 유락시설인 창룽환락세계(長隆歡樂世界)가 광저우에 세워졌다. 2007년에는 안후이성 우후(蕪湖)의 팡터환락왕국(方特梦幻王國)이 세워졌는데, 중국에서 규모가 가장 큰 제4세대 테마파크이다. 2016년에는 상하이에 디즈니가 세워졌는데, 중국 첫 번째의 디즈니 테마파크이다. 중국에서 규모가 가장 큰 현대 서비스업 중외 합작 항목의 하나이다.

2017년에는 류저우(柳州)에 동성구 환락세계가 세워졌다. 이곳은 중국 최초의 인터넷을 주제로 한 테마파크로, 34가지 체험형 관광지를 보유하고 있다. 또 2017년에 워너 브라더스(Warner Bros)의 쑤저우 무비월드가 세워졌는데, 촬영 현장을 실제로 체험할 수 있다. 2021년에는 베이징 유니버셜 스튜디오가 문을 열었다. 중국에서 첫 번째이고 아시아에서는 세 번째이며, 세계에서는 다섯 번째 유니버셜 스튜디오이다.

한편, 「2021~2027년 중국 테마파크 산업의 시장현황 및 투자발전 잠재력 보고」에 따르면 중국경제의 빠른 성장으로, 테마파크 산업 또한 호황을 맞이할 것으로 분석하고 있다. 중국의 테마파크 산업발전은 4개 단계를 거쳤다. 1단계는 놀이동산, 원림, 영화드라마 촬영지 위주였고, 2단계는 미니 축소경관, 영화드라마 시티 및 공연 위주였다. 3단계는 현대화 주제문화 육성을 위주로 하였고, 4단계는 종합산업체인+신기술+빅 IP 활용 단계이다.

2020년 중국 10대 테마파크는 "상하이의 디즈니랜드, 창룽해양공원, 베이징 놀이공원(歡樂谷), 팡터환락세계, 선전 놀이공원, 상하이 놀이공원, 광저우 창룽환락세계, 청두 놀이공원, 중화공룡원, 팡터동방신화(方特東方神畵)"이다.

3) 문화원형과 문화콘텐츠 개발

(1) 문화원형의 개념

문화원형은 문화정체성을 형성하는 근간으로 고대부터 현재까지 문화적 저류(undercurrent)로 지속하면서 특수한 역사적 조건, 생태적, 시대적 환경에 따라 다양한 양태의 문화를 생산해내는 문화 생성의 힘이다. 그리고 신화, 전설, 민담, 노래, 언어, 예술, 문학작품 등에 드러나거나 놀이, 의례, 말, 풍속 등에 나타나는 공통된 행동유형이다.

오늘날 문화원형은 문화콘텐츠의 흥미롭고 창의적인 소재이다. 민족문화원형은 사람이 태어나기 전부터 있는 집단 무의식의 본성적 경향, 같은 자연환경과 역사적 환경에서 유사한 경험을 반복하는 동안 일정한 유형으로 나타나는 의식적 경향이라 할 수 있다. 시대적 자극과 충돌을 겪으면서 외면적으로 변화하기도 하지만 내면적으로 비슷한 유형의 본성을 유지한다.

신화, 전설, 민담은 설화(說話)에 포함되기도 하는데, 학자에 따라 의견이 분분하다. 설화는 사전적으로는 "어느 민족이나 집단에 예로부터 전승되어 오는 이야기"라고 정의하고 있다. 신화는 "아득한 옛날, 특별히 신성한 장소, 시공간 자체가 신성성"을 갖는다. 반면 전설은 구체적인 시간과 장소가 나오고, 민담은 뚜렷한 시간과 장소는 없다. 신화의 주인공은 신성한 자이고, 전설의 주인공은 구체적이거나 역사적 인물인 경우가 많고, 민담은 일상적 인간이 많다.

(2) 중국 문화원형 특징

중국의 문화원형 특징은 실록 중심의 역사 서사(敍事)와 기이한 환상 서사로 구분할 수 있다. 실록 중심의 역사 서사는 천하 통일과 영웅의 이야기이다. 왕조의 흥망 반복, 왕조를 파멸시키는 군주와 난세의 혼란을 평정하고 새로운 왕조를 건립하는 군주, 그리고 그들의 대결이다. 최근 진시황(秦始皇)과 한 고조, 당 태종, 명 주원장, 청의 강희제·옹정제·건륭제 등을 제재로 한 TV드라마를 많이 제작하고 있는 것이 하나의 예이다.

봉신연의

기이한 환상서사는 신선, 귀신, 외계인 그리고 여우의 변신담과 인신연애(人神戀愛) 이야기이다. 이와 관련된 서적으로는 『산해경』, 『봉신연의』, 『수신기(搜神記)』, 『신선전(神仙傳)』, 『열이전(列異傳)』, 『요재지이(聊齋志異)』 등이다. 이러한 책의 내용을 원형으로 한 영화와 TV드라마는 많이 있다. 대표적인 작품은 「봉신연의」, 「화피(畫皮)」, 「청사(青蛇)」, 「백사 연기(白蛇緣起, White Snake; 백사: 인연의 시작)」 등이다.

한편, 중국에서 전해 내려오는 신화와 전설 및 민담은 주요 문화원형이 된다. 중국의 천지개벽과 인류창제 전설, 3황5제 신화전설, 4대 민간전설, 후예와 항아 이야기, 우공이산 등이 있다.

2006년 국무원이 제1차 국가급 비물질문화유산 명록을 지정할 때, 중국 정부는 비물질문화유산을 보호하고 합리적으로 이용하며 계승 발전시킨다는 방침에 따라 1차로 518개를 지정하였다. 서두에 민간문학과 관련된 31개가 나열되어 있다. 이때 중국 민간전설 6개가 지정되었다. 6개는 '양축전설, 백사전 전설, 맹강녀 전설, 동영(董永)전설, 서시(西施)전설, 제공(濟公)전설'이다. 2008년에 국무원은 제2차 국가급비물질문화유산 명록을 발표하였다. 이때 요(堯)임금 전설, 우랑직녀(牛郎織女)전설, 서호(西湖)전설, 유백온(劉伯溫)전설, 굴원(屈原)전설, 왕소군(王昭君)전설, 염제신농(炎帝神農)전설, 목란(木蘭)전설, 반고(盤古)신화 등이 포함되었다.

2011년 국무원은 제3차 국가급비물질문화유산명록을 발표하였다. 이때 조씨고아(趙氏孤兒)전설, 순(舜)임금 전설, 우(禹)임금 전설, 반호(盤瓠)전설, 장자(莊子)전설, 포대화상(布袋和尚)전설 등이 포함되었다. 2014년 11월에 국무원은 제4차 국가급비물질문화유산대표성 항목명록을 발표하였다. 이때 노구교(盧溝橋)전설, 귀곡자(鬼谷子)전설, 동해효부(東海孝婦)전설, 공작동남비(孔雀東南飛)전설, 노자전설, 맹모교자(孟母教子)전설, 기인우천(杞人憂天)전설, 백아자기(伯牙子期)전설, 창힐(蒼頡)전설 등이 포함되었다.

2021년에 제5차 국가급비물질문화유산대표성 항목명록을 발표하였다. 이때 현장(玄奘)전설, 여와(女媧)전설, 장건(張騫)전설 등이 포함되었다.

중국 4대 민간전설은 우랑직녀, 맹강녀(孟姜女) 이야기, 양산백과 축영대(梁山伯與祝英臺), 백사전(白蛇傳)이다.

우랑직녀 전설은 『시경(詩經)·대동(大東)』에 처음 등장한다. "하늘엔 은하수가 굽이굽이(維天有漢), 희미한 빛내며 흘러가며(監亦有光), 직녀 바라보며(跂彼織女), 종일토록 베틀에 일곱 번 앉고 지네(終日七襄). 일곱 번 앉고 져도(雖則七襄), 무늬 고운 비단 짜지지 않고(不成報章), 반짝이는 견우조차(睆彼牽牛), 수레 끌지 않네(不以服箱)."라는 내용이 나온다.

맹강녀 전설은 『좌전(左傳)』에 처음 기록되어 있다. 기량(杞梁)이 제(齊) 장공(莊公)을 위해 전사하였음에도 대우를 받지 못하자 그 아내가 남편을 위해 장공의 직접적인 사과를 받아내고 안치되었다는 이야기이다. 이후 한 대 류향(劉向)의 『열녀전(列女傳)』에 나온다. 당대 승려 시인 관휴(貫休)는 「기량처(杞梁妻)」라는 시에서 사연의 장소를 기성(杞城, 지금의 산둥 즈보(淄博)시)에서 진(秦)장성으로 바꾸어 놓았다. '곡소리'와 '장성 붕괴' '바다로의 투신' 등의 이야기가 더해져 오늘날의 맹강녀 전설이 전해지게 되었다.

양산백과 축영대는 양축이라고도 부르는데, 이 이야기는 당 중종(中宗, 683~684) 때 양재언(梁載言)의 『십도사번지(十道四蕃志)』에 처음 나온다. 그리고 만당(晚唐)시기 장독(張讀)의 『선실지(宣室志)』에 비교적 상세하게 등장한다. 이후 송대에는 장진(張津)이 저술한 『건도사명도경(乾道四明圖經)』에 등장하고, 명 대 풍몽룡(馮梦龍)이 지은 『고금소설(古今小說)』에 나온다. 전통극인 가자희(歌仔戲), 월극(越劇), 천극(川劇) 등에서 상연되어왔다. 2003년 UNESCO의 인류 구전 및 무형유산 걸작으로 등재를 신청한 바 있다.

4대 전설 중 가장 뒤에 형성된 내용이 백사전이다. 백사이야기는 당 대 전기인 『백사기(白蛇記)』 기원설과 『서호삼탑기(西湖三塔記)』에 기원한다는 설이 있다. 그리고 명 대 풍몽룡의 『경세통언(警世通言)』의 「백낭자영진뇌봉탑(白娘子永鎭雷峰塔)」에서 이야기는 초보적으로 정형화되었다.

(3) 문화콘텐츠의 개념과 웹콘텐츠

문화콘텐츠 개념은 관련 기관과 연구자에 따라 문화콘텐츠의 정의는 다소 차이가 있다. 대한민국에서 문화콘텐츠로 인정되는 범위는 "'영화', '드라마, 다큐멘터리 등을 포함한 방송콘텐츠', '만화·웹툰·애니메이션, 캐릭터', '문화원형을 이용한 콘텐츠', '대중음악', '뮤지컬, 오페라, 연극 등의 공연', '컴퓨터 게임, 모바일 게임 등의 게임', '인터넷, 모바일, 에듀테인먼트 콘텐츠', '전시기획, 테마파크, 축제 등의 공간콘텐츠'"이다.

문화원형을 주제별로 디지털 콘텐츠화하여 문화콘텐츠산업에 필요한 창작 소재로 제공함으로써, 문화콘텐츠산업 경쟁력 향상을 도모해야 할 필요성이 대두되었다. 중국 고전문학은 오늘날 문화산업에 중대한 콘텐츠 중의 하나이다. 중국의 영향을 가장 많이 받은 편에 속하는 한국에도 알려진 것은 극히 일부에 불과하다. 중국 고전문학에는 소설, 시 외에 경전, 잡문, 희곡 등 영화, 애니메이션, 게임 등 각종 콘텐츠의 보고가 될 만한 작품이 많다.

웹콘텐츠는 짧은 이야기로 구성된 동영상 시리즈이다. 웹콘텐츠는 평균적으로 10분에서 15분 내외로 제작된 경우가 다수를 차지한다. 스마트 미디어 기기가 보편화 되면서 언제 어디서든 인터넷 접속이 쉬워졌고, 인터넷 연결을 통해 공간의 제약 없이 이용 가능한 디지털 형태의 텍스트, 이미지, 소리, 동영상 등으로 제작되고 있다. 이러한 모든 콘텐츠를 웹콘텐츠라 정의할 수 있다. 웹콘텐츠는 TV가 아니라 인터넷 및 모바일 등 웹에서의 1차 유통을 목적으로 한다. 이를 위해 웹 플랫폼의 특성에 맞추어 기획되고 제작되어 배포(release)된다.

시청자들의 이용행태가 본방 시청 중심에서 다시 보기, 몰아보기 등 비선형 방식으로의 변화하고 있다. 다채널에 대한 수요보다는 원하는 콘텐츠에 대한 선택적 이용 중심으로 바뀌고 있으며 웹에서의 콘텐츠 제작과 유통이 자생적으로 발생하고 있다.

스낵을 가볍게 먹듯 짧은 시간 내에 간편하게 즐길 수 있는 미디어 이용행태를 '스낵 컬처(Snack Culture)'라 부른다. 빠르고 간편한 소비 추세를 반영한 '스낵 컬처' 현상에 기반하여 10분 내외 짧은 시간 동안 즐길 수 있다. 하지만, 3분부터 30분까지 길이가 다양해지고 있다. 스낵 컬처의 확산은 스마트 기기에 익숙한 10~20대를 중심으로  이뤄지고 있다. 소비층은 점점 전 연령대로 퍼지고 있다.

스낵 컬처는 2007년 5월 미국 IT잡지 『WIRED』에서 패션 SPA브랜드, 패스트 푸드 외식 문화 등과 관련하여 쉽고 빠르게 소비되는 유행 현상으로 처음 소개되었다. 이용시간이 짧다는 점에서 기존의 디지털 콘텐츠와는 다르다. 웰메이드가 아니라 친근하고 나와 가까운, 전문가가 아니라 일반인이 만드는 새로운 형식으로 인해 이용자들에게 인기를 얻고 있다.

한국에서 통용되는 '웹콘텐츠'라는 용어는 "기존 정통적 콘텐츠 소비 매체와 다르게 PC나 모바일 등의 인터넷 단말기를 통해 소비되는 콘텐츠"를 말한다. 웹툰, 웹드라마, 웹소설 등이 대표적이다. 인기 웹툰, 웹소설 등은 출판되기도 하고 영화나 드라마로 제작되기도 한다. 또 인기 TV프로그램이 웹툰으로 제작되기도 한다.

한편, 최근 미디어 이용자들은 공동 미디어보다 개인 미디어를 선호하는 경향이 강해졌다. 가족들과 거실에서 TV를 시청하기보다는 각자의 방에서 모바일로

콘텐츠를 소비하고 있다. 모바일 콘텐츠는 이동성을 넘어 나만을 위한 콘텐츠를 각자 소비한다는 점에서 기존의 미디어 서비스와는 차이가 있다. 1980년대 초반부터 2000년대 초반 출생한 밀레니얼 세대가 이러한 소비 경향을 이끌고 있다.

(4) 최근 중국 문화콘텐츠 발전 추세

2021년까지 중국의 각종 문화·디지털 콘텐츠와 서비스가 창출되어 '비접촉 경제' 문화산업의 전반적인 성장을 이끌었다. 각 업종의 문화예술 생산 소비와 인터넷, 빅데이터, 5G 등 기술의 전면적인 융합이 이루어졌다.

성장세가 가장 크게 눈에 띄는 분야는 숏클립 동영상 분야, 전자상거래 생방송, 온라인 게임 분야이다. 또 클라우드 음악·클라우드 레코딩·클라우드 전시·클라우드 투어 등 새로운 산업계가 활발히 등장하였으며, 전통 교육 분야도 온라인 형태로 확장되고 있다. 2020~2021년 기간, 중국 문화산업에 투자한 건수는 총 1,617건이고 금액으로는 약 1,373억 위안 규모였다.

실감 콘텐츠

실감 콘텐츠는 이용자 오감을 자극해 몰입도를 향상시키는 기술을 통칭하는 말로 가상현실(VR), 증강현실(AR), 혼합현실(MR), 프로젝션 맵핑, 인터랙티브 미디어 등이 해당한다.

2025년 중국 광저우에 대규모 복합문화공간 '베리랜드(VeRyland)' 1호점이 문을 열었다. 베리랜드는 한중 합작 실감 콘텐츠로, 약 3,966㎡(1,200평) 규모의 2개 층에 걸쳐 50여 종의 체험형 콘텐츠를 갖추었다. 미디어프론트가 기획 단계부터 투자 유치, 콘텐츠 제작, 브랜드 구축까지 주도하였다. 미디어프론트는 VR, AR, XR(확장현실) 등 실감 콘텐츠 분야에서 독보적인 기술력을 보유하였다. 미디어프론트 이은숙 대표는 "23년간 쌓은 독보적인 노하우로 VR, AR, XR 콘텐츠 개발, 제작 및 영상 제작 및 몰입형 영상, 미디어아트 및 미디어보드 및 파사드 등을 통한 디지털 인터렉티브에 대한 수많은 구축 경험과 노하우를 가지고 중국 시장에 새로운 경험을 줄 것으로 기대한다"라고 말했다.

베리랜드는 실감 콘텐츠 산업의 발전 가능성을 보여준다. VR 스포츠존과 대형 체험 구역의 기술 구현을 주도하며, 현실감 있는 인터랙션과 몰입형 스토리텔링을 선보였다.

한편, 2022년 국립청주박물관(관장 이양수)은 어린이날을 맞아 가상현실(VR)에 기반한 실감 콘텐츠 '황비창천(煌조昌天), 밝게 빛나는 창성한 하늘'을 선보였다. '황비창천' 실감 콘텐츠 영상은 중국『회남자(淮南子)』「도응훈(道應訓)」편에 나오는 '보검을 손에 넣은 차비가 장강을 건너던 중 2마리 교룡을 만났고, 이에 칼을 뽑아 들고 물속에 뛰어들어 교룡을 물리쳤다'는 내용을 각색해 만들었다.

AI 콘텐츠

중국 내 인공지능 생성 콘텐츠(AI-Generated Content, AIGC) 기술 응용은 단순히 뉴스 기사 작성, AI 검색이나 디자인, 음악, 영상을 만드는 것을 넘어서, 게임, 영화/미디어, 광고, 전자상거래 등 다양한 산업에서 응용되고 있다. AIGC는 대량의 데이터 분석을 바탕으로 머신 러닝과 인공지능 기술을 활용해 생성된 텍스트, 이미지, 영상 등 새로운 콘텐츠를 말한다.

2024년 2월 6일, 유쿠는 중국에서는 처음으로 생성형 AI를 활용해 드라마를 제작하여 방영하였다. 유쿠는 미스터리 사극 드라마「대당적공안(大唐狄公案)」을 제작하여 중국 CCTV-8 채널과 유쿠 플랫폼을 통해 동시 방영하였다. 동년 2월 말,

대당적공안(大唐狄公案)

CMG(中央廣播電視總臺), SMG(上海廣播電視臺), CDRTV(成都市廣播電視臺)가 각각 인공지능 스튜디오를 설립하였다.

2024년 양회(兩會) 관련 뉴스 제작·보도에도 AIGC 기술이 적극 활용 제작되었다. 넷이즈(網易, NetEase)와 텐센트(騰訊, Tencent), 미호요(米哈游, miHoYo) 등

중국의 주요 게임사들은 이미 2017년부터 게임산업에 AI 기술 적용을 위한 연구소를 설립하였다.

중국 사이버공간관리국이 2024년 8월에 발표한 통계에 따르면 중국에서 출시된 생성형 AI 제품은 180개 이상이다. 2024년에 인공지능 회사 즈푸(智譜)AI는 비디오 생성 제품 '칭잉(清影, Ying)'을 선보였고, 중국 동영상 플랫폼 선두주자인 콰이서우(快手)가 비디오 생성 파운데이션 모델의 앱(APP) 버전 '커링(可靈)'을 출시했다.

세계 크리에이터들 사이에서 유명한 생성형 인공지능 콘텐츠(AIGC) 도구인 성수(生數)테크의 비두(Vidu)를 활용해 런웨이에서 오트 쿠튀르를 선보이는 레오나르도 디카프리오, 화려한 중국 재킷을 입고 전기 스쿠터를 타고 달리는 일론 머스크, 또는 일본 애니메이션 장면 등 장난스럽고 상상력이 넘치는 클립을 만들어 냈다. 「비두-1.5」는 세 개의 이미지만 입력해도 AI가 하나의 동영상을 생성해 준다.

2024년 2월 26일부터 3월 2일까지 CCTV 채널에서 방영된 애니메이션 「시대를 초월한 명시(千秋詩頌)」는 중국이 자체적으로 개발한 AIGC 기술로 제작한 첫 시리즈 애니메이션이다. 이 애니메이션은 'CCTV 오디오 미디어 모델'을 활용하고 AI 기술을 사용하여 국가 통일 중국어 교과서에 수록된 시를 아름다운 중국 전통 애니메이션으로 변환한다. 영어 버전 역시 방송국의 최신 AI 기술을 이용해 번역 및 더빙된 것으로 알려졌다.

틱톡의 모회사인 바이트댄스는 중국 최초로 고대 중국 문화를 홍보하기 위한 공상과학 단편 드라마인 「싼싱두이(三星堆): 미래 계시록」을 제작하는데, 자체 개발한 AI 툴 지멍(激萌, Faceu)을 사용하였다. 12부작으로 구성된 해당 시리즈에는 AI 스크립트 작성, 콘셉트·스토리보드 디자인, 이미지 투 비디오 생성, 영상 편집, 미디어 콘텐츠 향상 등 다양한 생성 기술이 도입됐다.

중국 국무원은 2017년 「차세대 AI 발전계획」을 발표하고 3단계의 발전 로드맵을 제시했다. 1단계는 2020년까지 AI의 전반적 기술과 응용을 선진국 수준에 도달하고 AI 산업을 새로운 동력으로 육성하고, 2단계는 2025년까지 AI 기초이론 분야에서 중대한 돌파구를 마련하고 일부 응용기술 분야에서 세계를 선도하며 AI 핵심산업 규모를 4,000억 위안 이상으로 키워내는 것을 골자로 한다. 3단계는 2030년까지 AI 이론, 응용기술 분야에서 세계를 선도하고 세계 주요 AI혁신 중심 국가로 도약하며 AI 핵심산업 규모를 1조 위안 이상으로 키워내는 것이 목표다.

중국 정부는 2024년 정부 업무 보고서에 「AI+ 이니셔티브」를 포함하면서 AI 산업 육성과 글로벌 기술 경쟁력 강화를 국가 전략으로 천명했다. 중국 국유기업들은 AI 인프라 개발을 선도하며 글로벌 기술 경쟁력을 강화하는 데 집중하고 있다. 대표적인 사례로는 차이나 텔레콤의 클라우드 서비스 계열사 '천익 클라우드(天翼雲, Tianyi Cloud)'가 AI 연산 네트워크 및 AI 클라우드·하드웨어 인프라 플랫폼을 개발하며 AI 산업을 주도하고 있다. 또한, 광둥성 사오관(韶關) 데이터센터(South China Data Valley) 클러스터에서 50만 개 표준 랙과 500만 대의 서버를 갖춘 대규모 데이터센터 구축이 진행 중이다.

2025년 중국의 AI 핵심 산업 규모는 4천억 위안(약 79조 원), 연관 산업 규모는 5조 위안(약 987조 원)을 돌파할 것으로 전망됐다. 2024년 말부터 중국 정부는 AI 생성 콘텐츠의 워터마크 의무화와 플랫폼 책임 강화 등 기술적·법적 대응책을 시행하고 있다.

AI 창작 콘텐츠는 새로운 표현과 혁신의 도구가 될 수 있다. 하지만, 심각한 법적문제와 윤리적 문제를 야기할 수도 있다. 세계적으로 AI 제작 콘텐츠를 이용한 가짜뉴스, 사기 등은 문제가 되고 있다. 유럽연합(EU)은 「AI법(AI Act)」을 통해 AI 창작 콘텐츠에 AI 기술로 제작한 사실을 반드시 표시하도록 규정하고 있다.

중국은 2023년 「딥페이크 관리 규정」을 제정해 AI 창작 콘텐츠의 제작 및 유통을 엄격히 관리하고 있다. 미국은 법적 규제보다 자율 규제에 방점을 두고 있다. 구글, 메타 등 주요 AI 기업은 'AI 생성 콘텐츠 원칙'을 발표하고, AI 워터마크 기술 도입, 콘텐츠 검증 시스템 구축 등을 자발적으로 추진하고 있다.

2024년 9월 14일 중국 당국은 한 달간 의견 수렴을 하여 "AI로 만들어진 텍스트, 이미지, 영상, 오디오 등 모든 콘텐츠의 제작, 전시, 배포 기간에 'AI로 제작'한 사실을 분명히 밝혀야 한다"고 규정한 초안을 발표했다. 온라인 콘텐츠 제공자들은 문자, 영상, 오디오, 가상화면 등 AI로 만든 모든 콘텐츠에 대해 문자, 음성, 그래픽 같은 눈에 띄는 표시로 이를 알려야 한다. 악의적으로 관련 표시를 삭제, 변조, 위조, 은폐해서는 안 된다. 온라인 콘텐츠 플랫폼들은 자신들이 배포하는 모든 AI 제작 콘텐츠를 규제해야 한다고 밝혔다. 중국 인터넷정보판공실은 해당 규정 초안이 AI를 활용해 콘텐츠를 만들고 대중에 서비스를 제공하는 산업조직, 기업, 교육·과학 연구소, 공공문화기관, 전문기관에 적용된다고 설명했다.

2. 중국 문화산업의 변천과 분류

1) 중국 문화산업의 변천

2008년 베이징올림픽이 개최되기 1년 전에 독일을 밀어내고 세계 3위 경제 대국이 된 중국은 2010년에는 일본을 제치고 세계 2위의 경제 대국이 되었다. 중국은 개혁·개방을 시작한 지 약 30여 년 만에 미국과 함께 주요 2개국(G2) 지위로 올라섰다. 특히 문화산업은 중국 정부의 지원으로 급속한 성장을 해 왔다.

중국에서 '문화산업'이란 말은 1994년 『중국문화보』에서 처음으로 사용되었다. 이때부터 '문화산업'이란 말을 사용하면서 문화에 대한 인식이 변하기 시작하였다. 그동안 중국에서는 문화를 사상을 강화하는 수단으로서의 문화선전사업으로 인식했었다. 중국정부는 1998년 문화부 산하에 '문화산업처'를 설립하여, 정부의 체계적인 지원 아래에 문화산업이 발전할 수 있는 토대를 마련하였다.

중국 정부의 문화산업 정책과 법률 및 규정은 중국의 문화산업 발전에 지대한 영향을 주었다. 2000년에 제정된 문화산업발전정책의 주요 목적은 중국문화의 선진성과 독특성, 응집력과 감화력을 나타내는 데 있다. 주요 내용으로는 문화산업발전을 가속화하고, 문화건설의 새로운 국면을 창조하는 것이다.

문화산업을 중국 정부 차원에서 공식적으로 사용한 시기는 2002년에 개최되었던 제16차 전국대표대회에서이다. 장쩌민(江澤民) 총서기는 「전면 샤오캉(小康) 사회 건설, 중국 특색 사회주의 사업의 새 국면」이라는 보고를 하였다. 장쩌민은 「보고」의 제6장에서 "문화의 힘이 민족의 활력, 창의력과 응집력에 뿌리를 두고 있다"라고 하며 문화건설의 전략적 의미를 강조했다. 그리고 "적극적으로 문화사업과 문화산업을 발전시키고 사회 효익을 가장 중요시"하고 "계속 문화체제개혁을 심화시키겠다."라고 표명하였다. 이때 문화산업의 진흥을 전면적 샤오캉 사회 건설에 필요한 전략적 부문으로 확정하였다. 중국 정부는 문화사업과 문화산업을 국가적 전략사업으로 지정하였다. 이때 '문화사업'과 '문화산업'을 명확하게 구별하였다. '문화사업'이라는 말은 중국공산당이 계획하고 실행하는 문화와 관련된 일을 가리킨다.

중국 국무원은 2005년 8월에 「비공유자본이 문화산업에 진입하는 것에 관한 약간의 결정」을 발표하였다. 「결정」을 통해 중국 정부는 대중문화 산업의 일부 분야에 대해 민간자본 진입을 허용하였다. 그동안 중국은 대중문화산업을 국영으로 100% 유지해 왔었다. 이로써 중국 정부는 처음으로 문화산업의 진입 조건과 표준을 규정한 것이다.

중국의 문화산업 정책은 2009년에 들어와서 본격화되었다고 볼 수 있다. 2009년 7월 22일 국무원 총리 원자바오(溫家寶)가 주관한 국무원 상무회의에서 「문화산업진흥규획」이 통과되었고, 9월 27일 국무원은 「중국문화산업진흥규획」을 공포하였다. 「규획」은 중국 최초로 '문화산업'에 관한 전문적인 강령을 담았다. 이것은 '문화'가 '산업'적 사이클을 통해 유통, 소비되는 현상임을 '공식적'으로 인정하였다는 역사적 의미를 지니고 있다. 「규획」은 문화산업이 국가적인 산업으로서 정식으로 국가 차원의 조정과 진흥 기획에 포함되었다는 중요한 의미를 보여준다.

2011년 11월 제17차 6중전회에서 중공중앙은 「문화체제 개혁 심화 및 사회주의 문화 대발전 대번영 촉진에 관한 몇 가지 중대 문제 결정」을 통과시켰다. 「결정」의 주요 내용은 "공익성 문화사업 활성화, 인민의 기본적 문화권익 보장, 문화산업 발전 촉진, 문화산업을 국민경제 지주성 산업으로 성장, 대규모 문화 인재 양성, 신문 여론 업무의 개선 및 강화, 우수 문화작품 개발, 건전한 온라인 문화건설·문화상품의 평가체계 및 지원 시스템 구축, 문화 수출의 새로운 모델 구축, 문화과학기술의 창신을 통한 문화소비 확대, 새로운 문화관리 체제 마련, 정책보장시스템 완비·중화문화의 세계화 촉진, 국외 우수문화 성과 적극적 수용"이다.

제17차 6중전회에서 중공중앙은 사회주의 핵심가치체계 추진을 강조하였다. 회의에서 중국은 중국의 문화 역량, 시민 의식을 비롯한 소프트파워를 육성하고 지속적인 경제성장에 따른 '문화안전(文化安全)'을 수호하는 지침을 채택하였다. 후진타오(胡錦濤)는 '문화체제개혁'을 통해 '사회주의 주선율' 선전을 강화해야 한다고 주문하였다. 제17차 6중전회에서 중공중앙은 문화가 국가 종합 경쟁력의 중요한 부분이 된다고 보고, 문화강국을 건설한다는 목표를 제시하였다.

제17차 6중전회를 계기로, 2012년에 들어와 중국 정부는 '불량' 서구 문화에 대한 단속을 강화하였다. 국무원 산하 공안부, 공업정보화부 등 9개 정부 부처는 2012년에 전국적으로 9차례의 합동 단속을 벌였다. 이때 적발된 4509만 건 가운데 80%인 3636만 건은 저작권을 침해한 불법 복제판(해적판)인 것으로 집계되었다. 공식 사건으로 처리된 1만5000건 가운데 4692건은 불법복제 혐의, 1685건은 음란물 유통 혐의를 각각 받았다.

중국 정부는 2011년 7월 6일 베이징에서 문화산업을 발전시키기 위한 5대 사업의 하나로 200억 위안(한화 약 3조 3,400억) 상당의 중국문화산업투자펀드를 설립하였다. 2020년 11월 18일 '중국 문화산업투자 모태펀드'가 베이징에서 정식으로 출범했다. 국가급 문화산업투자 펀드로서, 국가문화 전략과 기획의 시달을 둘러싸고 적극적으로 역할을 하고, 문화 자원의 최적화 배치와 산업구조 조정을 추진하고 문화산업의 고품질 발전을 추진하게 되었다.

2017년 이래로, 중국 문화산업을 관통하고 있는 핵심 키워드는 사회주의 혁명 등 주류 이데올로기를 주제로 한 콘텐츠를 가리키는 '주선율(主旋律)'과 긍정적 영향력을 가진 콘텐츠를 가리키는 '정능량(正能量)'이라 할 수 있다.

중국 정부는 2018년 3월「당과 국가기구개혁 심화 방안」을 발표하였다. 1998년 개편 이후 20여 년 만에 기구를 개편하였다. 기존에 중국의 신문, 출판, 텔레비전, 영화, 라디오, 게임 등 문화산업 콘텐츠 전반을 관리 감독하던 국가신문출판광전총국이 개편되었다. 그리고 텔레비전 관리업무를 기초로 국무원 직속 기구인 국가광파전시총국을 신설하였다. 국무부 산하였던 국가신문출판광전총국은 중국공산당 직속 기구인 중공 중앙선전부로 이관되었다. 신문·출판, 영화 그리고 라디오, TV의 관리 책임이 각각 국가신문출판서, 국가영화국, 국가광파전시총국, 국가판권국으로 분리·개편되었다. 국가신문출판광전총국을 중앙선전부 산하 기구로 배치한 조치는 중국 정부가 언론, 대중 미디어, 문화콘텐츠의 정치적 영향력을 높이고 대중 선전 기능을 강화하겠다는 의미로 해석하고 있다. 신문과 출판 업무는 중국공산당 중앙선전부에서 통일적으로 관리하게 하였다. 또 문화부와 국가여행국을 폐지하고 문화여유부(문화관광부)를 신설했다. 공업정보화부는 인터넷과 관련된 모든 분야를 총괄하는데, 온라인 스트리밍 서비스나 MCN, SNS 등 화젯거리인 이슈는 모두 이곳에서 관리한다.

2019년 연말부터 세계를 강타한 코로나19 사태가 장기화되면서 중국 콘텐츠 업계는 위기를 맞이하였다. 중국 정부는 사회 안정과 대중 선전을 위해 문화산업을 활용하고자 하였다. 이때 드라마 소재로는 소시민의 일상, 가족에 관한 이야기, 직장생활 등 평범한 보통 사람들의 삶을 조명하는 현실주의 소재 정능량 드라마들이 인기를 끌었다. 영화산업에서는 주로 전쟁이나 코로나19 영웅, 영웅적 인물의 실화 등을 다룬 작품들이 개봉하였다. 영화를 통해 코로나19로 지친 대중을 위로하며 애국심 고취에서 신경을 썼다.

  2020년은 코로나19의 영향으로 전통적인 업종의 산업은 타격을 입었다. 언택트(un-contact) 시대가 도래하면서 디지털과 융합한 산업이 부상하였다. 중국은 2020년부터 문화 빅데이터, 디지털 콘텐츠, 미디어 융합, 스마트워크, 인공지능 등이 산업융합의 새로운 이슈로 떠올랐다. 이러한 산업의 융합은 새로운 패러다임을 만들어내었고, 새로운 문화산업의 향유를 이끌어내었다. 포스트 코로나 시대의 문화산업은 전통적인 방식에서 디지털과 융합이 된 새로운 방식으로 변화될 것으로 전망된다.

  2020년 7월 14일 중국의 국가발전개혁위원회 등 13개 부처는 「신업태·신모델의 건강한 발전 지원 및 소비시장 활성화를 통한 취업 확대에 관한 의견」을 발표하였다. 「의견」은 개인사업자들이 온라인 창업 취업 비용을 한층 더 절감하고 '부업 혁신'을 독려하며 온라인의 다양한 소셜네트워크서비스(SNS), 숏클립 플랫폼이 체계적으로 발전할 수 있도록 지원하기로 하였다. 뿐만 아니라, 마이크로 혁신(사용자의 체험을 바탕으로 한 혁신), 마이크로 애플리케이션, 마이크로 제품, 온라인상의 5~30분 정도의 짧은 모바일 영화 등 여러 업종의 혁신을 독려하였다.

  한편, 중국 정부는 '문화강국'으로의 도약을 국가적 목표로 정하고 문화산업 내 핵심 기업과 전략 투자자를 양성하고 있다. 제12차 5개년 규획에서는 문화소프트파워 강화를 강조하며 '문화창의산업단지(文化創意産業園)' 구축을 추진하였다.

  중국 정부는 14·5 규획 기간(2021~2025) 동안, 문화산업의 전면적인 디지털화 전략을 시행하고 있다. 특히 새로운 문화기업, 문화 비즈니스, 문화 소비패턴을 빠르게 발전시킬 것을 제시하고 있다. 중국 정부에 따르면 디지털 산업화와 산업 디지털화 추세에 맞춰 새로운 문화 업태를 가속하고, 전통문화를 개조해 질적 효과와 핵심 경쟁력을 높여야 하는 것을 시대적 과제로 보고 있다.

2022년 6월 17일 베이징에서 제6차 중관촌(中關村) 디지털 문화산업 국제포럼이 개최되었다. 이 포럼은 문화산업의 디지털화 전략, 문화와 기술의 융합발전을 추진하기 위해 중국 중앙정부와 베이징시 인민정부, 베이징대 등이 매년 공동으로 개최되고 있는데, 중국판 디지털 문화산업 분야의 '다보스 포럼'으로 불린다. 포럼에서『중국 디지털 문화산업과 도시발전 청서』와 3대 "디지털문화산업 도시발전지수"를 발표하였다. 이때, '전국 디지털 문화산업 1선 도시'로 선정된 10개 도시와 신1선 도시가 소개되었다.

구분	도시명
10개 도시	베이징, 상하이, 선전(深圳), 항저우(杭州), 광저우(廣州), 청두(成都), 우한(武漢), 창사(長沙), 시안(西安), 난징(南京)
신1선 도시	쑤저우(蘇州), 허페이(合肥), 샤먼(廈門), 닝보(寧波), 칭다오(靑島), 취안저우(泉州), 다롄(大連), 지난(濟南), 정저우(鄭州), 난창(南昌)

2022년 6월 29일 한국콘텐츠진흥원 베이징 비즈니스센터는 베이징 주중한국문화원에서 제1회 치코(CHIKO) 포럼을 개최하였다. 첫 행사에는 량강젠(梁剛建) 중국라디오영화TV신문잡지협회 회장이 "중국 신세대를 사로잡는 숏폼 콘텐츠(short form contents) 성공법칙"이라는 주제로 강연을 했다. 중국은 더우인(抖音, 틱톡), 샤오훙슈 등 다양한 숏폼 콘텐츠가 일찍부터 발전했다. 량강젠 회장은 "중국의 숏폼은 긍정적인 내용이 많은 반면 한국은 부정적이고 남을 폄하하는 내용이 상대적으로 많다"라고 말했다. 숏폼 콘텐츠란 10분 내외의 짧은 영상으로, 직접적인 스토리 구성을 통해 시청자의 이탈을 최소화하는 콘텐츠다. 기존의 플랫폼보다 모바일 기반 플랫폼에서 활용하기 적합한 숏폼 콘텐츠는 틱톡, 유튜브, 넷플릭스, 애플+, 인스타그램, 페이스북 등의 서비스를 중심으로 확산되고

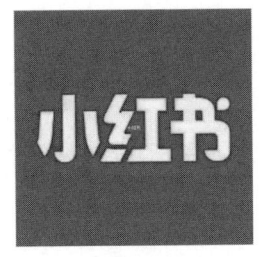

샤오훙슈(小紅書)

더우인(抖音, 틱톡)

있다.

더우인은 고성장 중인 숏클립의 대표 채널이다. 틱톡은 더우인의 글로벌 버전이다. 웨이보는 전통 SNS 성격을 가지고 있는데, 중국판 X(구 트위터)라고도 불린다. 시나그룹(SINA)이 운영하는 시나 웨이보(新浪微博)가 가장 유명하다. 비리비리는 'B짠(B站)'이라고 불리는데, Z세대가 가장 사랑하고 선호하고 있는 '중국판 유튜브'라고도 불리는 플랫폼이다.

> 중국 내에서 왕홍(網紅)들이 활동하는 주요 SNS 채널들은 샤오홍슈(小紅書), 더우인(抖音, 틱톡), 웨이보(微博), 비리비리(bilibili) 등이다. 왕홍은 온라인 인플루언서를 뜻하는 단어로 '왕뤄홍런(網絡紅人)'의 줄임말이다. 왕홍은 온라인 동영상 플랫폼을 통해 개인 방송을 진행하며 특정 상품이나 콘텐츠 등을 소개해 왕홍 개인과 제품에 대한 반응을 이끌어낸다.

한편, 2024년 1월, 베이징대학교 문화산업연구원에서 개최한 '제20회 중국문화산업 신년포럼'에서 발표된 「중국문화산업발전보고(2022~2023)」는 중국 콘텐츠시장의 발전 방향을 알 수 있게 한다. 「중국문화산업발전보고(2022~2023)」는 중국 콘텐츠시장에서 업계로부터 주목받은 키워드들을 선별하여 분석하였다. 주요 키워드는 "상상력 소비, 메타휴먼(MetaHuman), 인공지능(AI, Artificial Intelligence) 아트(Art), 몰입형 문화관광, 디지털 농촌 진흥, 메타버스, 도시 기억 재생"이다. 이 중, 인공지능 아트는 AI 소프트웨어를 사용하여 작성된 예술 작품을 지칭한다. 최근 몇 년간 AIGC는 인터넷 소설, 음악, 미술, 디자인 및 다양한 플랫폼에서 콘텐츠 생산의 새로운 모델이 되고 있다.

2) 중국 문화산업 원칙과 분류

중국의 문화산업분류 원칙은 3가지로 요약할 수 있다. 첫째 중공중앙과 국무원 등은 문화사업과 문화산업의 방침 및 정책 개혁 정신을 지도원칙으로 한다. 둘째 문화체제로의 개혁수요를 만족함과 동시에 정부 부분 관리 수요를 제대로 감독하여 문화 활동 및 산업이 보유하고 있는 장점을 고려한다. 셋째 중국 자체 분류체계인 국민경제 산업분류 국민경제 업종 분류를 기초하고 있다. 이외에 중국이 처해 있는 현실적인 면인 "사회 대중에게로 문화 오락 및 서비스의 제공, 문화와 기존산업과의 연관 관계" 등을 고려하고 있다.

2003년 7월에 중국 정부가 발표한 『문화 및 관련 산업분류』에서는 문화산업을 크게 주요 산업층, 외부 산업층, 관련 산업층으로 분류하였다. 2004년 제16차 전국대표대회에서 문화 건설과 문화체제 개혁에 대한 요구를 실현하게 하기 위해서, 국가통계국의 주도로 과제 팀이 결성되었다. 이때 『문화 및 관련 산업분류』가 발표되었다. 이 분류기준은 UNESCO(국제연합교육과학문화기구)의 문화통계 기준에 비교적 가까웠다.

마징쿠이(馬京奎) 국가통계국 사회와 과학기술 통계사(國家統計局社會和科技統計司) 사장(司長)은 "경제센서스에서 국가통계국은 '문화 및 관련 산업'을 '문화산업'으로 통칭했으며 '사회 대중에게 문화, 오락 상품과 서비스를 제공'하는 활동이다. 그리고 이와 연관되는 활동의 집합이다."라고 밝혔다.

2012년 7월 국가통계국이 발표한 『문화 및 관련 산업분류』에서 문화와 관련 산업분류를 10개 대부류로 분류하였다. 그중에 "문화창의와 설계서비스"가 분류되었다. 문화창의와 설계에는 구체적으로 광고서비스, 문화정보서비스, 건축설계서비스와 전문설계서비스가 포함되었다. 2018년에도 『문화 및 관련 산업분류(2018)』를 발표하였다. 이때 문화산업 분류기준의 주요 범주 10개를 9개로 수정하였다. 중간 범위 50개를 43개로, 하위 범주 120개를 146개로 수정하였다. 이 주요 범주 9개 중 1~6 등급은 문화 핵심 영역이고, 7~9등급은 문화 관련 영역이다.

『문화 및 관련 산업분류(2018)』에 따르면, 문화산업은 "사회 대중에게 문화 상품과 문화 관련 상품을 제공하는 생산 활동의 집합이다."라고 하였다. 그중 문화를 핵심내용으로 하여 사람들의 정신적 요구를 직접 충족시키기 위해 이루어지는 창작, 제작, 보급, 전시 등의 문화상품(상품 및 서비스 포함) 생산활동은 핵심 문화 영역이고, 문화산업의 주된 부분이다. 문화상품 생산에 필요한 문화 보조 생산 및 중간서비스, 문화 장비 생산, 문화소비자 단말기생산(제조 및 판매 포함)은 문화 관련 영역이며 문화산업의 보충적 부분이다.

한편, '뉴스 서비스', '신문 정보 서비스', '라디오 및 텔레비전 정보 서비스', '인터넷 정보 서비스'의 4개 중간 범위 유형을 합쳐서 '뉴스 정보 서비스'라는 주요 범주 유형으로 통합하였다. 이 중 '인터넷 정보 서비스'에는 인터넷 검색 서비스 및 기타 인터넷 정보 서비스만 포함되었다. 인터넷 시대의 도래와 함께 '인터넷+'를 기반으로 한 새로운 문화 형식이 계속해서 등장하고 빠르게 발전하고 있으며, 문화산업의 새로운 성장점이 되었다.

그리고 '출판 서비스(신문 출판 제외)', '라디오 및 영화·텔레비전 프로그램 제작', '창작 공연 서비스', '디지털 콘텐츠 서비스', '콘텐츠 보존 서비스', '공예·미술품 제조', '미술도자 제조'의 7개 하위 업종을 합쳐서 '콘텐츠 창작·제작'이라는 주요 범주로 통합하였다. 이 중 '콘텐츠 보존 서비스' 중간 유형 범주에는 도서관, 기록관, 문화유물 및 무형문화유산 보호, 박물관, 열사 공원묘지(烈士陵園), 기념관 등이 포함되었다.

2025년 1월, 78,000개 이상의 '전국 문화 및 관련 기업'에 대한 조사가 발표되었다. 이때 문화기업은 2024년에 141,510억 위안의 영업 수입을 달성할 것으로 예상되었는데, 이는 비교기준으로 전년 대비 6.0% 증가한 수치이다. 산업 유형별로 보면, 문화 제조업은 전년 대비 4.5% 증가한 42,191억 위안의 영업수익을 달성했고, 문화 도소매업은 전년 대비 3.5% 증가한 23,300억 위안의 영업수익을 달성했으며, 문화 서비스업은 전년 대비 7.7% 증가한 76,019억 위안의 영업수익을 달성했다. 각 부문별로 보면 핵심 문화 영역은 전년 대비 6.3% 증가한 92,644억 위안의 영업수익을 달성하였고, 문화 관련 영역은 전년 대비 5.5% 증가한 48,865억 위안의 영업수익을 달성하였다.

3) 중국 문화산업 향유 세대

(1) 실버 e족

중국에서는 통상적으로 만 50세 이상을 '실버세대'라고 지칭한다. 젊은 세대와의 디지털 격차가 어느 정도 해소되면서 인터넷을 활용하는 데 익숙한 실버세대를 중국에서는 '실버 e족(銀髮e族)'이라는 별칭으로 부르기도 한다.

최근 콘텐츠 시장에서는 실버세대를 대상으로 하거나 그들의 생활상 또는 당면한 문제들을 조명하는 콘텐츠가 주목받고 있다. 현재의 실버세대가 실생활에서 당면한 문제들을 재미있게 스토리텔링하여 콘텐츠에 반영하는 포맷들도 계속 늘어나고 있다.

실버 e족(銀髮e族)

정책적으로도 노년층의 인터넷 이용을 장려하는 규범들이 발표되고 있다. 중국 공업정보화부는 「인터넷 웹사이트 노인 친화를 위한 공용 설계 규범」과 「모바일 인터넷 앱 노인 친화를 위한 공용 설계 규범」을 발표하는 등 중노년층이 인터넷 생활에 빨리 적응할 수 있도록 돕고 있다.

구이저우 방송국의 IPTV인 G+TV는 구이저우성 최초의 중노년층을 위한 맞춤형 TV 채널 '다채방화(多彩芳華)' 노인생활 채널을 개설하였다. CCTV의 '발견의 길' 채널에서는 노년층을 대상으로 한 「시대방화(時代芳華)」라는 새 프로그램의 제작팀을 정식으로 출범하였다.

2013년에 방영된 나이든 부모와 그들을 부양하는 가족들의 갈등과 화해를 그린 드라마 「노유소의(老有所依)」, 2015년에는 황혼의 사랑을 그린 드라마 「공소노야(空巢姥爺)」부터 2022년의 남편과 사별한 후 싱글맘으로 살아가는 주인공과 시누이 사이의 갈등과 이해의 과정을 그린 소설을 원작으로 한 드라마인 「심거(心居)」에 이르기까지 실버 세대의 이야기를 소재로 한 다양한 콘텐츠 창작 열기가 꾸준히 이어지고 있다.

노년층 주인공이 등장하는 드라마가 아닐지라도 「8090(八零九零)」, 「환영광림(歡迎光臨)」 등의 현실 소재 드라마들을 보면 그 이야기 전개 과정에서 꽤 심도 있게 '노후 문제'를 다루면서 실버세대와 관련된 문제들이 주목을 받고 있다. 2021년에 방영된 「8090」은 할머니의 임종 직전, 평생을 운영해 온 양로원을 물려받게 된 1990년대 생 두 젊은이와 엉뚱하고 귀여운 매력을 가진 노인들의 좌충우돌하는 이야기를 다루고 있다.

롱폼(Long-Form) 드라마뿐 아니라 숏폼(Short-Form) 드라마 영역에서도 은퇴 이후 중장년층의 삶을 다루는 콘텐츠들이 제작되고 있다. 롱폼 드라마는 회차당 1시간짜리를 일컫는다. 숏폼 드라마는 회차당 5~15분 정도의 드라마를 일컫는다. 그리고 미드폼(Mid-Form) 드라마는 회차당 20~30분 정도로 상영시간이 짧고 속도감 있으며 비교적 가벼운 소재를 다루기에 편하다. 제작 기간이 짧고 제작비용도 적게 드는 편이다. 2021년 12월에 텐센트비디오에서 독점 서비스된 숏폼 드라마「대마적세계(大媽的世界)」는 한 동네에 사는 은퇴한 두 여주인공의 삶을 흥미진진하게 담아내고 있다.

중국에서 이뤄진 지난 몇 년간의 노년층과 관련된 소재 발굴은 예능 프로그램 영역에서도 적극적으로 이루어지고 있다. 2019년에 처음 선보인 리얼리티 프로그램「망부료찬청(忘不了餐廳)」은 노인의 질병과 삶, 죽음이라는 진지한 문제를 예능 소재로 가져왔다.

망부료찬청(忘不了餐廳)

2021년에는 동영상 플랫폼인 빌리빌리와 국무원 산하 중국노령협회가 공동으로 선보인 중국 최초의 세대 초월 공동 거주 관찰 예능인「옥첨지하(屋檐之夏)」가 방영되었다. 기본 포맷은 3명의 실버 세대인 인생 선배와 N명의 인생 초짜 MZ 세대 젊은이들이 21일간 함께 살면서 벌어지는 일을 담은 관찰 예능이다.

후난위성TV에서 2021년에 선보인 중국 최초 여성 실버족 예능 프로그램「마마, 니진호간(媽媽, 你眞好看)」은 건강하고 진취적인 실버 세대 '엄마'들을 주인공으로 하는 프로그램이다. 연예인 딸과 엄마가 함께 슈퍼모델 대회를 위한 트레이닝을 받으면서 엄마들의 건강하고 긍정적인 생활 태도와 다양한 매력을 조명하고, 모녀가 함께 지내는 동안 자연스럽게 세대 간 장벽을 허물어가는 과정과 그 가운데 드러나는 다양한 생각과 상대방에 대한 인식 차이를 보여주고자 하는 취지의 프로그램이다.

2022년 8월, 콰이서우(快手)는 헤이룽장 위성TV와 손을 잡고 중장년층 맞선 예능「노철정연(老鐵情緣)」을 선보였다.「노철정연」의 콰이서우 공식계정은 콘텐츠 공개 이틀째에 구독자 200만 명을 넘어섰다. 「노철정연」은 시청자들에게 재미를 제공할 뿐 아니라 현대 중장년 솔로들의 감성적 욕구를 사실적으로 보여주는 프로그램이다.

(2) Z세대(Z世代)

Z세대는 1995년에서 2009년 사이에 태어난 사람을 가리킨다. 중국 Z세대 인구는 약 2억 6,000만 명으로 전체 인구의 약 19%를 차지한다. 중국 Z세대는 대부분 1가구 1자녀 정책의 영향을 받아, 외동으로 자랐다. 그러다 보니 자신만의 사적인 공간을 중요시하고, 온라인으로 친구를 맺는다는 특징을 가진다.

Z세대는 인터넷의 발전과 함께 성장한 세대이다. 이들은 온·오프라인의 소비 영역, 문화 등에서 새로운 유행을 이끌고 있다. 최근의 Z세대 이용자들은 숏폼 동영상 플랫폼에서 음악을 듣고, 동영상을 시청하며, 자아를 표현하는 활동을 즐기고 있다. Z세대는 TV애니메이션, IT 기술의 발달, 온라인 게시판 및 테바(貼吧, 중국의 포털 사이트 바이두에서 운영하는 커뮤니티 서비스)의 유행, 모바일 인터넷 등을 경험한 세대이다.

미디어 리서치 기관 EN(藝恩) 조사에 따르면 Z세대가 선호하는 IP 종류별 선호도는 '중국 오리지널 애니메이션 IP'가 81%, '예능 프로그램'이 76%, 'IP 파생상품(아트토이, 굿즈 등)'이 71%, '버추얼(Virtual, 虚拟) 아이돌 및 버추얼 크리에이터'가 64%, '다큐멘터리'가 35%로 나타났다.

3. 시진핑 시기 문화정책

 시진핑은 중화문화를 강조하면서 '문화자신(감)'을 강조하고 있다. 그리고 중화민족공동체 의식 강화를 강조하면서 중화민족의 역사와 중국공산당의 역사 신중국사와 개혁개방 역사 및 사회주의 발전사를 강조하고 있다.
 시진핑은 중화민족의 위대한 부흥이라는 국가목표를 강조하고 있다. 시진핑의 국가적 목표는 중국 문화산업에도 중대한 영향을 주었다. 대중문화는 홍색 정풍운동의 칼바람이 가장 거센 분야다.

1) 문예강화

 2014년 시진핑의「문예강화(文藝講話)」는 중국 문화산업을 이해하는 데 있어서 매우 중요한 내용이다. 시진핑 정부가 들어선 뒤 문화산업과 관련한 중대한 연설이 있는데, 문예공작좌담회에서 발표한 시진핑의「문예강화」이다.
 2014년 10월 15일, 시진핑은 베이징에서 문예공작좌담회를 개최하여 7명의 문예계 인사의 발언을 들은 후, 약 2시간에 걸친「문예공작좌담회상의 강화」를 발표하였다. 주요 내용은 "첫째, 2개의 100년 목표와 중화민족의 위대한 부흥이란 중국의 꿈을 실현하기 위해서는 문예의 역할이 중요하다. 둘째, 문학예술계에 대해 사회주의가치관을 발양하는 역할을 충실히 수행하라" 등이다.
 한편, 당 간행물도 최근 '계급투쟁'과 '인민민주독재'를 부각하는 문장을 차례로 실었다. 이로써 시진핑 지도부는 민주주의와 자유 등 서구 가치관에 철저히 맞서겠다는 노선을 선명히 하였다. 이 좌담회는 중일전쟁 기간인 1942년 마오쩌둥이 주재한 '옌안(延安) 문예좌담회' 이래 중국 최고지도자가 처음 참석한 자리였다.『베이징청년보』는 "중국공산당이 시종 사상 선전과 문예공작을 대단히 중시했다"라고 하면서, 시진핑 국가주석이 문예계를 활용하여 이데올로기 통제를 시도한 마오쩌둥 수법을 본뜨고 있다고 밝혔다. 시진핑은 특히 서방 가치관의 영향을 강하게 받는 인터넷에 관해 "여론 전쟁의 주전장터"로 간주하였다.

시진핑은 2015년 10월 14일 베이징에서 개최된 문예공작좌담회에 참석해 사회주의 문화와 예술의 지향점을 제시하였다. 주요 내용은 "첫째, 중국공산당의 문예계에 대한 지도를 강화해야 한다. 둘째, 문화예술사업은 당과 인민의 중요한 사업이며, 문예 전선은 당과 인민의 주요 전선이다." 등이다.

시진핑이 강조한 문예 발전 방향 5가지는 "첫째, 중화민족의 위대한 부흥을 실현하기 위해서는 문화 번영 흥성이 필요하다. 둘째, 시대에 부끄럽지 않은 우수한 작품을 창작해야 한다. 셋째, 인민을 중심으로 하는 창작방향을 견지해야 한다. 넷째, 중국 정신은 사회주의 문예의 영혼이다. 다섯째, 공산당의 문예 공작에 대한 지도강화와 개진이다."이다.

2015년 9월에 열린 중국공산당 중앙정치국 회의에서 「사회주의 문예 번영·발전에 관한 의견」이 통과되었다. 이때 시진핑은 "문예 종사자들은 인민과 사회주의 핵심가치관에 중점을 두고 작품 활동을 해 나아가야 한다."라고 강조하였다.

시진핑의 「문예강화」에서 강조하는 주된 내용은 '사회주의 핵심가치관'이다. 시진핑은 "사회주의 핵심가치관은 2개의 100년을 실현하기 위해 필요한 정신으로, 중국 정부가 정해 놓은 규칙을 문예공작자들은 잘 따라야 한다."라고 강조하였다.

2021년 12월 14일 중국 문련(中國文聯) 제11차 전국대표대회와 중국작협(中國作協) 제11차 전국대표대회가 개최되었는데, 시진핑은 참석하여 문예공작을 중시해야 한다고 강조하였다. 시진핑은 당대 문예계에 존재하는 보편적인 문제를 제기하였다. 이때 시진핑은 "덕과 예술을 동시에 추구하며 시장의 노예가 되지 말라"라고 강조하였다. 그리고 "4개의 결코 …는 안 된다"라는 것을 강조하였다.

"4개의 결코 …는 안 된다."

1. 문예는 통속(通俗)이어야 한다. 그러나 결코 용속(庸俗), 저속(低俗), 미속(媚俗, 세상의 그릇된 흐름에 영합함)이어서는 안 된다.
2. 문예는 생활이어야 한다. 그러나 결코 풍기문란을 만들거나 추종하거나 부추겨서는 안 된다.
3. 문예는 창신(혁신)이어야 한다. 그러나 결코 괴이하거나 이치에 어긋나고 터무

니 없어서는 안 된다.
4. 문예는 효익이 있어야 한다. 그러나 결코 지저분한 썩은 냄새로 유혹하거나 시장의 노예가 되어서는 안 된다.

2014년 이후 시진핑의 '문예'에 대한 연설을 통해서 시진핑 시대의 문예에 대한 주요 의미를 알 수 있는데, 주요 내용은 다음과 같다.

첫째, 신시대 중국에서 중국공산당이 '문예'를 영도해야 한다.

둘째, 중국의 목표인 2개의 100년 목표와 중화민족의 위대한 부흥을 성공적으로 이루기 위해서는 문예의 역할이 매우 중요하다. 그러기 위해서는 중화민족의 위대한 부흥과 관련된 작품을 창작해 내어야 한다는 것이다.

셋째, 문예에는 '사회주의 핵심가치관' 등의 시진핑 사상이 포함되어야 한다.

2) 문화정풍운동

(1) 당의 문예 방침과 정책 준수(2021)

2021년 12월 6일 『인민일보』에 따르면 시진핑 국가주석은 중국 국가연극원 단원들에게 보낸 서신에서 "몸과 마음을 다해 중국의 이야기를 잘 풀어내야 한다"면서 "시대와 인민에 부끄럽지 않은 작품을 만들어야 한다."라고 강조하였다. 시진핑은 "국가연극원 단원들이 시종일관 당의 문예 방침과 정책을 따라야 한다."라며 "예술가들은 무대 위에서 묵묵히 노력하고 봉사해 도덕적이고 온기가 있는 훌륭한 작품을 창작해야 한다."라고 강조하였다. 이어 "시대에 부끄럽지 않고, 인민에 부끄럽지 않은 훌륭한 작품들이 신세대 문예 사업의 번영과 국민의 정신세계를 풍요롭게 하는 데 기여할 것"이라고 덧붙였다.

2021년 12월 14일 중국문학예술계연합회 제11차 전국위원회와 중국작가협회 제10차 전국위원회 전체회의가 개최되었다. 시진핑은 개막식 연설에서도 문화예술계에 도덕성을 강조하였다. 시진핑은 "문예공작자는 민족부흥의 시대적 주제를 매우 잘 파악해야 한다."라고 강조하였다.

회의에는 왕후닝(王滬寧) 중앙서기국 서기도 참가하였는데, 왕후닝은 "당과 조국, 인민, 영웅을 칭송하는 우수작품을 더 많이 추진하라"라고 문화·예술계에 주문하였다. 뿐만 아니라 "더욱더 자각해 뿌리를 키우고 혼을 불어넣는 문화 사명을 담당하고, 사회주의 핵심가치관을 사용한 문예 창작 생산을 견지하라"라고 주문하였다. 또 "위대한 건당 정신을 기본으로 하는 중국공산당인(人)의 정신 계보와 중화의 우수한 전통문화를 힘 있게 널리 알려야 한다."라고 강조하였다.

(2) 시진핑 사상 강조와 규제 강화(2021)

2021년 9월부터 중국 전국의 모든 초·중·고교에 '시진핑 사상'이라는 과목이 생겼다. 그리고 '시진핑 신시대 중국 특색 사회주의 사상'이라는 제목의 교과서도 보급되었다. 중국 국가교재위원회는 "시진핑 사상을 학습하는 것은 당과 국가의 가장 중요한 정치적 임무"라고 강조하였다. 중국 정부는 최근 정솽(鄭爽, 탈세 혐의)과 크리스(중국명 우이판(吳亦凡), 성폭행 혐의) 등 일부 연예인의 비위가 드러나자 기다렸다는 듯 각종 규제를 쏟아내고 있다.

방송 규제기구인 광전총국은 사회적으로 문제를 일으킨 연예인의 출연을 원천 봉쇄하는 고강도 규제를 내놨다. 규제 대상에는 문제 연예인뿐만 아니라 '정치적 입장이 정확하지 않고, 당과 국가와 한마음 한뜻이 아닌 사람'도 포함하였다.

중국공산당의 정책을 거스른 연예인을 사회적 물의를 일으킨 사람과 마찬가지로 '퇴출'하겠다는 의미다. 그러면서 연예인들도 시진핑 국가주석의 발언을 공부하고 의미와 본질을 이해해야 한다며 시진핑 사상을 공부하라고 당부하였다.

2021년 8월 24일 중국 국가교재위원회는 기자회견을 열고, 당 중앙의 요구에 따라 '시진핑 신시대 중국 특색 사회주의 사상'을 교과서에 실어 초등학교에서 대학원에 이르기까지 가르칠 것이라고 밝혔다. 위원회는 "시진핑 사상을 심도 있게 학습하는 것은 전 당원과 전 국민의 첫 번째 정치 임무"라며, 중국식 사회주의 발전을 위해 "시진핑 사상을 활용해 학생들의 두뇌를 무장시켜야 한다."라고 강조하였다.

중국의 방송규제기관인 광전총국은 예능 프로그램에서 여성스러운 남자 아이돌, 메이크업을 진하게 하는 남자 연예인과 '저속한' 인플루언서들의 활동도 금하기로 하였다. 광전총국은 사회주의적, 애국적 기풍을 장려하기 위해서는 '더욱 남성적인 이미지'를 독려하겠다는 방침이다.

광전총국이 2021년 9월 2일에 발표한 통지문은 방송업계 종사자들에게 "정치적 소질 배양을 강화하고 마르크스주의 언론관·문예관 교육을 심화 전개하고, 시종 인민의 입장과 정서를 견지할 것"을 지시하였다. 이는 대중문화에서 중국 사회의 모순과 권력층에 대한 풍자 및 사회 부조리를 비판하는 내용을 갖고 있는 콘텐츠는 허용하지 않겠다는 의미를 내포하고 있다.

중국공산당은 팬클럽 활동에 대한 규제도 강화하였다. 중앙인터넷 안전정보화위원회 판공실은 2021년 8월 27일 「무질서한 팬덤 관리 강화에 관한 통지」를 발표하였다. 「통지」에서는 "스타, 연예인의 차트 폐지, 순위 규칙의 최적화된 조정, 연예기획사의 엄중 관리, 팬 집단 계정의 규범, 상호 비방 정보 출현의 엄격한 금지, 위법 팬 구역의 정리, 팬의 소비를 유도해서는 안 된다, 프로그램 설계 관리의 강화, 미성년자 참여의 엄격한 통제, 서포터 모금 행위의 규범"이라는 10가지의 내용이 들어 있다.

「통지」는 연예인 인기 차트 발표를 금지하였고, 미성년자가 연예인을 응원하기 위해 돈을 쓰는 것을 금지하였으며, 미성년자의 참여도 엄격히 통제하기로 하였다. 또 예능 프로그램에서 팬들의 유료 투표를 금지하였고, 연예인 관련 상품 등에 대한 팬의 소비를 유도해서도 안 된다고 하였다. 그리고 연예인 팬클럽에 대한 관리도 요구하였는데, 특히 연예인 팬클럽끼리 온라인에서 욕을 하거나 유언비어를 퍼뜨리며 싸우는 것도 금지한다고 하였다. 이를 잘 관리하지 않는 온라인 플랫폼을 처벌하기로 하였다. 「통지」에서는 연예인 기획사에게 팬클럽을 올바르게 이끌 책임을 지도록 하였다.

「통지」는 "각 지역은 온라인상 정치적 안보와 이데올로기 안보를 보호하기 위해 책임감과 사명감, 긴박감을 높여야 한다."라고 요구하였다. 이는 중국에서 팬클럽들이 서로 비난하거나 자신이 좋아하는 스타를 위해 아이돌 경쟁 프로그램에 많은 돈을 쓰는 투표가 사회 문제로 떠오른 것을 반영한 것이다.

대표적인 사건이 아이치이(愛奇藝)의 아이돌 육성 예능 프로그램인 「청춘유니3(青春有你3)」이다. 이 프로그램에 출연하여 유력 우승 후보였던 토니가 부모의 성매매 포주 이력과 이중국적 거짓말 등으로 하차하면서 논란이 되었다. 게다가 자신이 좋아하는 아이돌 연습생에 많은 표를 주려고 우유를 대량으로 사서 버린 사건이 발생하였다. 이로 인해 「청춘유니3」은 결승전을 앞두고 폐지되었다.

한편, 2021년 12월 중국문화예술계 연합회 제11차 전국대표대회 겸 중국작가협회 제10차 전국대표대회에서 시진핑은 '5개의 희망'을 제기하였다. 5가지는 "첫째, 우리는 마음을 민족부흥의 위대한 사업에 집중시키고, 신시대 신여정의 웅대한 기상을 열정적으로 묘사해야 한다. 둘째, 인민의 입장을 견지하고, 영속적인 인민의 서사시를 써야 한다. 셋째, 정도를 지키고 혁신을 견지하며, 시대에 맞는 뛰어난 작품으로 문학예술의 새로운 지평을 열어야 한다. 넷째, 중국 이야기를 감동과 힘으로 전달하여, 전 세계에 믿을 수 있고, 사랑스러우며 존경할만한 중국의 형상을 보여주어야 한다. 다섯째, 올바른 길을 꾸준히 추구하고 도덕적 정직성과 예술적 우수성을 동시에 추구함으로써 삶의 가치를 실현해야 한다." 이다. 시진핑은 도덕성을 강조하면서 애국주의와 민족주의를 최고 순위에 둘 것을 강조하였다. 그러면서 "문예 종사자는 품위와 책임을 중시하고, 법률과 공공질서를 준수해야 한다."라고 강조하였다.

3) 시진핑 문화사상

시진핑의 4개 자신감(四個自信, 중국특색 사회주의 노선 자신, 이론 자신, 제도 자신, 문화 자신) 중 하나가 '문화 자신감'이다. 2016년 시진핑 국가주석은 중국문학예술계 연합회 및 중국작가협회 전국대표대회에서 문화예술가들에게 "중화문화에 자신감을 갖고 창조적 작품을 만들라"라고 촉구하였다. 또 "중국 문화에 대한 자신감을 굳건히 하고 인민에게 봉사하는 태도로 중화문화의 부흥을 위해 보다 혁신적이고 전통적인 작품을 창출해낼 것"을 촉구하였다. 그리고 "중화민족의 위대한 부흥을 위해 우리는 중국 특색 사회주의 길, 이론, 제도, 문화에 대한 자신감을 가져야 한다. 선명한 민족적 특징과 개성을 갖춘 우수작품을 만들어내려면 중화문화에 대한 넓고 깊은 이해와 함께 우리 문화에 대한 더 높은 자신감을 갖춰야 한다."라고 강조하였다.

2023년 10월 7일부터 이틀간 개최되었던 전국선전사상문화공작회의에서 '문화에 관한 시진핑 사상' 즉 '시진핑 문화사상'이 처음으로 공개되었다. 시진핑은 회의에서 "선전, 이념, 문화 시스템이 당의 혁신적 이론으로 당 전체를 무장시키고 인민을 교육하는 주요 정치적 임무에 초점을 맞추어야 한다."라고 강조하였다. 이때 이전에 개최될 때의 명칭인 '전국선전사상공작회의'에서 '문화'라는 용어가 추가되어 개최되었다. 또, 중국공산당 '중앙선전사상공작영도소조'의 명칭도 '중앙선전사상문화공작영도소조'로 바뀌었다. 내용이 발표되자 중국중앙TV(CCTV) 등을 거느린 중국미디어그룹(CMG)이 가장 먼저 10월 8일에 시진핑 문화사상에 대한 설명회를 열었다.

선하이슝(愼海雄) CMG 대표는 "전국선전사상문화공작회의의 최대 성과가 시진핑 문화사상"이라며 "새로운 사상이 중국인들의 마음 깊이 뿌리 내릴 수 있도록 성심을 다해 이를 홍보하고 설명하라"라고 지시하였다. 선하이슝 대표는 중국미디어그룹 산하 모든 방송 플랫폼은 절대적 안전을 보장하기 위해 사상적 통제를 강화해야 한다고 강조하였다. 이와 관련하여, 홍콩 사우스차이나모닝포스트(SCMP)는 "시진핑 문화사상을 통해 중국이 콘텐츠 통제와 중국의 글로벌 소프트 파워를 새롭게 추진하고 나섰다"라고 보았다.

2023년 10월 10일 문화여유부 설명회에서는 후허핑(胡和平) 부장이 시진핑 문화사상에 대한 심층적이고 체계적이며 집중적인 연구를 촉구했고, 그에 따른 결과는 구체적인 행동과 프로젝트로 이어져야 한다고 말했다. 후허핑 부장은 "시진핑 문화사상은 당의 역사적 자신감과 문화적 자신감이 새로운 정점에 도달했음을 보여준다."라며 칭송했다. 2023년 6월, 시진핑은 문화전승발전좌담회를 주재하면서 마르크스주의와 중국의 우수한 전통문화를 결합하는 '두 개의 결합' 필요성을 강조하기도 했다.

제2부
중국 영상산업

1. 중국 드라마

1) 중국 드라마 역사와 발전

(1) 건국이후~개혁개방 이전

1949년 10월 1일, 중국 정부는 중앙인민정부 정무원(현 국무원) 신문총서 관할 아래에 방송사업을 전담할 중앙광파사업국(中央廣播事業局)을 설치하였다. 당시 중앙광파사업국의 직권은 "첫째, 전국 각지의 인민방송국을 지도하고, 둘째, 중앙 인민방송국의 국내외 방송을 직접 지도하고, 셋째, 인민에게 방송사업을 보급하고, 넷째, 각지의 사영 방송국을 지도 관리하고, 다섯째, 방송사업 간부를 양성하는 것"이었다.

1952년 2월에는 중앙광파사업국을 정무원 문화교육위원회의 직접 지도 아래 두었다. 중앙광파사업국은 중공 중앙선전부의 지도를 받으며 방송에 대한 관심과 통제를 강화하였다. 1954년 국무원 문교판공실의 회의에서 당시 문교판공실 부주임이었던 첸쥔루이(錢俊瑞)는 텔레비전 방송을 시작해야 한다는 마오쩌둥의 지시를 전달하였다. 중앙광파사업국은 1955년 2월 5일에 국무원에게 "1957년 베이징에 중간 규모의 텔레비전 방송국을 건립하겠다."라는 내용이 포함된 보고서를 제출하였다.

1958년 3월 17일 대약진 운동 시기에 중국 최초의 흑백 TV가 생산되었다. 당시 중국 텔레비전 개발 기술은 일본과 차이가 없었다.

중앙광파사업국은 제5차 전국방송공작회의가 끝난 뒤인 1958년 4월 29일에 국무원과 중국공산당 중앙으로부터 5월 1일 시험방송을 개시할 수 있다는 비준을 얻었다. 그리하여 중국의 첫 번째 텔레비전 방송국인 베이징 텔레비전방송국(北京電視臺, 현재 중앙텔레비전방송국 전신)이 1958년 5월 1일 목요일에 시험방송을 시작하였다. 이후 매주 목요일과 일요일 저녁 7시부터 9시까지 2~3시간씩 시험방송을 하였다.

시험 방송의 첫 번째 내용은 공업 분야의 선진 생산자와 농업합작사의 주임이 참가하여 '5·1' 노동절을 기념하는 좌담회였다. 이어서 간부들이 현장으로 가서 노동에 참가하는 내용을 담은 다큐멘터리 「농촌으로 가다(到農村去)」를 방영하였다. 베이징 텔레비전 방송국이 방영할 때, 베이징에는 TV 50대만 있었다.

첫째 날 방송 현장

1958년 5월 1일 시험방송 작품명
19시05분: '5·1' 노동절을 기념하는 좌담회
19시15분: 다큐멘터리 「농촌으로 가다」
19시25분: 시 낭송 「공장에 3명의 아가씨가 오다」, 「대약진의 호각」
19시30분: 무용 「4마리 백조」, 「목동과 시골아가씨」, 「춘강화월야」
19시 50분: 과학교육 영화 「텔레비젼」

1958년 6월 15일에는 선전 교육과 문화 오락의 기능을 결합시킨 최초의 텔레비전 드라마가 방영되었다. 작품명은 「차이빙즈 한 입(一口菜餅子)」이다. 이 드라마는 20분 정도의 "생방송된 TV 소규모 극"으로 두 대의 카메라로 서로 다른 각도에서 촬영하였다. 영상자료는 남아 있지 않고, 단지 흑백 사진 몇 장만 남아 있다. 그 내용을 살펴보면 다음과 같다.

차이빙즈 한 입(一口菜餅子)

밥을 먹은 후 여동생이 떡을 갖고 강아지와 놀고 있었다. 이것을 본 언니가 여동생을 야단치고 난 뒤, 구사회(국민당 정부 시절)의 힘들었던 생활을 이야기한다.

그때 그들의 부모는 기근으로 인하여 살던 곳을 버리고 타지로 떠났다. 아버지는 병으로 사망하였고 어머니는 허름한 움막에서 병으로 드러누웠다. 언니는 구걸을 하다 지주가 풀어놓은 개한테 물려 상처가 났고, 어린 여동생이 배가 고프다고 울었다. 숨이 끊어지기 직전의 어머니는 품 안에서 겨우 한 입 먹을 정도의 떡을 꺼내어 작은딸에게 주자, 언니는 어머니에게 양보할 것을 권하였다. 서로 실랑이를 벌이는 중에 어머니는 운명했다. 언니의 이야기를 다 들은 동생은 자신의 행동을 후회하며 과거의 고난스러웠던 세월을 잊지 않겠다고 다짐을 하는 것으로 드라마는 끝이 난다.

『광명일보』는 이 드라마가 "해방 이전의 비참한 생활을 그림으로써 사람들에게 귀중한 식량을 절약해야 함을 호소한다."라고 지적하였다. 이후 이 드라마에 대한 연구들은 천편일률적으로 이 시기의 드라마들이 대약진을 선전하기 위하여 만들어졌고, 특히 「차이빙즈 한 입」은 "행복할수록 힘들었던 지난날을 잊지 않는다(憶苦思甛)"와 "식량을 절약 하자(節約糧食)"라는 내용을 주제로 삼고 있다고 지적하였다.

년도	작품명	특징
1958.6.15.	「차이빙즈 한 입(一口菜餠子)」	최초 드라마
1958.9.2.	정식방송	
1958.9.4.	「당이 그를 살렸다」	보도 드라마

베이징 텔레비전방송국은 4개월간의 시험 방송 후 1958년 9월 2일에 정식으로 방송을 시작했다. 정식으로 방송된 TV 프로그램 편성은 매주 2회에서 매주 4회(화, 목, 토, 일)로 늘어났다. 동시에 주간지 『텔레비전·라디오 프로그램 신문』 5호가 시범적으로 발행됐다.

1958년 9월 4일에 베이징 텔레비전방송국은 「당이 그를 살렸다」를 방영하였다. 이 드라마는 일종의 '보도 드라마(電視報道劇)'라는 독특한 특성을 보여주었다. 「당이 그를 살렸다」는 바로 전날인 9월 3일 『인민일보』에 보도된 신문 기사를 모티브로 만들어졌다. 이 기사는 상하이 강철공장에서 일하던 노동자 츄차이캉(邱財康)이 국가재산인 철광을 지키려다가 자신이 화상을 입자 상하이 광자의 원(廣慈醫院)으로 옮겨져 의료진의 보살핌 속에 목숨을 구한다는 내용이었다.

1960년 1월 1일부터 베이징 텔레비전방송국은 새로운 고정 프로그램 편성표를 시행해, 전년도에 매주 6회 방송하던 것을 8회로 늘렸고, 일요일 아침 프로그램 추가하였다.

1959년과 1960년에 걸쳐 베이징 텔레비전방송국에서 방영되었던 26개 드라마는 기본적으로 선전과 교육을 지나치게 강조하였지만, 소재는 다양하였다. 가장 중요한 내용은 대약진 운동의 성과를 선전하고 대중들의 적극적인 참여를 독려하는 것이었다.

한편, 마오쩌둥이 강조하였던 문예의 정치성은 텔레비전 드라마에서 계속되었다. 사회주의 교육운동을 강조하였던 1964년 무렵부터 텔레비전 드라마에는 영웅적인 인물의 묘사를 통하여 사람들의 애국 열정을 교육하고 사회주의를 선전하는 드라마들이 계속 방영되었다. 이때 그것이 주는 현장감과 참여감으로 인하여 많은 사람들의 사랑받을 수 있는 사실에 근거한 텔레비전 보도 드라마가 만들어졌다. 대표적인 작품은 문화대혁명 직전인 1966년 3월에 방영된 「초유록(焦裕祿)」(1922~1964, 애민으로 유명한 관리)을 들 수 있다.

문화대혁명 시기에는 모범극(樣板戲)만이 방영되었고, 사랑을 속삭이는 "나쁜 프로그램"은 방영되지 못하였다. 1967년 5월 9일부터 6월 15일까지 베이징에서 상영된 것은 '8개의 모범극'이었다. 문화대혁명 기간 동안 텔레비전 방송은 정치 선전 활동에 동원되었다. 특히 1966년의 「문예 프로그램에 대한 몇 가지 원칙」들의 규정을 철저히 준수하였다. 중국 전역에서 단지 4편만 제작되었을 뿐이었다. 그 가운데 베이징 텔레비전방송국에서 제작된 「시험장에서의 반수정주의 투쟁(考場上的反修鬪爭)」(1967)은 최초로 녹화 제작된 드라마였다.

1978년 4월에 베이징 텔레비전방송국은 문화대혁명 이후 최초의 컬러텔레비전 드라마로 쉬환즈(許歡子)가 감독한 「삼가친(三家親)」을 방영하였다. 이 드라마는 당시 생기가 넘쳐흐르는 농촌의 일반 대중의 생활상을 그려내었다. 그리고 지나치게 겉치레로 흘러 낭비가 심해지는 결혼식을 반대하는 내용을 담고 있다. 이 드라마는 '오락으로 교훈을 주는(寓教於樂)' 새로운 문예 형식의 출현을 보여주었다.

당시 중국 텔레비전에서 가장 환영받던 문예 프로그램은 영화였다. 신작 영화는 곧바로 텔레비전에서 방영되었다. 그 결과 극장에서의 매표수입이 줄어든 영화업계는 텔레비전에 영화필름의 공급 중단을 결정하였다.

년도	작품명	특징
1966.3.	「초유록(焦裕祿)」	사회주의 선전
1967.	「시험장에서의 반수정주의 투쟁」	최초 녹화 제작 드라마
1978.	「삼가친(三家親)」	문혁 이후, 최초 컬러 TV 드라마. 오락으로 교훈을 주는 새로운 형식

(2) 개혁개방 이후~1990년대

1981년 3월 베이징에서 전국텔레비전드라마 좌담회가 개최되었다. 좌담회에서 앞으로 현실 생활을 반영하는 드라마를 중점적으로 제작하고, 혁명역사를 소재로 하고 고전문학을 각색한 드라마를 만들 것을 강조하였다. 이 시기에 방영된 570여 편의 드라마는 기본적으로 계몽주의 문화의 입장에서 만들어졌다. 주제에 따라 상흔(傷痕) 드라마, 현실주의 드라마, 개혁지도자 드라마, 혁명 드라마, 무협 드라마로 나눌 수 있다.

적영 18년

먼저, 상흔 드라마는 문화대혁명기의 어두움과 비극을 묘사함으로써 역사적인 상흔(傷痕)을 반성하는 내용을 담고 있다. 현실주의 드라마는 현실과 인생의 좌표를 재고하고 다시 사회적 책임과 시대 사명을 짊어지는 내용을 다룬다. 개혁지도자 드라마는 개혁개방의 조류에 입각하여 낙후한 도시 경제 체제의 개혁에 나선 지도자의 모습을 그리고 있다. 혁명드라마는 혁명사를 통하여 중국의 정통성과 애국주의를 고취하고자 하였다. 혁명드라마의 대표 작품은 「적영 18년(敵營十八年)」(9집, 1981)인데, 이 드라마는 중국 최초의 연속극이다. 무협드라마는 홍콩 드라마의 영향을 받았다. 무협드라마의 출발은 산둥 텔레비전 방송국에서 『수호전』의 한 부분을 소재로 하여 만든 3부작 연속극 「무송(武松)」(1982)이었다.

1983년 10월 18일에 중국드라마제작중심(CTPC)이 설립되었다. 중국드라마제작중심은 중앙방송국 소속의 전문적으로 드라마 창작을 종사하는 단위이다. 중국드라마제작중심은 국가급 규모로서, 각 분야의 전문가들을 보유하고 있다. 현대적인 설비와 체계적인 제작시스템을 보유하고 있으며, 드라마제작업의 '국가대표'라는 칭호를 얻었다.

1987년에는 4대 명저 중 하나인 『홍루몽(紅樓夢)』전 편을 중국 최초로 드라마로 만든 「홍루몽」(36집)이 제작되었다. 드라마 「홍루몽」의 성공은 다른 4대 명저의 작품을 드라마로 제작하는 계기가 되었다.

문화대혁명 이후, 대학생들이 중국 명저를 읽지 않은 것으로 알려졌다. 특히 중국 문학을 전공하는 대학생들도 4대 기서를 읽은 적이 없는 것으로 알려졌다. 드라마의 영향인지 2000년대에 들어와서는 '4대 명저'를 읽는 학생들이 매우 증가하였다. 중국에서 고등학생을 대상으로 설문 조사를 하였는데, 이때 남학생들은 『수호전』을 좋아하고, 여학생들은 『홍루몽』을 좋아한다고 하였다.

년도	작품명	특징
1981	「적영 18년(敵營十八年)」	중국 최초 연속극
1982	「무송(武松)」	소설 일부분 3부작 연속극
1987	「홍루몽(紅樓夢)」	중국 최초 명저 각색드라마

1990년부터 2000년까지는 중국 드라마의 흥성기이다. 1990년에는 중국 최초 실내극인 「갈망(渴望)」이 제작되었다. 중국 첫 번째 장편연속극인 「갈망」은 통속극이 중국 TV드라마의 주류로 진입했음을 상징한다. 「갈망」의 대성공은 평범한 가정 이야기를 주제로 하는 드라마를 많이 제작하도록 하였다.

「갈망」이 방송될 때 거의 모든 골목이 조용했다고 한다. 드라마의 연속화, 통속화 및 실내극의 흥기로 1996년에는 8,000여 편의 드라마가 창작되었다. "세월은 유유한데, 그때 그 시절의 곤혹을 이야기하고 싶어라"라는 TV드라마의 주제곡은

갈망

한때 거리의 구석구석에까지 울려 퍼졌다.

「갈망」이 전국 각지에서 방영되면서 「갈망」 붐이 일어났다. 극 중에서는 부드럽고 선량하며 현숙한 여주인공 류훼이팡(劉慧芳)이 관중들의 마음을 사로잡았다. 류훼이팡이 자주 입는 옷깃이 없는 짙은 색의 봄 외투도 여성들에게 인기를 얻어 '훼이팡 옷'이라는 이름의 옷이 유행하였다. 1990년대 초 '훼이팡 옷' 유행은 사회 전환 시기 사람들의 모순심리가 물질화하여 나타난 것으로 볼 수 있었다.

1991년에는 중국 최초의 상업드라마인 「외지에서 온 누이(外來妹)」가 제작되었다. 이 드라마는 시골에서 광둥으로 일하러 온 6명의 여자 이야기이다. 이 드라마는 당시 경제사회의 실제 상황을 그려내었고, 근로자 가족을 반영한 최초의 작품이다.

1993년에는 중국 최초로 해외에서 촬영된 드라마 「뉴욕의 베이징인(北京人在紐約)」이 제작되었다. 이 작품은 이민 내용을 다룬 최초의 드라마로, 한 베이징인의 뉴욕 생활을 다루었다. 1993년에는 중국 최초 시트콤인 「아애아가(我愛我家)」가 방영되었다. 「아애아가」가 방송될 때 많은 시청자들이 리모콘을 고정하였다고 한다. 내용은 1990년대 개혁개방 물결 속에 있는 베이징 한 가정과 그 이웃들의 이야기이다. 중국에서 텔레비전을 시청하는 것은 일반인들이 밥을 먹고 술을 마신 후 가장 일상적인 휴식방식으로 자리 잡았다. 1997년에는 중국 최초의 트렌드 드라마인 「분투(奮鬪)」가 방영되었다.

년도	작품명	특징
1990	「갈망(渴望)」	중국 첫 번째 장편연속극
1991	「외지에서 온 누이(外來妹)」	중국 최초 상업드라마
1993	「뉴욕의 베이징인(北京人在紐約)」	중국 최초 해외 촬영 드라마
1993	「아애아가(我愛我家)」	중국 최초 시트콤
1997	「분투(奮鬪)」	중국 최초 트렌드 드라마

(3) 2000년대~2020년대

2003년은 소설가 진융(金庸)의 무협극이 최고의 인기를 얻었다. 『사조영웅전(射鵰英雄傳)』, 『신조협려(神鵰俠侶)』, 『의천도룡기(倚天屠龍記)』, 『서검은구록(書劍恩仇錄)』, 『의객행(俠客行)』, 『천룡팔부(天龍八部)』, 『연성결(連城訣)』 등이다. 이 중에서 『사조영웅전』, 『신조협려』, 『의천도룡기』는 '영웅문 시리즈'라 불리기도 한다.

2006년에 방영된 「사병돌격(士兵突擊)」은 "여자 주인공이 없으면 드라마를 만들 수 없다"라는 편견을 깨고 진실성을 기반으로 흥미진진한 군대 이야기를 만들었다. 「사병돌격」은 농촌 출신 청년이 중국 육군의 특수임무 수행 병종인 정찰병으로 훌륭하게 성장하는 과정을 그린 30부작 드라마다. 중공 중앙선전부와 교육부 등은 이 드라마를 청소년 추천 드라마로 지정한 바 있다. 주인공 쉬싼뚜어(許三多)를 맡은 왕바오창(王寶强)은 실제로 가난한 농촌 출신으로 도시를 떠돌며 불굴의 의지와 성실한 노력으로 생계를 꾸려가는 수많은 민공(民工)들을 형상화하고 있다는 점에서 커다란 사회적 의의를 지녔다.

2009년에 방영된 「워쥐(蝸居, 달팽이처럼 좁은 집에 사는 것)」에서는 상하이에서의 내 집 마련의 꿈에 매진하는 도시 남녀의 분투를 그렸다. 드라마에서 '상품'이 되어버린 '집'에 대한 애착과 애환을 그려 시청자들의 공감을 얻었다. 베이징TV는 청소년 채널을 통해 방영되던 TV 드라마 「워쥐」에 대해 지난 2009년 11월 22일 예고 없이 방영중단조치를 취했다. 전체 33회분의 분량 가운데 10회분만 방송된 상태에서 예고에 없던 드라마로 대체됐다.

워쥐

드라마 제목	내용
「팡누(房奴, 평생 내집마련을 위해 애쓰는 서민들)」(2009)	상하이를 무대로 제작된 드라마 관료부패 및 정경유착과 같은 민감한 이슈가 배제돼 당국의 간섭을 받지 않았음
「워쥐(蝸居)」(2009)	치솟는 물가와 주택난으로 궁벽한 생활을 하는 도시 서민들의 삶을 다룬 드라마

    2014년에는 덩샤오핑(鄧小平) 탄생 100주년 때 「덩샤오핑」 드라마가 제작 방송되었다. 이때 후야오방(胡耀邦), 양상쿤(楊尙昆) 등 그동안 드라마에 등장하지 않았던 정치 인물들이 등장하였다. 특히 후야오방의 등장은 후야오방의 복권을 전망하였고, 후야오방은 2015년에 복권되었다. 시진핑은 "당사를 학습하는 것은 당의 초심과 사명을 실천하는 것"이라고 강조하였다. 중국공산당의 역사와 인물을 제재로 하는 드라마가 제작 방영되었는데, 대표적인 드라마가 「펑더화이」이다.

    2015년에 방영된 「위장자(僞裝者)」에서 1930년대 상하이는 자본주의의 병폐로 물든 곳이 아니라 지하 공산당원들의 주요 활동 무대로서 사회주의 혁명을 배태한 역사적 공간으로 그려진다. 화려한 자본주의 도시 상하이의 특정 시기와 공간에 대한 기억을 사회주의 혁명의 공간으로 상징적 이미지를 재구성하고 부단히 강화하고 있다.

    2016년에 방영된 「환락송(歡樂頌)」은 상하이를 배경으로 도시 남녀의 화려한 라이프스타일을 보여주며 '도시'와 '성공'의 이미지를 연결해준다. 그리고 다른 한편으로는 상하이가 소비생활 위주의 자본주의 공간이라는 이미지 외에 사회주의와 공산당의 성지이자 요람으로 묘사한다. 「환락송」에서 보여주는 중산계층은 일정 수준 이상의 소비생활을 영위하고 있으며 사치품과 여가생활을 누리는 모습으로 그려진다.

    2009년부터 제작 방영되고 있는 「대진제국(大秦帝國)」 시리즈는 진(秦)나라가 약소국에서 강대국으로 발전하여 전국시대를 통일하는 과정을 담고 있다. 이는 중국이 개혁개방 이후 급속한 경제성장으로 미국과 어깨를 나란히 하는 국가로 성장함을 얘기하는 듯하다.

년도	작품명	특징
2003	진융(金庸)의 무협극	진융(金庸) 소설
2006	「사병돌격(士兵突擊)」	청소년 추천 드라마
2009	「워쥐(蝸居)」, 「팡누(房奴)」	서민 삶
2009-2020	「대진제국」 시리즈(대진제국열변(大秦帝國之裂變), 대진제국종횡(大秦帝國之縱橫), 대진제국지굴기(大秦帝國之崛起), 대진부(大秦賦))	진(秦)나라가 약소국에서 강대국으로 발전
2014	「덩샤오핑(鄧小平)」	덩샤오핑 탄생 100주년 기념 드라마
2015	「위장자(僞裝者)」	상하이 배경, 사회주의혁명
2016	「환락송(歡樂頌)」	상하이 배경, 사회주의와 공산당의 성지이자 요람으로 묘사
2020	「량젠3(亮劍3)」	방송 중단. 콘텐츠 플랫폼에서 삭제

중국 사극의 경우 사실주의가 강조되면서 일종의 역사 교과서 역할도 하고 있다. 하지만, 2019년에는 역사 사실과 다른 각색된 역사드라마가 방영되면서 중국에서는 사극 방영이 잠시 중단되기도 하였다. 2020년에는 「량젠3(亮劍3)」이 돌연 방송을 중단했다. 「량젠3」은 군사령부가 화려한 별장에서 생활하고, 군 장교가 시가를 피우는 등 역사적 사실을 왜곡하는 장면이 담겨 논란 끝에 방영이 중단되었다고 알려졌다. 「량젠3」에서는 이 외에도 팔로군(일본군과 싸운 중국공산당 주력 군대) 간호 장교가 몸에 딱 맞는 드레스를 입고 있거나 병사들이 깨끗한 제복에 헤어왁스를 바르는 등 현실과 동떨어진 모습으로 재현됐다. 「량젠3」은 9화 공개를 앞두고 아무 설명도 없이 아이치이, 텐센트, 망고TV 등 콘텐츠 플랫폼에서 삭제됐다. 중국공산당 기관지 『인민일보』도 논평을 통해 "일본의 침략에 맞서 투쟁한다는 주제를 내걸고 젊은이들을 위한 아이돌 중심의 우스꽝스러운 장르 드라마를 만들었다"며 혹평했다.

미디어 리서치 기관 EN(藝恩)DATA가 발표한 2023년 중국 드라마 방영지수를 살펴보면, 중국 드라마들이 소재 측면에서 고장극(古裝劇), 미스터리, SF, 도시물 등 다채로운 장르를 아우르며 풍부한 다양성을 보여주고 있다.

2022년과 2023년을 지나면서 일부 드라마 제작사들은 스토리의 깊이와 예술적 가치에 집중해, 진지한 문학작품을 드라마로 각색하고자 하는 경향을 보이고 있다. 대표적 사례로 문학을 원작으로 한 드라마 「인세간(人世間)」과 「인생지로(人生之路)」이다. 이 드라마는 2022년과 2023년 연속으로 CCTV-1 채널 연간 시청률 1위를 차지하며 성공적인 문학 각색의 성과를 입증하기도 하였다. 그리고 여성의 자아의식에 대한 각성이 사회적으로 큰 화두가 되면서 드라마 시장에서도 여성을 주제로 한 작품들이 다수 등장하였다. 특히 여성을 주제로 한 드라마가 더욱 세분화되어 특정 상황과 세대 및 집단에 초점을 맞춘 다양한 소재의 드라마들이 방영되고 있다. 예를 들어, CCTV와 아이치이의 「여과분포시아적인생(如果奔跑是我的人生)」, CCTV와 텐센트 비디오의 「연화인가(煙火人家)」, 「호단원(好團圓)」, 「승환기(承歡記)」, 망고TV의 「타화타적세계(她和她的世界)」, 「180천중기계획(180天重啓計劃)」 등은 가족 및 세대 간 관계와 두 세대 여성 간 가치관의 충돌을 그리고 있다.

한편, 고장극(古裝劇)도 테마가 다양화되고 세분화되고 있다. 고장극은 등장인물이 '고장(古裝, 옛날 복장)'을 입고 나오는 옛날 배경의 드라마이다. 2024년에는 로맨틱 고장극의 부흥을 이끈 자오리잉(趙麗穎), 린겅신(林更新) 등의 배우들이 컴백하였다.

2023년 4월, 드라마 「풍기낙양(風起洛陽)」의 경우, 베이징위성TV 황금시간대에 방영되며 웹드라마가 소형 스크린(Web)에서 대형 스크린(TV)으로 이동하는 새로운 패러다임을 제시하였다. 동년 7월에는 「불완미수해인(不完美受害人)」이 아이치이, 베이징위성TV, 둥팡위성TV에서 동시 방영되며 온라인과 위성TV에서 동시에 방영된 최초의 웹드라마가 되었다.

『중국 웹드라마 산업발전 백서(2024)』에 따르면, 2024년 6월 현재 중국 웹드라마 이용자 규모는 5.76억 명으로, 전체 네티즌의 52.4%를 차지한다. 업계 추산에 따르면, 2024년 중국 웹드라마 시장 규모는 504.4억 위안에 달할 것으로 예상되며, 이는 전년 대비 34.90% 증가한 수치이다.

2) 중국 드라마 제작 방식과 환경 변화

중국의 드라마 생산 시스템은 기획, 제작, 심사, 발행의 네 단계로 구성되어 있다. 시장경제 도입 이후, 드라마 생산 시스템에서의 시장의 역할과 자본의 영향력이 커짐에 따라 이를 관방이 분할 관리할 수 있는 제도적 장치가 마련되었다.

드라마 내용의 질적 제고와 경제적 효용을 꾀하기 위해 1984년부터 "드라마제재기획회의"를 매년 개최하기 시작했다. 이 회의를 통해 관방은 매년 드라마 창작과 생산 전반에 대한 주제와 방향을 결정하였다. 그리고 드라마의 장르에 따른 제재, 총 제작 편수와 생산 규모, 한시적으로 편성되는 특별기획드라마 등 드라마 제작 기획 전반에 대한 거시적 청사진을 제시하였다. 즉 드라마제재기획회의는 드라마제작에 관한 이데올로기적 방침에 따라 시장을 계획한다.

드라마제재기획회의는 2006년 폐지되었고, 대신 "드라마제작 사전 공시제"를 시범적으로 시행하였고, 현재까지 시행하고 있다. 모든 드라마는 제작 준비 단계에 모든 제작단위와 기관이 사전 신고와 심사를 받게 되었으며, 심사에 대한 결과를 공시한다. 이 제도는 이전에 비해 시장의 자율성에 더욱 중점을 부여하면서도 심사과정이 간소화됨에 따라 제작자의 이데올로기적 자아검열을 더욱 강화하게 되었다.

최초의 제작과 방영 분리 방식으로 제작된 드라마는 「신랑의 죽음(新郞之死)」(1980)이었다. 방송국이 아닌 외부의 기관에서 제작을 하고 방송국이 판권을 구입하여 방영하는 방식으로 이루어졌다. 이 시기부터 드라마 방영에 '광고'가 삽입되었으며, 드라마 내부에서 간접광고의 방식이 이루어지기 시작했다.

1986년부터 「드라마 제작허가증제도」를 실시하여 제작자 측의 정치적 사상적 자질심사를 검증하도록 했다. 민영기업(자본)이 제작과정에 참여하는 것을 공식적으로 승인한 것이며 이에 따른 관리조항을 제정한 것이라 할 수 있다. 방영도 '드라마발행허가증'을 보유한 기관에서만 할 수 있도록 제한했다. 이는 민간 자본의 유입으로 오로지 이윤 창출만을 위한 상업적 오락적 내용이 국가 혹은 주류 이데올로기를 압도할 수 없도록 만든 조치라고 할 수 있다.

1992년 이후부터 드라마 산업이 3차 산업으로 규정되고 본격적인 산업화의 길로 들어서며, 제작 방영 분리가 완전히 이루어지게 되었다. 드라마와 관련한 중국 문화산업정책 방향은 두 가지 트랙으로 진행되고 있다.

첫째는 중국의 드라마를 성장시키기 위한 지원정책이고, 둘째는 외부에서 제작된 드라마의 중국 진입을 차단하기 위한 규제정책으로 이루어져 있다. 이는 중국의 드라마가 경쟁력이 취약하기 때문에 자국의 문화상품을 보호하기 위한 필요에 기인한 측면도 있으나 더 본질적인 요인은 중국의 드라마가 사회주의 선전 도구로 유용하기 때문이다.

한편, 2000년대에 들어오면서 과학기술 발전으로 드라마 제작방식과 형태도 다양해졌다. 특히 모바일 이용이 확산되면서 스마트폰을 통해 영상을 소비하는 시간이 늘어났다. 이러한 소비 행태 변화에 맞춰 시청 시간이 짧아지는 드라마가 제작되기 시작하였다.

웹이나 모바일에서 볼 수 있는 회당 10~15분가량의 짧은 드라마를 웹드라마라고 하는데, 모바일을 통해 시청하기 때문에 모바일 드라마, 유튜브 등 SNS 플랫폼을 통해 방영되기 때문에 SNS 드라마라고도 할 수 있다. 특히 숏폼 시청이 유행하면서 숏폼 드라마가 등장하였다. 숏폼 드라마는 '마이크로 드라마' 또는 '미니 드라마'라고도 불리며, 짧은 시간 안에 극적인 전개와 결말을 담는 것이 특징이다. 그런데, 숏폼 드라마, 마이크로 드라마, 미니드라마는 각각 특징이 있다.

먼저, 숏폼 드라마는 한 편당 1분 남짓 길이로 강렬한 반전과 빠른 전개가 특징이다. 중국에서는 2018년부터 등장하였고, 2022년에 폭발적인 성장을 하였다. 미니드라마는 한 회당 60초-90초. 틱톡과 달리 명확한 스토리라인과 주연 배우가 있다. 마이크로 드라마는 세로 화면으로, 1분 내외의 짧은 길이로 길어도 3분을 넘지 않는다. 보통 70-150회차인데. 초반 회차는 무료이지만, 다음 편을 보려면 구독료를 내어야 한다.

광전총국이 발표한 「2023년 중국 드라마 발전 보고서」에 따르면, 현재 드라마의 제작 및 유통 모델은 '위성TV 주도'에서 '플랫폼 주도'로 변화하고 있다. 동영상 플랫폼은 자체 제작 콘텐츠에 더욱 능숙해졌으며, 아이치이, 유쿠, 텐센트 비디오와 같은 주요 동영상 플랫폼에서 제작하거나 관리하는 드라마가 상당한 인기와 성공을 거두고 있다. 대표적인 예로 「광표(狂飆)」, 「타시수(他是誰)」, 「아문적일자(我們的日子)」 등이 있다.

중국에서는 재생시간 10분 이내의 웹용 숏폼 드라마인 웹드라마가 발전하고 있다. 중국 숏폼 드라마앱 '릴숏(ReelShort)'은 2023년 11월 중 하루 만에 45만 9,000달러의 순익을 올리며 누적 수익 2,200만 달러를 넘어서기도 하였다.

2023년 이래로 중국에는 웹드라마가 유행하고 있다. 웹드라마는 재생시간 10분 이내의 웹용 숏폼 드라마이다. 2023년 망고 TV에서 방영된 등장인물이 '고장(古裝, 옛날 복장)'을 입고 나오는 옛날 배경의 드라마인 고장극 「풍월변(風月變)」은 방영 한 달도 채 되지 않아 플랫폼 조회수 6억 회를 돌파하며 큰 인기를 끌었다. 이후 후난위성TV를 통해 방송되며 중국 최초로 TV에 방영된 웹드라마로 기록되었다. 2024년 6월 빌리빌리는 「상하이 TV 페스티벌 웹드라마 대회」에서 고품질 웹드라마 분야에 대한 콘텐츠 기획 및 지원 계획을 발표하였다.

풍월변

한편, 2023년 8월, 국가광전총국은 '드라마 회차 늘리기'와 '천문학적 영화 제작비'라는 불건전한 추세를 바로잡기 위해 「TV 드라마, 웹드라마 및 웹영화의 기획, 등록 및 콘텐츠 검토와 관련된 규제 사항에 관한 통지」를 발표하였다. 「통지」는 제작사가 드라마 기획을 등록할 때 10,000자 내외의 대본 개요와 창의적 설명을 제출해야 하고, 원칙적으로 작품당 40회를 초과해서는 안 되도록 제한하고 있다. 게다가 완성된 작품의 심사 또한 회상 장면 등을 반복 사용해 고의적으로 편수를 늘리지 못하게끔 규제하는 것에 초점을 맞추고 있다. 또한 배우의 출연료 관리도 강화해 편법으로 '고액 출연료'를 받는 것을 방지하고자 한다. 이러한 일련의 조치는 업계가 단기적인 투기적 관행에서 벗어나 예술 창작이라는 본연의 목적으로 돌아가도록 유도하는 것에 그 목적을 두고 있다.

몇 년간, 중국 드라마시장은 현실적인 소재부터 도시, 로맨스, 고전극, 직장 드라마, 그리고 긴장감 넘치는 스릴러 및 SF에 이르기까지 다양한 장르와 소재를 아우르며 차별화된 경쟁을 펼치고 있다. 특히 2023년에는 사회 변화와 삶의 굴곡을 조명하는 현실주의 소재가 두드러지게 주류를 형성했으며, 인터넷 시대의 팬덤 문화와 같은 특정 소재를 다루는 전문 시리즈 역시 큰 호응을 얻었다. 직장 드라마는 다양한 산업과 직장 문화에 대한 통찰을 제공하며 인기 있는 장르로 자리매김하였다. 「애정이이(愛情而已)」는 직장여성이 직면한 다양한 문제와 평등한 남녀주인공의 관계를 통해 현대 젊은이들의 사랑관과 인생관을 제대로 반영한 생활 밀착형 드라마라 하여 더욱 높이 평가받았다. 2023년 주선율 드라마는 시대의 변화를 기록하고 사회 문제를 탐구하는 데 중점을 두면서 정상화 및 고품질 제작 추세를 보였다.

거유풍적지방

2023년은 중국 드라마가 질적으로 성장한 해로 평가된다. 2023년 최고 평점을 받은 드라마는 텐센트 비디오의 「만장적계절(漫長的季節)」로, 89만 명 이상의 사용자로부터 9.4점이라는 평점을 받았다. 「거유풍적지방(去有風的地方)」은 30만 명 이상이 투표하여 평점 8.7점을 받았다.

「만장적계절」은 노년층의 시각에서 시대변화에 따른 개인의 운명적 변화를 섬세하게 그려내며, 스토리텔링은 물론 전달력 측면 등에서 그 우수성을 크게 인정받아 최근 몇 년간을 통틀어 가장 훌륭한 중국 드라마라는 찬사를 받았다. 그리고 「거유풍적지방」이 인기를 얻으면서 드라마 촬영지인 윈난성 다리(大理)를 방문하는 관광코스가 생겨났다. 현지의 풍경과 먹거리, 비물질문화유산이 드라마에 등장하면서 관련 검색량이 크게 증가하였다. 특히 '사시고진(沙溪古鎭)'은 10배 이상 증가하였다.

2024년 11월 중국문명망(中國文明網)은 중앙선전부가 발표한 제17회 정신문명건설 '5개1공정(五個一工程)'의 우수작품상 목록을 소개하였는데, 「거유풍적지방」이 포함되었다. 이 드라마는 제32회 중국 TV드라마 '금응상(金鷹獎)'과 제34회 드라마 '비천상(飛天獎)'을 수상하였다. '5개1공정'상은 우수한 이론 문장(사회과학 분야에 한함), 우수한 도서(사회과학 분야에 한함), 우수한 드라마, 우수한 영화, 우수한 연극 등 다섯 가지에 수여하는 상이다.

중앙선전부 정신문명건설 '5개1공정'상은 1992년부터 매년 영화, 연극, TV 드라마/영화, 라디오드라마, 노래, 서적, 이론 논문 등의 부문을 포함하고 있다. 2024년에는 처음으로 '인터넷 문학예술(網絡文藝)'을 '우수작품상'에 포함시켰다.

2024년 6월 1일부터 「웹드라마 등록에 관한 최신 공작 지침」이 정식으로 시행되었다. 「공작 지침」에서의 새로운 규정은 업계 감독 책임, 지역 관리 책임 및 플랫폼 주요 책임을 이행하고, 웹드라마에 대한 '분류 및 단계적 검토'를 이행할 것을 요구하였다. 주요 내용은 "총 투자액이 100만 위안 이상인 '중점 웹드라마'는 국가광전총국에 통일적으로 등록 및 공개 관리해야 한다. 총 투자액이 30만 위안에서 100만 위안 사이이고 핵심 권장 사항이 아닌 '보통(일반) 웹드라마'는 성급 라디오 및 텔레비전 부서에서 계획 등록 검토 및 완성된 영화를 심의받아야 한다. 총 투자액이 30만 위안 미만이고 핵심 권장 사항이 아닌 '기타 웹드라마'는 방송하거나 트래픽을 지시하는 온라인 시청 플랫폼에서 콘텐츠 관리 책임을 져야 하며 콘텐츠 검토 및 저작권 검증을 담당해야 한다. 또한 새로운 규정에서는 심사 및 등록을 거치지 않은 웹드라마는 온라인에 배포되어서는 안 된다."이다.

2024년 10월 31일 광전총국네트워크시청사(廣電總局網絡視聽司)는 「관리 지침(중노년제재웹드라마)」을 발표하였다. 특정한 드라마 주제에 대해서도 통제를 하고 있는데, 대표적인 것이 2024년 11월 22일에 발표되었던 '패도총재(覇道總裁, 재력과 외모를 겸비한 엘리트 남성)'에 대한 「관리 지침」을 발표하였다. 주요 내용으로는 "로맨틱한 분쟁과 가족 간의 분쟁에만 국한되지 말고, 특히 권력자, 부유층, 부자에게 집착하는 사랑과 결혼 개념을 홍보하는 것은 피하라."와 "'패도총재'가 등장하는 웹드라마 관리를 강화하라. 숫자를 줄이고 품질을 개선하며, 주목을 끌기 위해 '패도총재'와 같은 단어를 제목으로 사용하지 마라." 등이다.

중국정부가 '패도총재' 장르에 대한 관리 감독을 강화하겠다고 밝히면서, 드라마 제작사는 드라마를 제작할 때 패도총재 내용을 자제하고 이와 유사한 단어를 제목으로 사용해서는 안 된다. 중국 방송규제기구인 국가광전총국은 "황당무계한 스토리를 그럴싸하게 포장해 중국 기업가 집단의 이미지를 왜곡하거나 훼손하지 말아야 한다"라고 밝혔다. 중국 당국은 "드라마를 제작할 때는 현실주의 원칙을 중시해야 한다"라고 하면서 "역사적으로나 당대에 주목받는 중국 기업들의 이야기를 적극적으로 소재로 삼을 것을 촉구한다"라고 강조하였다. 그리고 "권력층이나 재벌가와의 결혼을 숭배하고 부추기는 분위기를 경계해야 한다"면서 "노력 없이 성공하거나 하루아침에 부자가 되려는 잘못된 삶의 가치관을 조장하는 내용은 엄격하게 배제될 필요가 있다"고 강조하였다. 광전총국은 "제작사들이 현실과 동떨어지고 논리에도 맞지 않는 설정을 경쟁적으로 차용하고 있다"면서 "권력층이나 재벌과의 결혼을 숭배하는 기조를 부추겨선 안 된다."라고 했다.

중국 정부는 웹드라마 속 '돈 많고 잘생긴 재벌가 남자주인공'의 묘사에 대한 규제를 하기 시작하였다. 중국의 숏폼 드라마에 단골로 등장했던 '패도총재'와 '사바이텐(傻白甛, 백치미 넘치는 여주인공)'이 금기가 됐다.

2024년 12월 시진핑은 문화예술계의 도덕성 등을 강조하면서 애국주의에 가장 우선순위를 둘 것을 강조하였다. 시진핑은 문화예술계 종사자들을 위한 '5가지 희망사항'이라는 발언을 통해 다음과 같은 내용을 강조했다.

첫째는 조국부흥의 위업을 중시하고 신시대의 장엄한 분위기와 새로운 여정을 열렬히 묘사하는 것이라며 둘째는 인민의 입장을 견지하고 영속적인 인민의 서사시를 쓰는 것이라고 강조했다. 셋째는 청렴과 혁신을 견지하고, 넷째는 중국 이야기를 세계에 잘 전하며, 다섯째는 올바른 길을 계속 추진하고 덕과 예술을 추구할 것이라고 강조했다.

시진핑이 문화예술계에 바라는 희망사항 중 명확한 것은 애국주의와 민족주의가 도덕성보다 우선시되는 것이다. 그러면서 시진핑은 "문예 종사자는 품위와 책임을 중시하고, 법률과 공공질서를 준수해야 한다"며 "배금주의, 향락주의, 극단적 개인주의를 배척하고 당당하게 행동하며 청렴결백하게 일해야 한다."라고 강조하였다.

3) 한국 드라마 중국 진출과 한중 합작 드라마

한중 수교 이듬해인 1993년에 한국의 트렌디 드라마 「질투」가 중국 국영 CCTV에서 처음 방송되었지만 큰 관심을 끌지는 못했다. 한국 드라마가 중국에서 인기를 얻기 시작한 것은 1997년 드라마 「사랑이 뭐길래」가 방송되고 나서부터이다. 시청률 15%로, 중국 내 1억 5000만 명이 시청하였다. 한재혁 주중 한국

문화원장은 "1997년 「사랑이 뭐길래」라는 드라마가 방영되고 2000년 HOT가 중국 공연을 하면서 한류라는 말이 중국에서 나오기 시작했다"라면서 "한중 수교 후 문화면에서 광범위한 관계 증진이 있었으며 특히 한국 드라마를 보지 않은 중국인이 없을 정도다"라고 말했다.

안재욱이 주인공이었던 「별은 내 가슴에」(1998)가 중국에서 많은 인기를 얻었다. 안재욱은 행사장마다 5만~6만여 명의 팬들을 끌고 다니며 원조 한류스타로 군림했다. 2005년 7월 방송된 드라마 「대장금(大長今)」은 한류의 위력을 보여준 드라마다.

2002년 한 해 중국에서 방송된 한국 드라마는 67개에 달했으며, 2005년 중국에 수입된 한국 드라마는 32개였다. 2005년 후난위성TV에서 수입한 「대장금」은 1.63억이라는 시청자를 기록했고, 평균 시청 점유율은 15.3%를 기록하였다. 한국 드라마의 인기는 곧 중국인의 한국 문화에 대한 관심으로 이어지는 계기가 되었다. 하지만 2005년 대장금의 인기를 끝으로 한국 드라마는 '완만한 발전기'로 접어들었다. 한국 드라마가 즐겨 사용하던 소재인 기억 상실증, 백혈병, 자동차 사고에 중국 시청자들이 피로감을 느꼈고, 중국 당국도 한국 드라마의 무분별한 방송에 제동을 걸기 시작했기 때문이다.

중국 국가신문출판광전총국이 한국을 비롯한 해외 드라마 방영 제한 정책을 내세우면서 2006년부터 2012년까지 중국 내 한류가 주춤했다. 이후 중국 내 온라인 동영상 플랫폼이 주목을 받으면서 한국 드라마는 다시 위세를 떨치기 시작했다.

2010년대에 들어와서도 한국 드라마는 중국에서 인기가 많았다. 특히 「별에서 온 그대(별그대)」(2013)를 시청한 중화권 사람들은 '치맥 관광'을 즐기기 위해 한국을 찾을 정도였다. 하지만, 「별에서 온 그대」는 중국에서 수차례 재심의 끝에 2년 만에 현지에서 방송되었다. 중국 내에서는 방송콘텐츠에 대한 규율이 상당히 까다롭다. 중국 공중파 TV에서는 「별에서 온 그대」를 방영하지 못하였는데, 이는 "외계인이나 귀신 등 '미신을 선전하는 내용'은 방송 불가"라는 '검열 만리장성'과 관계가 있다. 중국 매체는 "「별에서 온 그대」 마지막 부분에서 도민준(김수현)을 외계인이 아니라 소설가 신분으로 바뀌는 것으로 줄거리를 변경하였다"라고 당시에 발표하였다.

중앙기율검사위원회 서기 왕치산(王岐山)은 양회 기간 예술계 인사를 만나 "한국 드라마가 중국을 점령하는 핵심 이유는 전통문화를 승화했기 때문"이라고 말했다. 연예평론가 란언파(蘭恩發)는 "왕치산 발언은 (중국) 국가예술단에 혁신·개혁·시장 감각이 필요하다고 강조한 것이다."라고 했다.

『신화망』은 "미국의 '별에서 온 그대'는 (지구를) 조사하고, 일본의 '별에서 온 그대'는 괴수를 때려잡으며, 한국의 '별에서 온 그대'는 사랑을 한다"라고 보도했다. 이어 "중국의 영화나 드라마에 등장하는 외계인은 무서운 존재로만 그려졌다"라며 "중국의 별에서 온 그대는 대체 어디로 갔느냐"라고 반문했다. 중국은 낭만적인 외계인을 창조해낼 상상을 하지 못한다는 것이다. 이 매체는 그 이유를 "냉전 시대의 영향을 벗어나지 못한 중국"에서 찾았다.

『양성만보(羊城晩報)』는 "한국에서 남자 스타가 바뀌는 속도는 자장면을 먹는 속도와 비슷하다는 말이 있다"라고 전했다. (자유로운 창작과 다양한 콘텐츠에 따른) 신속한 스타 교체 시스템이 대중의 관심을 끊임없이 끌어낸다는 것이다. 반면 중국의 남자 스타는 데뷔한 지 10년이 지난 30대가 대부분이라고 지적했다. 이 매체는 "중국 여성의 눈에 중국 남자 스타는 이제 신선하지 않다"라며 "이민호(「상속자들」)·김수현(「별그대」) 등의 한류 스타가 눈길을 사로잡는 것은 당연한 일"이라고 말했다.

영화감독 자오바오강(趙寶剛)과 배우 장궈리(張國立)는 "우리는 창작의 관행을 벗어날 수 없기 때문에 「별그대」 같은 드라마를 절대 찍을 수 없다"라고 말하였다. 배우 쑹단단(宋丹丹)은 "우리는 스스로 상상력의 날개를 끊어 버렸다"라고 했다. 영화감독 펑샤오강(馮小剛)은 "우리는 왜 남(한국)을 배우지 못하는가"라며 "영화 심의를 기다릴 때는 매우 불안하고 초조하다."라고 말했다.

2016년에 방영되었던 「태양의 후예」는 한국 드라마로서는 보기 드물게 100% 사전제작을 해서 한국과 중국에서 동시에 방영한 첫 번째 드라마였다. 이것은 외국에서 들여오는 드라마는 동영상 사이트를 통해 방영하더라도 반드시 사전 심사를 거쳐야 한다는 중국 정부 방침에 따른 것이다. 드라마 제작사인 NEW는 전체 제작비로 130억 원을 투자하였다. 하지만 중국 동영상 사이트 아이치이가 회당 23만 달러(2억 7천만원), 총 368만 달러(42억 원)에 사 가는 덕분에 큰 부담을 덜었다.

중국『해방군보』는 "「태양의 후예」와 같이 중국에는 외국에 나가 외국인들의 열정을 일으킬 수 있는 드라마가 없었다."라며 "우리는 이 현실을 뚜렷이 인식해야 하며 군 영화·드라마 제작자들은 강군문화와 국가문화를 번영시키는 책임을 갖고 줄거리 좋고 인기가 있는 작품을 만들어야 한다."라고 강조했다.

한국의 드라마는 한류의 주역으로서 패션문화를 비롯한 음식문화, 오락문화, 관광문화를 중국에 전파하고 정치, 경제, 사회, 문화 분야에서 광범위하게 영향을 미쳤다. 중국 시청자들의 드라마 자체에 대해 높은 선호도와 함께 한국 상품 판매량도 매우 높은 수준을 기록하였다.

한류 드라마 시청은 단순한 대중문화의 수용 차원을 넘어서 한국의 가수, 배우, 나아가 한국인과 한국 자체에 대한 애정과 관심으로 확산되었다. 그리고 한국어를 익히거나 한국제품의 구매로 이어졌다. 한국 드라마는 한국 사회와 한국 문화를 홍보하며, 동시에 한국 상품의 소비를 확산시킬 수 있는 중요한 경로가 되었다.

한편, 한중 합작 드라마로는 2004년 KBS 「북경 내사랑」, 2006년 MBC 「굿모닝 상하이」(국내 미방영)가 있었다. 2007년에는 케이블TV에서 공동합작한 「상하이 브라더스」가 있다. 「북경 내사랑」은 한중 최초의 합작 드라마인데, KBS TV와 CCTV가 공동으로 제작하였다. 드라마 「북경 내 사랑」의 경우 지루한 스토리와 한중 배우 간 어울리지 못한 연기로 시청자들의 외면을 받았다.

한중 합작 드라마 제작은 활발하게 진행되는 듯하였으나, 2016년 한국의 사드 배치 결정으로 인해 중단되었다. 2015년과 2016년에 한중 합작드라마 제작 뉴스가 활발하게 보도되었으나 완성된 드라마나 방영된 드라마는 거의 없었다.

2024년 9월 중국 SNS 채널을 통해 공개한 서울관광 홍보 웹드라마 「환생했더니 아이돌 매니저가 됐다!」는 한중 합작 웹드라마로 중국 배우·제작진들이 서울을 배경으로 촬영하였다. 중국 국경절 기간에 누적 조회수 3백만 회를 돌파했다. 이 드라마는 K-팝을 사랑하는 중국인 소녀가 최애 아이돌의 공연을 보기 위해 서울에 왔다가 꿈속에서 아이돌의 매니저로 활

환생했더니 아이돌 매니저가 됐다!

동하는 좌충우돌 이야기를 담았다.

2024년 글로벌 콘텐츠 커머스 기업 비에이블컴퍼니는 중국 항저우에 현지 협력사 항저우신미래문화미디어, 항저우보은클레이브랜드관리유한회사와 함께 '한중 숏폼 드라마 합작기구'를 설립했다. 항저우에 현지 거점을 마련함으로써 한중합작 숏폼 드라마 제작 및 국내 영화, 드라마, 웹드라마 IP를 중국 현지에 맞게 숏폼 드라마 형태로 가공하여 유통할 수 있는 권한 및 시스템을 구축하였다.

4) 중국 드라마 산업 관련 정책

중국 정부는 '2035년 문화강국 건설'이라는 목표를 제시하고 '고품질 고효율' 기조를 중심으로 중국 드라마의 제작 환경을 지도하고 관리하고 있다. 이러한 내용은 「14차 5개년 중국 드라마 발전규획」(이후 '14차 5개년'을 '14·5'로 줄임)에서도 잘 나타난다.

(1) 14·5 중국 드라마 발전규획(2022)

한국에서는 중국 드라마를 '중드'라고 표현한다. 미국 드라마만큼 중국 드라마도 한국에서는 관심이 높다. 중국 전공자가 아니더라도 중국 드라마를 시청하는 사람들이 많다. 중국에서 최근에 방영되었던 드라마가 방영되는 경우도 있고, 한국에서 인기가 많았던 「포청천」이나 「랑야방」처럼 여러 차례 반복되는 드라마도 있다.

중국에서는 중국 드라마 발전과 관련된 여러 정책이 시행됐다. 중국 드라마산업 발전과 관련하여, 2022년 2월 10일 중국의 라디오, TV, 인터넷 동영상 프로그램을 관장하는 국가광파전시총국은 「14·5 중국 드라마 발전 규획」을 발표했다. 「발전규획」은 제14·5 규획 시기의 중국 드라마 발전 지침이다. 전인대 대표이자 중국 TV드라마극본가공작위원회 부회장인 자오둥링(趙冬苓)은 "한 국가의 한 민족의 문학창작과 영화, 텔레비전 창작은 결국 한 민족의 운명과 발전을 반영한다. 그렇기 때문에 결국에는 현실주의의 창작 길로 돌아가게 된다. 앞으로 더 많아질 것이라고 믿는다."라고 말하였다.

「발전규획」에서 14·5 규획 기간 동안 매년 10개 이상의 고품질 주제 TV 드라마를 출시하도록 요구하였다. 「발전규획」은 서문을 제외하고 전체적인 요구, 신시대로 향하는 우수 드라마 창작, 고표준 드라마 시장 시스템 건설, 국제적 전파와 합작 추진, 고품질 드라마 인재 대오 건설, 조직 보장 강화의 총 6개 부문으로 나누어져 있다. 이는 시진핑 정부가 '2035년 문화강국 건설'이라는 비전을 세우고 '사회주의 현대화 국가 건설'을 향한 국가의 거시적 방향과 주요 내용을 함께 하고 있다.

내용 중에서 '특별란(專欄)'의 「'14·5' 중점 드라마 주제 선정규획」에서는 중대한 현실·혁명·역사 소재를 위주로 '종횡 좌표법(縱橫座標法)'을 통해 구체적인 주제를 제시하고 있다. 드라마를 제작할 때 주제 선정은 시대의 새로운 기상과 인민 혁신가 찬미를 반영하는 게 드러나야 하고, 중국공산당사, 신중국사, 개혁개방사, 사회주의 발전사가 드러나야 한다.

종적	'시진핑 신시대 중국 특색 사회주의 사상', 당과 국가의 대사(大事)와 관련된 주제
횡적	중국공산당 성립 100주년, 베이징 동계올림픽과 패럴림픽(Paralympic), 당의 20대 승리 주요 회의, '항미원조' 승리 70주년, 중화인민공화국 성립 75주년, 중국 인민 항일전쟁 승리와 세계 반파시스트 전쟁 승리 80주년, 홍군 장정 승리 90주년 등을 아우르는 주제

'특별란 4'에는 '드라마 인재 양성에 관한 내용'이 제시되고 있는데, 주요 내용은 다음과 같다.

'특별란 4'의 '드라마 인재 양성에 관한 내용'
첫째, 제작자의 '생활 속으로(下生活)' 제도 둘째, 청년 배우와 매니저 훈련반 셋째, 드라마 제작과 관련된 기술자 인재 양성

첫째, 제작자의 '생활 속으로' 제도이다. 주요 내용은 "제작자가 중요한 현실

소재의 드라마창작 과정에서 기층의 '생활 속으로' 들어가 그 속에서 창작 소재를 찾고, 세태(世情), 국가와 당, 인민들의 마음을 더 깊이 이해하여, 창작 주제를 더욱더 잘 파악해야 한다는 것"이다.

둘째, "청년 배우와 매니저 훈련반"에 관한 내용이다. 청년 배우와 매니저에게 사상정치, 직업 소양, 법률 법규 등의 과정을 마련하여, 종사자들에게 사명감을 부여하고 법률과 법규를 준수하며 덕과 재능을 겸비하게 한다는 것이다. 또 직업적 도덕성과 예술 수준을 모두 갖춘 드라마 인력으로 양성한다는 것이다.

셋째, "드라마 제작과 관련된 기술자 인재 양성"이다. 드라마 제작에 필요로 하는 촬영, 녹음, 미술, 복장, 화장, 소품, 조명, 특수효과 등의 기술 인재 양성과 직업 교육을 하여, 드라마 기술 인재를 양성한다.

한편, 「발전규획」의 3장은 "고표준 드라마 시장 체계 건설"에 관한 내용으로 배우의 출연료 관리 강화를 언급하고 있다. 「발전규획」에는 '고가 출연료'를 절대 반대하며, 드라마 한 편당 전체 출연료는 전 제작비의 40%를 초과할 수 없도록 하였다. 주요 배우의 출연료는 전체 출연료의 70%를 초과할 수 없도록 하였다. 「규획」에서 제작비 배분 비율 규정을 엄격히 하고, 출연료 계약서 작성과 검증을 강화한다고 명시하였다.

국무원은 「'14차 5개년 규획' 국가 지식재산권 보호 및 운용 규획」을 발표하였다. 2021년 9월 국무원은 지식재산권 보호의 전면적 강화 및 효율적 지식재산 사용을 추진하여 사회 전체의 혁신 활력 촉진을 위해 「지식재산권강국 건설강요(2021~2035)」를 발표하였다. 2025년까지 지식재산권 보호를 강화, 지식재산권 사용료의 연간 수출입 규모 3,500억 위안 달성하겠다는 것이다.

주요 내용으로 "첫째, 지식재산권 법률·정책 체계를 개선하고 지식재산권의 사법보호, 행정보호, 공동보호, 원천보호 등을 강화한다. 둘째, 지식재산권 이전·전환 시스템을 개선하고 효율을 제고한다. 셋째, 지식재산권 글로벌 관리에 적극적으로 참여하고, 지식재산권 국제협력 수준을 제고하며, 지식재산권 보호 관련 국제협력을 강화한다. 넷째, 지식재산권 인재 육성 및 문화건설 사업발전 기초를 마련한다."이다.

(2) 기타 주요 정책

중국 드라마 산업발전과 관련된 주요 정책 중 몇 가지를 살펴본다. 먼저, 2004년 6월 15일 광전총국 업무회의에서 통과되고, 동년 10월 21일부터 시행된 「드라마 중외 합작 제작 관리규정(제41호)」이다. 이 「관리규정」에서는 중외 협력 제작 드라마에 포함되어서는 안 되는 내용과 어떠한 내용이 포함되어야 하는지를 소개하고 있다.

제17조에서는 "중국은 중화민족의 우수한 전통과 인류문명발전을 내용으로 하는 중외 합작 제작 드라마의 제작을 장려한다. 제18조에서는 "중국의 특색을 주제로 하는 중외 연합제작 TV 애니메이션은 중국산 TV 애니메이션과 같은 지위에서 방영된다."라고 하였다. 제19조에서는 "중외 연합제작드라마(TV 애니메이션 포함)는 중국 표준어 버전으로 제작되어야 하며 발행 수요에 따라 협력 측 동의하에, 상응하는 국가, 지역, 소수민족의 언어로 제작될 수 있다."라고 하였다.

두 번째는 2010년 7월 1일부터 시행된 「드라마 콘텐츠 관리규정」이다. 「관리규정」은 2016년과 2018년에 두 차례 수정되었다. 제5조에서는 드라마에서 다루어서는 안 되는 내용을 소개하고 있다. 국무원 방송영상 행정부처는 제5조의 규정에 따라 드라마 내용 관리의 구체적인 기준을 제정하였다.

세 번째는 2015년에 발표된 「드라마 콘텐츠 제작 통칙」이다. 「통칙」의 제5조에서는 드라마에 다루지 못하는 구체적인 내용을 소개하고 있다. 내용을 살펴보면 다음과 같다.

드라마에서 다루어서는 안 되는 내용
① 헌법에서 확정한 기본원칙에 위배되고 헌법, 법률, 행정 법규 및 규칙을 어기도록 종용하거나 저해하는 내용
② 국가의 온전한 통일과 주권과 영토를 위협하는 내용
③ 국가 기밀을 누설하고, 국가 안전을 위협하고, 국가의 번영과 이익을 저해하는 내용
④ 중국의 민족 갈등 및 민족 차별을 부추기고, 민족의 풍습과 습관을 저해하고, 민족 감정을 상하게 하고, 민족 단결을 저해하는 내용
⑤ 중국의 국가 종교 정책을 위반하고, 종교 극단주의와 사이비 종교, 미신, 종교 신앙을 멸시하거나 모욕하는 내용

⑥ 사회 질서를 어지럽히고, 사회의 안정을 저해하는 내용

⑦ 음란, 도박, 폭력, 테러, 마약 복용을 조장하고, 범죄를 종용하거나 범죄의 방법을 전수하는 내용

⑧ 타인을 모욕하고 비방하는 내용

⑨ 사회 공중도덕 또는 민족의 우수한 문화전통을 저해하는 내용

⑩ 미성년자의 합법적 권리를 침해하거나 미성년자의 심신의 건강에 해로운 내용

⑪ 기타 법률, 행정 법규 및 규칙에서 금지하는 내용

네 번째는 2015년에 발표하였던 「중공중앙의 사회주의 문예 번영 발전에 관한 의견」의 내용을 좀 더 구체화한 2017년에 발표된 「드라마 번영 발전 지원 정책에 관한 통지」이다. 먼저 2015년에 발표되었던 「의견」은 문예공작의 중대한 의의와 지도사상을 잘 이행하고, 인민을 중심으로 한 창작을 이루도록 하여 중국정신이 사회주의 문예의 영혼이 되게 하는 것이다. 그리고 시대에 부끄러움이 없는 우수한 작품을 창작하고, 덕과 예과 겸비된 예술인 양성을 이루어내고, 당이 문예공작을 영도하도록 개진하고 강화하는 것이었다.

2017년에 발표된 「통지」에서는 '드라마 창작계획을 강화'와 '드라마 대본 지원 강화'를 한다고 밝혔다. 주요 내용을 요약하면 다음과 같다.

드라마 창작 계획	2017~2021년 드라마 창작 생산 계획을 작성하고 당, 조국, 국민, 영웅을 노래하는 일련의 우수 작품을 내놓으면서 시범 선도 역할을 발휘
드라마 대본 지원 강화	사회주의 핵심가치관으로 선도하는 것을 고수하고 중대한 혁명과 역사 소재, 현실 소재, 농촌 소재를 중점적으로 지원하고 창작을 지원하며 중요한 시간대에 방송하는 소재 선택 프로그램을 중점적으로 지원 가치 함의와 예술 품격이 일치한 우수한 대본 선별, 자금 지원, 홍보 메커니즘을 형성하도록 함

「통지」에서는 "우수한 TV드라마의 해외 진출을 지원"과 관련된 내용을 소개하였다. 주요 내용을 살펴보면 다음과 같다.

첫째, 영화 및 드라마 분야의 국제교류와 합작을 적극적으로 진행하고 TV드라마

의 국제 협력, 합작 촬영을 강화한다.

둘째, 'TV 중국 극장' 브랜드를 만들어 우수한 TV드라마와 관련 영화 및 드라마 기관의 해외진출을 촉진하여 중국 TV드라마의 경쟁력과 영향력을 높인다.

셋째, TV드라마 수출 장려 메커니즘을 개선하여 TV드라마 수출에 대한 지원 장려 강도를 확대한다.

넷째, 조건에 부합하는 중국산 TV드라마 저작권 구매, 번역 제작, 국제 버전 제작 등 부분을 지원한다.

다섯째, 매년 제작업체를 조직하여 국제 영향력이 있는 국제 영화 및 드라마 패스티벌에 참가시키고 전시 부스를 만들어 프로그램 홍보 활동을 하도록 한다.

여섯째, 공공정보 서비스를 강화하고 TV드라마의 해외 진출을 위해 중점 국가별 투자 및 무역 정보를 제공하며 영화 및 드라마 업체가 해외시장을 파악하는 데 도움을 준다.

일곱째, 조건이 되는 각종 시행 주체가 합병, 합자, 협력 등 방식을 통해 중국 영화 및 드라마 프로그램 방송 채널, 시간대를 개설하고 해외에 사업체를 세워 해외 제작 및 전파 플랫폼을 구축하도록 지원한다.

또, 「통지」에서 "TV드라마 인재 육성 강화"에 관한 내용을 소개하였다. 주요 내용을 살펴보면 다음과 같다.

첫째, 드라마 작가 육성 계획을 실시하고 중앙과 성, 구, 시 주무 부처, 문학연합회, 작가협회 및 영화 및 드라마 업계에서 드라마 작가 창작 연구반, 집필반 등을 만들고 '생활 속에 깊숙이 들어가고, 대중 속에 뿌리를 내리는' 장기 효율 메커니즘을 완비시켜 대량의 핵심 드라마 작가를 양성하는 데 주력한다.

둘째, TV드라마 제작기관의 주요 책임자, 제작자, PD의 인재양성 메커니즘을 구축하여 5년에 한 번씩 체계적인 교육을 진행한다.

셋째, 국제협력 양성 메커니즘을 구축하고 특별 연수반 개최, 국내 TV드라마 제작 마케팅 주요 인력의 해외 연수 진행 등 형식을 통해 국제 합작 촬영, 제작, 마케팅 인재를 양성하는 데 주력한다.

넷째, TV드라마 기반의 직업 기능 인재 양성 메커니즘을 구축하여 대학교, 영화와 드라마 학교 및 관련 직업기술학교의 긍정적인 역할을 발휘한다.

다섯째, 영화 및 드라마 직업 기능 인재 양성기지를 인정하며 학교와 기업이 연합하는 등 방식을 통해 촬영, 녹음, 미술, 의상, 분장, 소품, 화기, 세트 등 전문 인재 양성을 강화한다.

여섯째, TV드라마 발전에 맞고 종류가 완비한 전문화 인력풀을 형성하여 TV드라마 종사자의 전체적인 자질을 높인다.

2. 중국 영화

'찰리우드(Chollywood)'는 '중국(China)'과 '할리우드(Hollywood)'의 합성어로 중국 영화산업의 급격한 성장을 나타내는 말이다. 중국정부는 자국영화 보호를 위해 외국 영화 수입쿼터제를 유지하고 있으며, 매년 6월 10일부터 7월 10일까지의 기간(혹은 7월부터 8월까지의 기간)을 국산영화보호기간으로 지정하여 국산영화만을 상영한다.

중국 영화산업의 주 관리부서는 국가영화국이다. 2018년 3월 조직 개편을 통해 직접 중국공산당 중앙선전부 산하로 편입되었다. 국가영화국은 대외 합작 영화제작과 영화수입, 수출 등과 관련된 국제합작교류를 진행하는 주관 부서이다. 주로 영화제작, 배급, 상영 회사의 업무에 대하여 감독하고 관리한다. 그리고 영화 내용에 대한 심사를 한다.

중국 영화산업에서 배급과 관련하여 알아두어야 할 용어 중의 하나가 분장제 영화와 매단제 영화이다. 분장제 영화는 상영 수익을 일정한 비율로 외국 배급사와 나누는 방식을 말하고, 매단제 영화는 외국영화의 판권을 직접 구입하며, 이후 상영 수익은 나누지 않는 방식을 말한다.

1) 중국 영화의 역사와 발전

(1) 청말~1949년 중국 건국

서양의 영화가 1896년 상하이 우일촌(又一村)에서 중국 최초로 상영되었다. 그리고 이 새로운 문물을 중국인들은 '서양 그림자극(影戱)'이라고 불렀다. 1904년 영국 공사가 서태후(1835~1908)의 칠순 생일선물로 보낸 영화는 상영 도중 화재를 일으켰다. 이로 인해 베이징에서는 영화 상영이 금지되었다.

1911년 이전 대부분의 영화 제작과 상영은 외국인들에 의해 이루어졌다. 당시 영화를 보여주었던 상하이 등지의 극장들은 모두 외국인이 소유하였다. 최초의 영화 전문관을 개장한 사람도 외국인이었다. 영화의 제작도 제임스 리칼튼(James Richalton)에 의해 처음으로 시작되었다. 그는 1897년 에디슨의 단편 영화를 중국으로 들여왔다. 그해 에디슨 회사의 카탈로그를 위해 10편 이상의 영화들을 찍었다. 초기의 작품들은 거의 기록영화나 뉴스영화였다.

정군산

중국 최초의 영화는 「정군산(定軍山)」으로, 1905년 베이징 풍태(豊泰)사진관을 경영한 런칭타이(任慶泰)가 제작하였다. 이 영화는 탄신페이(譚鑫培)가 공연한 경극의 한 장면인 「삼국지 정군산」 전투 장면을 필름에 찍은 단편영화이다. 「정군산」은 나관중의 『삼국지연의』를 소재로 한 경극 「정군산」에 제재와 서사구조의 바탕을 두고 있다. 내용은 대체로 조조의 장수였던 장합(張郃, ?~231)을 맞이하여 용맹스럽게 싸우는 촉의 장수 황충의 활약을 그린 것이다. 황충(黃忠, ?~220)역을 맡은 탄신페이의 출사 장면과 칼춤 장면, 그리고 전투 장면 등을 찍었다. 하지만, 극본이 없었기 때문에 진정한 영화로 보기는 어렵다.

「정군산」은 노천에서 햇볕을 이용하여 촬영한 작품이다. 카메라는 배우의 정면으로 향하도록 고정되어 설치되었고, 아무런 변화나 단절 없이 줄곧 풀 숏으로만 촬영하였다. 필름이 다 돌아가야만 비로소 촬영을 중지하였고, 그 이후에 배우는 이어서 연기를 해나갔다. 당시 배우들은 모두 남자였으며 분장하여 여자 역할을 하였다.

중국 최초의 극영화로 대본이 있는 온전한 형태의 영화는 바로 정정치우(鄭正秋)가 만든 1913년 무성영화인 「난부난처(難夫難妻)」이다. 극영화 형식을 제대로 갖춘 첫 번째 장편영화는 상하이에서 1916년에 만든 「아편의 원혼(黑籍冤魂)」이다.

1921년에 중국인이 촬영한 영화 세 편은 「염서생(閻瑞生)」, 「해서(海誓)」, 「홍분고루(紅粉骷髏)」이다. 이들 작품을 두고, 중국 최초의 스토리가 있는 장편영화로 보는 동시에 중국 장르별 영화의 기원으로 보고 있다. 「염서생」은 첫 번째 장편영화이고, 「해서」는 애정영화의 시작이며, 「홍분고루」는 탐정영화의 시초이다. 세 편의 영화 속에서 가장 먼저 촬영된 「염서생」은 중국 영화 상업화의 출발점의 작품이다. 「염서생」에서부터 시작되어 영화 촬영은 이미 자각된 상업행위로 인식되었다.

상하이에서 촬영되었던 1928년 흑백 무성영화인 「불타는(불에 탄) 홍련사(火燒紅連寺)」는 평강불초생(平江不肖生)의 무협소설인 『강호기협전』의 일부를 영화한 것이다. 「불타는 홍련사」는 중국 영화의 인기장르인 무협영화의 시작이라고 할 수 있다. 이 영화는 근대 무협소설을 영화화한 최초의 작품으로 1931년 6월까지 19편의 시리즈가 만들어졌다.

년도	작품	특징
1905	「정군산(定軍山)」	중국 최초의 영화
1913	「난부난처(難夫難妻)」	중국 최초의 극영화
1916	「아편의 원혼(黑籍冤魂)」	극영화 형식을 제대로 갖춘 첫 번째 장편영화
1921	「염서생(閻瑞生)」	중국 최초의 스토리가 있는 장편영화 중국 영화 상업화의 출발점
1921	「해서(海誓)」	애정영화의 시작
1921	「홍분고루(紅粉骷髏)」	탐정영화의 시초
1928	「불타는 홍련사(火燒紅連寺)」	근대 무협소설을 영화화한 최초의 작품

1930년대의 중국 영화는 '중국 영화의 황금시대'라 불린다. 중국 최초의 유성영화는 장스촨(張石川)이 제작한 후뎨(胡蝶) 주연의 「가녀홍목단(歌女紅牡丹)」(1931년 3월 개봉, 명성영화사 제작)이다. 이 영화를 계기로 중국은 무성영화 단계에서 유성영화 단계로 비약적인 발전을 했다. 이후 무성영화는 차츰 자취를 감추게 된다. 유성영화의 출현으로 중국 영화사상 첫 번째 전성기를 맞이하였다. 「가녀홍목단」은 반유성반무성으로 된 영화이다. 대화는 유성이지만, 주위환경의 음향효과는

가녀홍목단

생략하였다. 그래서 사람들이 말을 하거나 중국의 전통적인 희곡을 부를 때는 유성이고, 기타주위사물은 모두 조용하다.

> 후뎨(胡蝶, 1908~1989)는 '영화황후'로 불린다. 2018년 1월 20일 후뎨가 태어난 지 110주년이 되는 날을 기념하여, 상하시 촬영예술센터에서는 "접몽백년(蝶夢百年)"으로 명명된 후뎨의 영상역사 전시회(1.21~3.18)가 열렸다. 후뎨는 「불타는 홍련사」(1928)에 출연하였고, 1949년 홍콩 영화인 「금수천당(錦繡天堂)」에도 출연하였다. 1932년 상하이 『전성일보(電聲日報)』에서 '중국 10대 영화배우'를 뽑을 때, 후뎨는 '영화의 황후'가 되었고, 조선인 영화배우 김염(金焰)은 남자 배우 중에서 최고 득표를 얻어 '영화의 황제'가 되었다. 1933년 1월 상하이의 『명성일보(明星日報)』의 조사에서도 후뎨는 21,334표를 얻어 '영화의 황후'로 꼽혔다. 이후 중국 영화 황후 경선에서 세 차례 연속으로 '영화의 황후'로 꼽혔다.

한편, '중국 영화의 해'로 일컫는 1933년은 영화문화운동에 있어서 구체적 실천을 담보하는 시기이기도 한다. 1933년 2월 9일 영화계 진보 인사와 좌익영화 종사자들 32명이 연합해 상하이에서 "중국영화문화협회"를 성립해 정식으로 본격적인 운동을 펼쳤다. 1930년대는 중국의 봉건적 세태에 대한 비판적인 영화가 많이 제작되었다. 대표적인 작품이 1934년에 상영된 왕런메이(王人美) 주연의 「어광곡(漁光曲, Song of the Fishermen)」이다. 「어광곡」은 1935년 모스크바 국제영화제에서 명예상을 받았는데, 이는 중국 최초로 국제영화제에서 수상한 것이다.

또, 1934년에 상영되었던 「신녀(神女)」에서 배우 롼링위(阮玲玉)는 길거리에서 몸을 파는 신녀 캐릭터로 눈물 없이는 볼 수 없는 모성애를 그려내었다. 롼링위의 또 다른 작품인 1934년에 상영되었던 「신여성(新女性, New Women)」은 당시 유명 극작가이자 여배우인 '아이시아(艾霞)'의 삶과 죽음을 '웨이밍(韋明)'을 통해 재현했다. 그리고 당시 상하이 사회의 적나라한 모습을 보여 주면서 상하이의 반식민성과 반봉건성, 도시사회의 어두움과 부패를 고발했다.

오늘날 중국의 국가인 「의용군 행진곡(義勇軍進行曲)」은 1935년 5월에 개봉되었던 「풍운아녀(風雲兒女)」라는 영화의 삽입곡이다.

중국 최초의 컬러 영화는 1948년에 제작된 희곡영화인 「생사한(生死恨)」이다. 이 영화는 페이무(費穆)가 감독하고 메이란팡(梅蘭芳)이 주연한 경극을 그대로 촬영한 것이었다. 그런데 「생사한」이 컬러 영화이지만 색채가 좋지 못하다는 평가가 있기도 하다. 그러면서 진정한 컬러 영화를 중국이 건국된 이후인 1953년에 촬영되었던 「양산백과 축영대」라고 보기도 한다. 「양산백과 축영대」는 신중국의 진정한 의미가 있는 첫 번째 컬러 영화라고 평하고 있는 희곡영화이다.

년도	작품	특징
1931	「가녀홍목단(歌女紅牡丹)」	중국 최초의 유성영화
1934	「어광곡(漁光曲)」	중국 최초의 국제영화제에서 수상
1934	「신녀(神女)」	롼링위(阮玲玉) 주연
1934	「신여성(新女性)」	롼링위(阮玲玉) 주연
1935	「풍운아녀(風雲兒女)」	국가 「의용군 행진곡(義勇軍進行曲)」 삽입
1948	「생사한(生死恨)」	중국 최초의 컬러 영화

(2) 건국 이후~개혁개방 이전

1949년 중국이 건국된 뒤, 중국 영화는 이데올로기 선전을 하는 내용으로 제작이 많이 되었다. 대표적인 영화가 1950년에 상영되었던 수이화(水華) 감독의 「백모녀(白毛女)」이다. 이 영화는 건국 초기 영화의 '선전 선동성' 강조 기조에 맞추어 제작되었다. 「백모녀」는 당시 베이징, 상하이를 비롯하여 25개 도시의 120여 개의 영화관에서 상영되었다. 1951년에는 카를로 비바리(Karlovy Vary) 국제영화제에서 '특별명예상'을 수상하면서 해외에서도 작품성을 인정받았다.

'백모녀'는 중국에서 전해 내려오는 민간 전설 중 '악을 제거하고 선을 널리 알리'는 신선이었다. 하지만 인민을 '교육'하기 위해 "고통이 크고 원한이 깊은" 피압박 계급의 전형으로 형상화했다. "구사회는 사람을 귀

백모녀(白毛女)

신으로 만들고, 신사회는 귀신을 사람으로 변하게 한다."라는 주제를 통해 지주의 압박하에 고통받는 농민들의 비참한 운명과 이들을 해방시키는 홍군의 역할을 그렸다. 연극 중에서 복수 사상 즉, "천년의 원수를 갚고 만년의 억울함을 해소해야 한다."라고 관철시켰다. 그것의 선동성이 너무나 강해서 일부 병사들은 공연을 관람할 때 총을 들어 극 중 악역을 맡은 '황스런(黃世仁)'을 죽이려 한 사건도 있었다. 소위 '계급적 각성을 계발'하고 '계급 정서를 배양'한다는 것은 사실상 바로 투쟁사상을 주입하고 원한을 선전하는 것이다. 과거에 중국공산당은 아무런 거리낌 없이 "피의 빚은 피로 갚아야 한다", "마음속에 원한이 있으면 싹이 자란다", "피눈물의 역사를 되새겨 계급의 원수를 잊지 말자"라고 선전했다.

1951년 초, 쑨위(孫瑜)가 극본과 감독을, 유명 배우 자오단(趙丹)이 주연을 맡은 전기영화「무훈전(武訓傳, Life of Wuxun)」이 개봉되었다.「무훈전」이란 영화를 비판한 것이 중공이 정권 탈취에 성공한 후 일으킨 "사상개조" 운동의 서막이었다. 이 운동은 확실히 기본적으로 마오쩌둥의 희망에 따라 지식인들의 사상을 개조하는 작용을 일으켰다.

1956년에 루쉰 소설『축복(祝福)』을 영화로 제작한「축복」은 신중국 건국 이후에 제작된 첫 번째 장편 컬러 영화로 평가되고 있다. 또 영화「축복」은 문학작품이 장편영화로 만들어진 첫 번째 작품이 되었다. 루쉰이 사망한 지 20주년을 맞이하여 상영되었다.

년도	작품	특징
1950	「백모녀(白毛女)」	'선전선동성' 강조 기조에 맞추어 개작화
1951	「무훈전(武訓傳)」	최초 상영 금지
1956	「축복(祝福)」	신중국 첫 번째 장편 컬러 영화, 문학작품이 장편영화로 만들어진 첫 번째 작품

한편, 신중국 건국 이후부터 문화대혁명 발발 이전까지의 중국 영화를 '17년(十七年)'이라고 부르기도 한다. 중국에서는 이 시기를 신중국 영화발전의 첫 번째 시기로 간주하고 있다. 이 시기를 다시 '4개 시기'로 구분하는데, 첫 번째 시기는 1949년부터 1951년까지로 제1차 발전시기로 보고, 두 번째 시기는 1956년부

터 1958년까지로 제2차 발전시기로 보며, 1959년부터 1960년까지를 제3차 발전시기로 보고, 1961년부터 1966년까지를 제4차 발전시기로 보기도 한다.

시기	주요 작품
제1차	「중화녀아(中華女兒)」(1949), 「삼모유랑기(三毛流浪記)」(1949), 「백모녀」(1950), 「나의 한평생(我這一輩子)」(1950) 등
제2차	「축복」(1956), 「상감령(上甘岭)」(1956), 「여자농구5호(女籃五號)」(1956) 등
제3차	「임칙서(林則徐)」(1959), 「임가포자(林家鋪子)」(1959), 「우리 마을의 젊은이(我們村里的年輕人)」(1959) 등
제4차	「류삼저(劉三姐)」(1960), 「홍색낭자군(紅色娘子軍)」(1960), 「홍루몽(紅樓夢)」(1962), 「소병장알(小兵張嘎)」(1964) 등

(3) 개혁개방 이후

1978년 12월에 개최되었던 제11차 3중전회에서 중국은 개혁개방을 천명하였다. 개혁개방 이후 1980년대 중국 영화를 '신시기 영화'라고 부른다. 신시기 영화는 덩샤오핑의 개혁개방 정책과 더불어 시작하였다. 이 시기에는 대부분 문화대혁명을 배경으로 당의 권위를 손상시키지 않는 범위 내에서 문화대혁명에 대한 원한을 토로하였다. 문화대혁명에 대한 원망이라는 보편적 정서를 토대로 문화대혁명 비판이나 사인방에 대한 규탄이 주요 소재가 되었다. "인민과 사회주의를 위해 봉사해야 한다."라는 새로운 문예 정책을 채택하였다. 기존에는 "문예는 정치를 위해 봉사하고 공인, 농민, 병사를 위해 봉사해야 한다."라는 것이었다.

1988년 10월에 개봉되었던 장이머우(張藝謀) 감독의 「붉은 수수밭(紅高粱)」은 2012년에 노벨문학상을 수상한 모옌(莫言)이 1986년에 발표하였던 소설 『홍까오량』과 『고량주(高粱酒)』를 각색한 영화다. 이 영화는 장이머우 감독과 배우 궁리의 데뷔작이기도 하고, 개혁개방 이후에 중국 영화를 세계에 알리는 첫 번째 영화라고 할 수 있다. 이 영화는 1988년 제38회 베를린 국제영화제에서 황금곰상을 수상하였다. 그리고 중국 제8회 금계장(金鷄獎)에서 최우수 작품상을 수상하였고, 제11회 대중영화 백화상(百花獎)에서 최우수 작품상을 수상하였다.

1993년 1월 천카이거 감독의 「패왕별희(霸王別姬)」가 홍콩에서 개봉되었고,

패왕별희

동년 7월에 중국대륙에서 개봉되었다. 이 영화는 리비화(李碧華)의 동명소설을 원작으로 하였으며, 원작자가 각본에도 참여하였다. 2020년에「패왕별희 디 오리지널」로 재개봉되었다. 이 영화는 경극 배우를 중심으로, 1920년대부터 1970년대까지의 중국 현대사와 그 시대에 존재했던 많은 광기의 역사를 한 문화예술가의 일생을 통해 격동적으로 그려내었다. 특히 문화대혁명 시기에 발생하였던 중국공산당의 폭력성을 자기 반성적으로 담은 최초의 작품이라 할 수 있다. 1993년 제46회 칸 영화제에서 중국 영화로는 최초로 황금종려상을 수상하였다. 2005년에는 미국『타임지』가 선정한 '세계 최우수 100대 영화'에 포함되었다.

2015년 7월 16일에 개봉하였던「착요기(捉妖記), 몬스터 헌트」는 중국 영화 중 최초로 달성한 것이 많다. 역대 중국 박스오피스 1위, 중국 영화 최초 20억 위안 돌파, 중국 영화 최초 4,000만 명, 5,000만 명을 돌파해 6,000만 관객을 달성하는 역사를 썼다.「착요기」는「슈렉3」을 공동 제작하였던 홍콩 출신의 라맨 허(Raman Hui, 許誠毅) 감독 작품이다. 그리고 바이바이허(白百何)와 징보란(井柏然) 등 중국 아이돌 배우들이 출연하여 개봉 전부터 화제를 모았다.「착요기」는 요괴와 이 요괴를 잡는 도사가 함께 모험을 떠나는 내용을 담은 판타지 무협 영화다. 여름방학 특수를 맞은 중국 극장가를 귀여운 요괴 캐릭터가 휩쓸었다는 평가를 받았다. 그리고 실제 영화에 등장한 요괴 캐릭터 상품은 중국 전역에서 날개 돋친 듯 팔렸다.

중국에서 제작된 많은 영화 중 중국 당국으로부터 상영금지를 당한 영화들이 많이 있다. 그중 몇 편을 살펴보면 다음과 같다.

먼저 장이머우 감독의 1984년 작품인「인생(活着)」이다. 이 영화는 위화의「살아간다는 것(活着)」을 영화로 만들었다. 영화를 통해 국내전, 대약진 시기, 문화대혁명 상황을 알 수 있다. 영화는 중국 인민들의 "시원하게 죽는 것보다는 구차하게 살아가는 것이 좋다"는 생활관을 잘 표현한다. 영화는 처음에 중국에서 상영금지를 당하였는데, 그 이유가 문화대혁명을 날카롭게 파헤치고 있었기 때문이다.

장원(姜文) 감독의 작품인 「귀신이 온다(鬼子來了)」(1999)도 상영금지를 당했다. 이 영화는 칸 영화제에서 심사단 대상을 받았지만, 국가영화국의 허가를 받지 않고 칸 영화제에 참가하였다는 이유와 영화에서 일본군을 미화하고, 중공군을 비하하였다는 이유로 상영금지를 당했다. 그리고 감독은 7년간의 작업 중단 처벌을 당했다고 알려졌다.

왕샤오슈아이(王小帥) 감독의 작품인 「북경(베이징)자전거(十七歲的單車)」(2000)는 국가영화국의 심사 결론이 나오기도 전에 2001년에 베를린 국제영화제에 참가하여 은곰상을 받았다. 하지만 중국에서는 상영금지를 당했다. 그리고 감독도 2년 동안 제작금지 명령을 받았다. 「북경자전거」는 중국 고도성장 속에서의 어두운 이면인 농민공의 소외된 삶을 그린 영화다.

(4) 2020년대 이후

2023년 중국영화 박스오피스 TOP10 순위를 살펴보면, 1위부터 10위까지 모두 국산영화가 시장을 장악하고 있으며, 미스터리, 범죄, 액션, SF, 애니메이션, 코미디 등 다양한 장르와 주제를 아우르고 있다. 2023년 여름 박스오피스 TOP10 중 7편이 현실 소재를 기반으로 한 작품이었다. 이 중 「고주일척(孤註一擲)」, 「소실적타(消失的她)」, 「팔각롱중(八角籠中)」 등은 모두 실화를 소재로 첨예한 사회 문제를 정면으로 다루면서 관객들로부터 큰 주목을 받았다.

고주일척

「고주일척」의 경우 현실적인 사기 방지 소재로 해외 사기 현상을 깊이 있게 파고들어 광범위한 사회적 논의를 불러일으켰고, 결국 38억 4,800만 위안의 박스오피스를 달성하였다. 「소실적타」는 영화를 관통하는 '여성의 힘'이라는 주제가 여성 권한 강화라는 시대적 흐름과 맞물려 폭넓은 사회적 공감을 불러일으키며 박스오피스 35.23억 위안의 높은 흥행 성적을 거두었다.

국가영화국이 발표한 자료에 따르면, 2023년 중국 영화 연간 박스오피스는 전년 대비 82.64% 증가한 549억 1,500만 위안을 기록하였는데, 2020년 204억 1,700만 위안, 2021년 472억 5,800만 위안, 2022년 306억 6,700만 위안에 비해 증가한 수치이다.

2023년 중국 영화시장에서 가장 눈에 띄는 점은 국산 영화의 흥행수익이 총 460억 500만 위안에 달하며 중국 영화 총 박스오피스의 약 83.8%를 차지했다는 점이다. 2023년 중국에서는 총 509편의 영화가 개봉되었는데 이 중에 1억 위안 이상의 수익을 올린 영화는 모두 73편으로 그중 50편이 중국이 만든 영화이다.

전문 시장조사업체 톱데이터(拓普數據)의 「2023년 중국 영화 연도시장 연구보고」에 따르면, 춘절과 여름방학 시즌이 연간 박스오피스의 절반 이상을 차지하는 경향이 두드러졌다. 게다가 대부분의 중국 관객들은 이러한 인기 시즌에 맞춰 극장에서의 영화 관람을 선호하는 것으로 나타났다. 마오옌(猫眼)연구원이 발표한 「2023년 중국 영화시장 데이터 인사이트」 보고서에 따르면, 부모와 자녀의 동반 영화 관람 그리고 25세 이상의 여성 관객 등을 2023년 영화시장의 대표적인 성장 동력으로 꼽았다. 또 25세 미만의 젊은 관객층이 시장에 활력을 불어넣고 있다고 분석하였다.

2024년 1월 1일 IT홈에 나온 내용을 보면, 중국 국가영화국 통계를 인용하고 있다. 국가영화국 통계에 따르면 2023년 전국 영화 박스오피스 수입 549억 1500만 위안을 기록했으며, 2023년 중국 관객 수는 12억 9900만 명을 기록했다. 연간 박스오피스 수입이 1억 위안 이상 영화 73편, 그중 국내 영화 50편, 그 외에 11편이 10억 위안 이상을 돌파하였다고 밝혔다.

2024년 신년 첫날에 개봉한 영화 「일섬일섬량성성(一閃一閃亮星星)」은 눈이 내리는 극장에서 영화를 관람하는 콘셉트를 처음으로 선보이며 화제를 모았고 이를 통해 기대 이상의 예매 성적을 거두었다.

2024년 연말과 2025년 연시 그리고 춘절 때 상영된 영화는 다양하다. 주요 영화로는 「사조영웅전: 협지대자(射雕英雄傳: 俠之大者)」, 「나타2(나타지마동료해(哪吒之魔童鬧海))」, 「봉신제2부: 전화서기(封神第二部: 戰火西岐)」, 「소소적아(小小的我)」, 「오살3(誤殺3)」, 「편편희환니(騙騙喜歡你)」, 「부니베어·중계미래(熊出沒·重啓未來)」 등이다. 2025년 춘

나타2

나타2의 4월 30일까지 연장 안내 포스터

절 연휴 기간 동안 박스오피스 신기록을 세웠다. 1월 28일부터 2월 4일까지 중국 본토의 총 매출액은 95억 1,100만 위안(13억 달러)에 달했다. 이는 종전 기록인 80억 2천만 위안을 뛰어넘는 수치이다. 특히 「나타2」는 춘절 연휴 기간 동안 48억 4,400만 위안(6억 6,560만 달러)의 매출을 올렸다. 3월 21일에는 「나타2」를 4월 30일까지 상영을 연장한다고 발표하였다.

2023년 중국 전체 극장 수는 총 12,767개로 2019년에 비해 1,297개가 증가했으나 2022년에 비하면 145개 증가에 그쳐, 실제적인 극장 신규 오픈은 대폭 감소 추세에 있다. 2023년 총 스크린 수는 78,225개로 전년 대비 728개 증가했으며 한 스크린 당 연간 평균 박스오피스는 64만 위안으로 2022년과 대비해 무려 27만 위안이나 증가하였다.

2023년 10월 26일, 저장성 헝뎬에서 열린 「제24회 전국 영화 추천회 및 제1회 전국 영화박람회」에서 24편의 영화가 전격적으로 '분선 발행(分線發行)' 계약을 체결하면서 향후 중국 영화시장에서 이와 같은 배급 관행이 공식적으로 시작되었음을 선포하였다. 현재 중국에는 수천 개의 영화 제작사가 존재하며, 매년 최대 3,000개의 영화 프로젝트가 접수되고 있음에도 불구하고 많은 영화들이 아예 스크린에 걸리지 못하거나 혹은 극장에서 '1일 상영' 또는 '반나절 상영'을 하는 상황이다.

2024년 11월 22일에 상영되었던 중국의 33세 여성 감독 사오이후이(邵藝輝)가

제작한 영화「허 스토리(好東西, Her Story)」가 중국 박스오피스에서 좋은 평가를 받았다. 이와 관련하여,『인민일보』는 11월 말 논평을 통해 이 영화가 일상생활의 유머러스하고 부조리한 면을 잘 묘사했다고 칭찬했다.

『뉴욕타임스』는 12월 11일 싱글맘에 대한 고정관념, 여성이 당한 가정폭력, 한탄스러운 중국 검열 등을 담은 이 문제적 작품의 흥행은 쉽게 예상하지 못한 일이라고 전했다. 영국 일간『가디언』도 중국에서 여성 중심 서사의 영화가 상업적으로 큰 성공을 거둘 수 있다는 것을 보여줬다고 평가했다.

2024년 제61회 대만 금마장에서 로우예(婁燁) 감독의 영화「일부미완성영화(一部未完成的電影, An Unfinished Film)」가 최우수작품상 및 최우수감독상을 수상했다. 이 영화는 코로나바이러스를 소재로 한 영화이다. 중국 정부의 압력으로 중국에서는 상영되지 못하였기 때문에 오히려 영화팬들로부터 주목을 받았던 영화이다. 영화는 중국 정부가 경계하는 두 가지 요소를 다룬 작품이다. 2019년 말 중국 우한에서 발생한 것으로 추측되는 코로나19 감염증으로 인한 도시 봉쇄와 동성애가 그에 해당한다.

2) 주요 영화감독, 영화촬영소, 영화제

(1) 영화감독

중국은 영화감독을 세대별로 구분을 한다. 대체적으로 제5세대 영화감독과 제6세대 영화감독에 대하여 많이 언급하고 있다. 제5세대 영화감독은 베이징전영학원(베이징영화학교) 78학번으로서 1982년 베이징전영학원을 졸업한 사람을 가리킨다.

1983년, 베이징전영학원 78학번의 졸업생들이 광서영화제작사에서 "청년섭제조(青年攝制組)"를 설립하였고,「일개화팔개(一個和八個)」(1983)를 만들었다. 대표적인 감독들이 장젠야(張建亞), 황젠신(黄建新), 장쥔자오(張軍釗), 장이머우, 천카이거(陳凱歌), 톈좡좡(田壯壯) 등이다. 이 중 많이 알려진 감독이 장이머우와 천카이거이다.

장이머우 감독은 천카이거 감독과 함께 「황토지(黃土地)」를 촬영하였다. 1988년 「붉은 수수밭(紅高粱)」으로 베를린 국제영화제에서 황금곰상을 수상하며 세계의 주목을 받았다. 베니스, 칸 영화제 등 여러

붉은 수수밭

해외 영화제에서 수상하며 서구에 중국 영화를 알리는 주요 감독이 되었다. 작품으로는 「홍등(大紅燈籠高高掛)」(1991), 「귀주이야기(秋菊打官司)」(1992), 「인생」(1993) 등이 유명하다.

천카이거 감독의 영화는 작가주의 영화를 표방하는 특징을 보였다. 현대 중국의 모순과 혼돈을 날카롭게 조명하는 감독으로 평가받았다. 중국에서는 심한 냉대가 있었지만 국제적으로는 높은 평가를 받았다. 그의 영화는 대체로 상징과 은유를 지니고 예술과 세계, 작품과 관객의 긴장을 늦춰 사고하게 한다는 평가를 받기도 하였다. 대표작으로는 「황토지」(1984), 「대열병(大閱兵)」(1985), 「현위의 인생(邊走邊唱, Life On The String)」(1991), 「패왕별희(霸王別姬)」(1993) 등이 있다.

제5세대 영화감독은 아니지만, 제5세대 영화감독이 활동하였던 시기의 유명한 감독들도 있다. 대표적인 감독이 왕자웨이(王家衛)와 펑샤오강(馮小剛) 감독이다. 먼저 왕자웨이 감독은 1958년 홍콩 영화감독으로 유명하지만 고향은 상하이이다.

왕자웨이는 홍콩의 현실을 담아내는 낭만주의적 영화로 1988년 「열혈남아(旺角卡門)」로 데뷔하여 홍콩의 최고 신예 감독으로 부상했다. 「아비정전(阿飛正傳)」으로 금상장 최우수감독상을 받았다. 「해피투게더(春光乍洩)」(1997)에서는 탱고와 올드팝이 번갈아 들리며 아르헨티나 풍경이 독특한 분위기를 자아냈다. 주요 작품으로는 진용의 『사조영웅전』에 등장하는 동사 황약사와 서독 구양봉의 심리묘사를 잘 표현한 「동사서독(東邪西毒)」(1994)이 있다. 그리고 2개의 서로 다른 이야기 속에서 4명의 남녀가 엇갈리는 「중경삼림(重慶森林)」(1994), 실연의 아픔을 극복하는 고독한 현대인의 군상을 파편적으로 그려낸 「타락천사(墮落天使)」

(1995)가 있다. 2000년 이후에는 「화양연화(花樣年華)」(2000), 「2046」(2004), 「일대종사(一代宗師)」(2012) 등이 유명하다.

집결호

「집결호(集結號)」(2007)를 감독한 펑샤오강은 '중국의 스필버그' 혹은 '중국의 강제규'라고 불린다. 펑샤오강은 영화감독이자 각본가이다. 그의 주요 작품으로는 주연이자 감독을 하였던 「갑방을방(甲方乙方)」(1997)이 있다. 「갑방을방」은 중국 '하세편(賀歲片)'의 시작을 알리는 첫 번째 작품이다. 그밖에 우정출연으로 등장하였던 「햇빛 쏟아지던 날들」(1998)이 있고, 「쿵푸허슬」(2005), 「건국대업」(2009)이 있다. 2017년에 상영되었던 「방화(Youth)」는 중국-베트남 전쟁과 관련이 있는 영화이다. 주요 작품으로는 「야연(夜宴)」(2006), 「당산대지진(唐山大地震)」(2010), 「1942(一九四二)」(2011), 「휴대폰2(手機2)」(2018)」 등이 있다.

제6세대 감독은 1980년대에 베이징전영학원과 중앙희극학원(中央戲劇學院)에서 교육을 받았으며, 1990년대에 두각을 보였다. 제6세대 감독들은 6·4천안문사건으로 지하활동을 하게 되는데, 그래서 이들을 '지하전영(地下電影)', 즉 '언더그라운드영화'라고도 한다. 제6세대 감독은 영화에 로큰롤(Rock'n'Roll)을 하는 사람, 예술가, 동성연애, 도둑, 창녀 등 관심을 받지 못하던 주변 사람들을 영화에 담았다. 혼란한 감정의 분규, 망망한 추구, 자질구레한 묘사와 속어와 비어의 대사를 통해 도시청년의 성장이야기를 묘사하였다. 주요 감독과 작품으로는 왕샤오슈아이의 「북경자전거(十七歲的單車)」, 지아장커(賈樟柯)의 고향 삼부곡(三部曲)(「소무(小武)」, 「플랫폼(站臺)」, 「임소요(任逍遥)」), 장위안(張元)의 「17년 후(過年回家)」, 장원(姜文)의 「북경녀석들(北京雜種)」 등이 있다.

한편, 제6세대 감독 이후에 1970년대 생, 1980년대 생(80후), 1990년대 생(90후) 감독들이 등장하였다. 왕샤오슈와이 감독은 칸에서 "중국 영화는 제7세대 감독이 있을 수 없다."라고 하였다. 하지만 루촨(陸川, 1971~)은 선명하게 "내가 바로 제7세대 영화감독의 대표한다."라고 하였다. 제7세대 영화감독으로는 루촨,

리팡팡(李芳芳, 1976~), 창정(常征, 1974~) 등 몇 명을 가리킨다. 일반적으로 7세대 영화감독은 2000년대에 들어와 영화감독을 시작한 신세대 영화감독이다. 그들은 1970년대 이후에 출생한 사람들이다. 그들 영화의 기본적인 명제, 관심 대상, 표현 수법, 풍격은 모두 제5세대와 제6세대의 작품과는 다르다.

루촨의 대표작품은 「커커시리(可可西里)」(2004), 「난징!난징!(南京!南京!)」(2009), 「초한지 영웅의 부활(王的盛宴)」(2012) 등이다. 커커시리는 중국 국경 내 원시 황야로 평균 해발 4,700m이며 시장(西藏) 영양의 최후의 서식지이다. 영화 「커커시리」는 황량한 공간 '커커시리'와 살기 위해 영양을 잡아야 하는 밀렵꾼, 그리고 커커시리를 지켜야겠다는 순수한 마음을 가진, 밀렵꾼들과 싸워야 하는 사람들의 이야기다.

리팡팡의 대표작품은 「80후(80'後)」(2009)이다. 이 영화는 인터넷 소설 『천장지구』를 각색한 것으로, 빠링허우에 걸맞은 배우들을 주인공으로 하여 그들의 사랑과 이별에 대해, 더 나아가 '영원한 건 없다'는 현실에 대해 이야기하고 있다.

80후 감독으로는 궈커(郭柯, 1980~), 리루이쥔(李睿珺, 1983~), 구샤오강(顧曉剛, 1988~), 비간(畢贛, 1989~) 등이 있고, 90후 감독으로는 웨이슈쥔(魏書鈞, 1991~)이 있다. 이 중에서 궈커의 대표작은 「22」(2018)이다. 이 영화는 중국 지역 일본군 '위안부' 피해자 20만 명 중 2014년 촬영 당시의 생존자 단 22명의 할머니들이 들려주는 마지막 이야기이다.

(2) 영화 촬영소

중국에는 여러 지역에서 영상 촬영 장소가 있다. 가장 대표적인 곳인 헝뎬 영시성(橫店影視城, 헝뎬영상타운)이다. 그밖에도 지린성의 창잉 세기성(長影世紀城), 베이징시의 화이러우 영시기지(懷柔影視基地, China (Huairou) film and television base), 허베이성의 줘저우 영시성(涿州影視城), 장쑤성의 CCTV우시 영시기지(中央電視臺無錫影視基地), 상하이의 영시낙원(上海影視樂園, Shanghai Film Park), 저장성의 상산 영시성(象山影視城)과 헝뎬 영시성, 광둥성의 중산 영시성(中山影視城, ZhongShan Movie Town), 허난성의 자워줘 영시성(焦作影視城), 닝샤후이족자치구의 전베이바오 서부영시성(鎭北堡西部影視城, China Film

Studio)이 있다.

지린성 창춘시 징웨 국가하이테크 산업개발구(净月國家高新技術産業開發區)에 위치해 있는 창잉세기성은 '창춘무비원더랜드'라고도 불린다. 2003년에 공사를 시작하여 2005년에 1차로 문을 열고 2010년에 2차로 연 복합관광단지이다. 이곳에는 다양한 체험공간과 볼거리가 있고 놀이기구가 있다. 창춘무비원더랜드는 중국 10대 영상촬영소 중 하나이고, 국가 5A급 관광지이기도 하다. 이곳에는 특수효과 등 영화를 주제로 한 체험공간이 있다. 이곳에서 촬영한 작품으로는 영화 「도화선」, 「기밀행동」, 「중귀두견」 등이 있다.

화이러우 영시기지는 '중국영도(中國影都)'라고도 불린다. 베이징시 화이러우구 양숭진(楊宋鎭)에 위치해 있다. 이곳은 영상촬영, 후반 작업, 오락 및 레저, 관광 등의 다양한 기능을 갖춘 복합 관광단지이다. 이곳에는 국가중국영화디지털 제작기지와 성미금성 영시성(星美今晟影視城) 등 영상의 촬영 작업과 후반작업을 할 수 있는 시설이 있다. 이곳에서 영화 「전랑2(戰狼2)」, 「미인어(美人魚)」, 「와호장룡(臥虎藏龍)」, 「장성(長城)」, 「건국대업(建國大業)」, 「건당위업(建黨偉業)」 등이 제작되었다. 또 드라마 「홍루몽」, 「황제의 딸」, 「대택문(大宅門)」, 「철치동아기효람(鐵齒銅牙紀曉嵐)」 등이 제작되었다.

허베이성 바이딩시 줘저우시에 위치한 줘저우 영시성은 1990년에 CCTV가 3억 위안을 투자하여 건설된 곳이다. 이곳은 영상촬영과 제작을 위주로 관광 오락 레저 등의 기능을 갖춘 대형 복합관광단지이다. 주요 명소는 당성(唐城), 한성(漢城), 동작대(銅雀臺), 명청 황궁(明清皇宮)과 전통 민가 등 드라마나 영화를 촬영하기 위해 세워진 건축물이 대부분이다. 이 건축물들은 춘추전국시대, 진한시대, 삼국시대, 당나라, 명나라, 청나라 시대의 문화를 배경으로 하여 제작되었다. 이곳에서 드라마 「당명황(唐明皇)」, 「삼국」, 「수호전」, 「서유기」, 「무측천(武則天)」, 「대진제국지열변(大秦帝國之裂變)」, 「대진제국지종횡(大秦帝國之縱橫)」, 「대진제국지굴기(大秦帝國之崛起)」와 영화 「동작대(銅雀臺)」, 「관운장(關雲長)」, 「적벽(赤壁)」, 「신소림사(新少林寺)」 등이 촬영되었다.

장쑤성 우시시에 있는 CCTV우시 영시기지는 1987년에 세워진 중국 최초의 대규모 영상 촬영소이다. CCTV는 중국 중앙텔레비전의 약칭으로 중국 정부가 운영하는 국가방송국이다. 이곳은 CCTV가 「당명황」, 「삼국연의(三國演義)」,

「수호전」을 촬영하기 위해 건설하였다. 이곳은 당성, 삼국성(三國城)과 수호성(水滸城) 3대 세트로 나누어져 있다. 영상문화와 관광이 결합한 테마파크로는 처음으로 2007년 5월에 5A급 관광지로 선정되었다.

상하이시에 있는 상하이 영시낙원은 상하이 쑹장구(松江區) 처둔진(車墩鎮)에 위치해 있어서 '처둔 영시기지(車墩影視基地)'라고도 부른다. 1992년에 세워진 상하이 영시낙원은 중국 10대 영상촬영소 중 하나이며, 국가 4A급 관광지이다. 이곳에는 민국시대 문화를 배경으로 한 건축물로 이루어져 있다. 이곳에는 상하이 난징루의 옛날 거리와 스쿠먼(石庫門) 리룽췬(里弄群), 말러 별장(馬勒別墅, Moller Villa) 등이 있다. 스쿠먼은 상하이 근대 발전 시기에 세워진 주택 양식이고, 리룽은 '골목'이라는 뜻이다. 말러 별장은 영국인 말러가 1936년에 9년에 걸쳐 완공한 개인 별장이다. 이곳에서 촬영된 작품은 영화 「건당위업」, 「쿵푸」, 「색계」와 드라마 「안개비연가(정심심우몽몽(情深深雨蒙蒙))」, 「신상하이탄(新上海灘)」, 「난세가인(亂世佳人)」, 「마작」, 「최찬인생(璀璨人生)」 등이 있다.

저장성 닝보시 상산현에 위치한 상산 영시성은 2005년에 설립되었다. 중국 10대 영상촬영소이자 국가 4A급 관광지이다. 생태레저관광단지인 '닝보영상문화산업단지' 내에 있다. 이곳은 영암산(靈巖山)을 배경으로 현지의 산, 바위, 동굴, 숲 등 자연경관을 접목하고 다양한 볼거리의 체험을 즐길 수 있도록 만든 중국 최초의 영화 테마파크이다. 이곳에서 드라마 「신조협려」, 「조씨고아」, 「서유기」, 「랑야방(琅琊榜)」, 「미월전(芈月傳)」, 「삼생삼세십리도화(三生三世十里桃花)」, 「장안12시진」 등 1,500여 편이 제작되었다.

저장성 진화시 둥양시 헝뎬진에 위치한 헝뎬 영시성은 1996년에 세워진 중국 유일의 국가급 영상산업 실험 지역이다. 미국의 잡지 『할리우드』는 헝뎬영시성을 가리켜 '중국의 할리우드'라고 부르고 있다. 이곳은 1840년대 광저우 거리(廣州街)를 재현해 1995년 영화 「아편전쟁」을 촬영하였다. 이 작품을 시작으로 본격적인 영화 세트장으로 자리 잡은 이곳은 현재 크게 4개의 촬영장으로 나뉜다. 구체적으로는 광저우 거리, 홍콩거리, 진왕궁(秦王宮), 청명상하도(清明上河圖), 명청궁원(明清宮苑), 몽환곡(梦幻谷), 원명신원(圓明新園) 등 18곳의 영상촬영지가 있다. 이곳은 2000년 4월 18일에 국가5A급 관광지로 선정되었다. 이곳에서 4,000여 편의 영화와 드라마가 제작되었다. 최근에는 숏폼 드라마가 많이 제작되어 '수직, 세로마을'이라는 별칭도 생겨났다. 진왕궁에서는 「랑야방」, 「미월전」, 「미인심계(美人心計)」 「난릉왕(蘭陵王)」, 「무미랑전기(武媚娘傳奇)」, 「영웅」, 「형가자진왕(荊軻刺秦王)」, 「무극(無極)」 등의 드라마와 영화가 제작되었다. 명청궁원에서는 「견현전(甄嬛傳)」, 「보보경심(步步惊心)」, 「녹정기(鹿鼎記)」, 「소년4대명포(少年四大名捕)」 등이 제작되었다. 청명상하도에서는 「소이비도(小李飛刀)」, 「보련등(寶蓮燈)」, 「소년양가장(少年楊家將)」 등이 제작되었다. 2013년 MBC에서 방송한 드라마 「기황후」도 이곳에서 촬영하였다.

중산 영시성은 광둥성 중산시 추이형촌(翠亨村)에 있는 손중산(孫中山) 생가 옆에 위치해 있다. 애국주의 교육 등의 기능을 하고 있다. 중산영시성은 2001년 중산시 인민정부가 투자하여 건설되었다. 2006년에 중국 10대 영시 기지로 선정이 되었다. 이곳은 중국 경관구역, 일본 경관구역, 영국 경관구역, 미국 경관구역, 전시관 구역 등 모두 5개의 구역으로 구성되어 있다. 이곳에서 영화로는 「아편전쟁」, 「풍우12년(風雨十二年)」, 「형가자진왕」 등이 제작되었다. 드라마로는 「손중산」 「일출동방(日出東方)」, 「주향공화(走向共和)」, 「옹정왕조(雍正王朝)」, 「소이비도」, 「절대쌍교(絶代雙驕)」 등이 있다.

허난성 자오쥐(焦作)시에 위치한 자워쥐 영시성은 1995년 자워쥐시 정부가 투자하여 건설하였다. 영상촬영을 위주로 하고, 관광 오락 레저 등의 기능을 겸비한 대형 복합관광단지이다. 풍부한 문화적 배경과 독특한 역사적 가치로 인해 국가 4A급 관광지로 선정이 되었다. 이곳에는 춘추전국시대 진한시대 삼국시대의 문화를 배경으로 한 건축물이 세워져 있다. 이곳에서 촬영된 작품은 드라마 「노자전기(老子傳奇)」, 「귀곡자(鬼谷子)」, 「굴원(屈原)」, 「진시황(秦始皇)」, 「수호전」, 「삼국」과 영화 「전국: 천하 영웅의 시대(戰國)」, 「난세후궁: 홍발미인(亂世後宮: 紅髮美人)」, 「자객(刺客)」, 「묵자(墨子)」 등이 있다.

전베이바오 서부영시성은 닝샤후이족자치구 인촨(銀川)시에 위치하고 있다. 중국 유명한 작가 장셴량(張賢亮)이 1993년 9월에 만들었다. 2018년에는 중국황하여유대회(中國黃河旅游大會)에서 '중국 황하 50경(中國黃河50景)'에도 선정되었다. 이곳은 관광 오락 레저 외식 쇼핑을 모두 즐길 수 있는 국가4A급 관광지이다. 이곳의 주요 명소로는 명나라 도시의 모습을 갖춘 명성, 청나라 도시의 모습을 재현한 청성과 옛 인촨의 거리 등이 있다. 이곳에서는 영화로는 「일개화팔개

(一個和八個)」, 「대화서유지월광보합(大話西游之月光寶盒)」, 「신용문객잔(新龍門客棧)」, 「붉은 수수밭」이 제작되었고, 드라마로는 「주원장」, 「서검은구록(書劍恩仇錄)」, 「협골단심(俠骨丹心)」 등이 촬영되었다.

(3) 영화제

중국에는 여러 영화제가 있다. 그중에서 상하이 국제영화제는 상하이에서 열리는 중국 최초의 국제영화제로, 도쿄 국제영화제와 함께 동아시아에서 큰 규모를 이룬다. 그 외에도 중국과 중국어권을 포함하는 영화제가 있다. 대표적인 것이 "중국영화금계상(中國電影金鷄獎, Golden Rooster Award), 대중영화백화상(大衆電影百花獎, Hundred Flowers Award), 중국영화화표상(中國電影華表獎), 홍콩영화금상상(香港電影金像獎, Hong Kong Film Awards, HKFA), 타이완영화금마상(臺灣電影金馬獎, Golden Horse Award)"이 있다.

중국영화금계상은 '금계상'이라고도 부른다. 이 영화제에는 중국의 여러 분야에서 전문가로서 활동하는 감독, 연기자, 작가, 촬영감독, 음악가, 예술가, 영화평론가, 교육가, 사업가까지 참여한다.

대중영화백화상은 '백화상'이라고도 부른다. 국무원 총리였던 저우언라이의 지시로 생겨난 영화제이다. 백화상은 중국 영화 역사상 오래되고 대중을 기초로 하는 영화대상이다. 여기서 '백화'라고 이름이 지어진 이유는 '백화제방과 백가쟁명'의 문화방침을 실현하기 위해서였다. 백화상은 꽃을 들고 있는 여신으로 표현되었다. 2022년 7월 30일 후베이성 우한에서 열린 제36회 대중영화 백화상 시상식에서 6·25 전쟁을 중국적 시각에서 편파적으로 다룬 영화 「장진호(長津湖)」가 대중영화백화상에서 최우수 영화상을 받았다.

중국영화화표상은 '화표상'이라고도 부른다. 여기서 '화표'는 중국 고대건축물 형식 중 하나이다. 이 상은 중국공산당과 중국 정부가 영화산업을 장려하기 위해 주는 것으로, 영화계의 정부상이라고도 할 수 있다.

홍콩영화금상상은 홍콩 영화 금상상협회에서 홍콩 영화 창작과 발전을 고무하기 위해 매년 홍콩문화중심대극원에서 시상을 한다.

타이완영화금마상은 1962년부터 시작하여 타이완 영화사업을 촉진하고 중국 영화문화산업에 공헌한 영화인을 독려하고 칭찬하기 위해 만들었다. 이 상은 지역에 제한을 두지 않았을 뿐만 아니라, 중국어로 된 영화와 중국 영화인에게 수상하는 상이다.

3) 한중 합작영화

1992년 8월 24일 수교 이후 한중 양국은 일련의 문화교류 관련 협의서를 체결하였다. 1992년 수교 이후 한중 간 문화교류는 학술, 교육, 문화산업 등등의 다양한 영역에서 진행되었다. 2008년에는 양국의 관계가 '전략적 협력동반자'로 격상되면서 제반 분야의 교류와 협력의 발전이 가속화되었다. 중국은 후진타오 정부부터 '소프트파워'와 '인문교류'를 주목하기 시작하였는데, 시진핑 정부에 들어서는 '문화산업'과 '문화교류'에 대한 인식이 심화되고 '인문자산'에 깊은 관심을 보이는 변화를 보였다.

2012년 11월에 이미 후진타오에 의해 "우리는 장차 공공외교와 인문교류를 착실히 추진하고, 국제사회에서 중국의 합법적 권익을 보호할 것이다."라고 선언됨으로써 '인문교류'가 정치, 경제와 더불어 중국외교의 3대 핵심 사항으로 부각되었는데, 시진핑 정부에 들어서면 이러한 관념이 더욱 구체화된다.

한편, 한국의 영화진흥위원회는 공동 투자, 공동 제작, 해외 로케이션, 해외인력 참여, 외국 영화 국내 인력 진출, 외국 영화 국내 업체 진출의 6가지 유형으로 구분하여 공동제작 사례들을 분석하고 있다. 이 경우 하나의 공동제작에는 이들 유형이 복합적으로 나타날 수 있다.

중국의 경우는 공동제작을 '연합제작(聯合攝制)', '협작제작(協作攝制)' 그리고 '위탁제작(委托攝制)'의 3유형으로 구분한다. 연합제작은 중외 쌍방이 공동투자, 공동제작, 공동이익분배 그리고 공동으로 위험을 감수하는 제작방식을 말한다. 협작제작은 중국 내에서 촬영이 진행되면서 중국 측이 설비, 기자재, 장소, 인력 등을 지원하는 방식이다. 마지막으로 위탁제작은 외국 측이 그 제작을 위탁하여 중국 측이 대신 제작하는 방식을 말한다. 이 중에서 첫 번째 유형인 연합제작이 진정한 의미에서의 공동제작이라고 볼 수 있다. 따라서 연합제작인 경우에만 공동제작영화로서 중국 내에서 자국 영화로 인정받을 수 있다.

한중 간의 국제공동제작은 2014년 7월 3일 한국과 중국 양국이 영화공동 제작협정에 서명하면서 새로운 도약의 발판을 마련하였다. 한국과 중국은 2011년 8월부터 영화공동제작협정을 위한 논의를 시작하여 2013년 6월에 합의를 도출하였고, 2014년에 서명을 하였다. 영화공동제작협정으로, 한중 간 공동제작영화는 양국에서 자국영화로 인정받을 수 있을 뿐만 아니라 영화제작에 있어서도 다양한 지원을 받을 수 있게 되었다.

한중 합작영화 중 일반적으로 많이 알려졌거나 역사적으로 의미 있는 작품을 살펴보면 다음과 같다.

먼저, 허진호 감독의 「호우시절(好雨時節)」(2010)로, 한국 감독이 처음으로 중국 영화를 감독, 제작하였다는 데 큰 의미가 있다. 이 작품의 한중 합작 유형은 한국이 제작, 해외로케이션, 인력이 참가한 형태이다. 영화 제목인 「호우시절」은 두보의 시 '춘야희우(春夜喜雨)' 중 '호우지시절(好雨知時節)'에서 따왔다. 의미는 "좋은 비가 시절을 알고 내린다"이다. 「호우시절」은 쓰촨성 청두의 두보초당(杜甫草堂)에서 촬영하였다.

영화에서 여주인공의 이름은 '메이'이다. 메이라는 이름은 2008년 5월 12일에 발생하였던 쓰촨성 대지진과 관련이 있다. 당시 지진으로 청두에서만 사망자가 4,000명이 넘었다. 이 영

호우시절

화는 아픔을 치유하는 영화라고 할 수 있는데, 영화에는 초록색이 많이 활용되고 있다. 그리고 영화에서 자전거는 추억을 의미하고 상처의 치유를 의미한다.

다음은 펑샤오강 감독의 「집결호(The Assembly)」(2007)이다. 영화 「집결호」는 한국 스태프들이 중국 영화에 본격적으로 참여한 첫 번째 영화이다. 국내전을 배경으로 실종자로 처리된 동료들의 명예를 회복해 주기 위해 일생을 바친 한 중대장의 실화를 그린 양진위안(楊金遠)의 소설 『소송(官司, Guan Si)』을 영화화하였다. 펑샤오강은 강제규 감독의 영화 「태극기 휘날리며」를 보고 도움을 요청해

한국 특수효과팀이 중국 시장에 진출하게 되었다.

세 번째 작품은 2006년에 상영되었던 영화「묵공(墨攻, Battle Of Wits)」이다. 영화「묵공」은 전국시대를 배경으로 하는데, 묵가 출신 혁리가 조나라 10만 대군에 맞서 양성을 지키는 4천 명의 싸움을 그리고 있다. 영화는 일본의 모리 히데키(森秀樹)의 만화『묵공』을 저본으로 홍콩의 영화감독 장즈량(張之亮)에 의하여 제작되었다. 영화「묵공」은 만화『묵공』을 영화로 만들었고, 만화「묵공」은 사케미 켄이치(酒見賢一)의 소설『묵공』을 만화화한 것이다. 영화를 통해 중국 제자백가 사상의 하나인 묵가에 대해서 알 수 있다. 묵가 사상 중에서도 겸애(兼愛)와 비공(非攻)에 대한 내용이 영화 전체를 지배한다. 특히 '겸애'는 묵가 사상의 핵심이다. '겸애'란 다른 사람과 자기를 동등하게 대우해야 한다는 것이다.

4) 중국 영화산업 관련 정책

(1) '14차 5개년' 중국 영화 발전 규획(2021)

중국 영화의 범주에는 홍콩 영화가 포함되기도 하는데, 중국 영화산업은 날이 갈수록 발전하고 있다. 그래서 중국 영화는 '찰리우드(차이나 + 할리우드)'라고 표현하기도 한다.

중국에서는 영화산업 발전과 관련하여, 2021년 11월 국가영화국의「'14차 5개년' 중국 영화 발전 규획」을 발표하였다.「규획」은 체계적인 기획을 바탕으로 중점 임무에 집중하여 항목을 설계하여, 중점 혁신을 통해 7개 특별란과 25개 항목을 수립하였다.「규획」은 2035년에 영화강국이 되는 것을 전망하며, 중국 영화의 질적 발전을 이루며, 영화창작과 제작능력 수준이 높아지며, 중국 정신과 중국 가치 및 중국역량과 중국 미학이 돋보이는 고품질의 작품이 제작될 것이라고 지적하였다. 그리고 중국이 주도하는 영화시장의 규모는 전 세계를 선도하고, 영화산업시스템과 공공서비스시스템이 개선되어 세계적으로 유명한 영화예술인들이 배양되고, 중국 영화가 세계 영화계에서 목소리와 영향력을 향상시킬 것이라고 지적하였다.

특별란1은 신시대 고품질 영화 전략이다. 이때, 중점영화 창작 주제 선정 기획에서는 "중국역사, 당사, 신중국사, 개혁개방사, 사회주의 발전사, 현실적 주제, 인물 전기 등을 망라하는 중점 영화 창작 주제 선정 기획을 실시하고, 작업 대장을 작성하고 적시에 업데이트를 제공한다. 지속적이고 지속 가능한 창작 구도를 형성한다."라는 내용이다.

「규획」에 따라, 향후 4년여간 매년 신규 스크린 수는 평균 5,000개 이상 증가할 것으로 전망하였다. 다음 표는 14차 5개년 중국영화발전 규획의 주요 내용이다.

「'14차 5개년' 중국 영화 발전 규획」
2035년까지 영화강국 건설
2025년까지 중국 영화 스크린 수를 10만 개 이상으로 늘림
2025년까지 중국 영화의 종합 매출액을 안정적으로 늘림
매년 박스오피스 1억 위안(약 185억 원) 이상의 국산 영화 수를 50편 전후까지 늘림
중국 국산 영화의 연간 박스오피스 점유율을 55% 이상으로 유지

「규획」은 매년 작품성과 관객 동원성이 높은 영화 약 10편을 중점적으로 출시한다는 목표를 제시하였다. 「규획」은 '14차 5개년 규획' 기간 중 중국 영화산업이 질적 성장을 실현할 것을 요구하였다. 이를 위해 영화 창작 품질 제고 프로젝트를 실시하고, 시나리오·감독·연출 등 각 분야에서 혁신 능력을 강화하기로 했다. 또 우수한 국산 창작 작품에 대한 자금 지원을 제공하기로 하였다. 뿐만 아니라 관람 체험 및 서비스 품질을 높여 "관객 동원율, 개별 박스오피스 매출, 종합 매출을 끌어 올린다"라는 목표도 제시하였다.

「규획」에는 중국 정부가 제작비 1억 위안(약 180억 원) 이상 영화를 매년 50편 가량 만들겠다고 하였다. 또 다양한 장르와 주제의 영화를 만들고, 매년 10편 가량의 인기 작품을 선보이겠다는 목표를 제시하였다. 아울러 연간 영화관 입장 수입의 55% 이상을 중국 영화가 차지하도록 하겠다는 목표와 함께 2025년까지 스크린 수를 10만 개 이상으로 확대하겠다고 밝혔다. 국가영화국은 "중국 영화의 질 좋은 발전을 이뤄내고 창작 능력을 강화할 것"이라며 "중국의 정신, 가치, 역량, 미학을 나타내는 우수한 작품을 계속 만들겠다"라고 밝혔다.

2022년 6월 중국 국가영화국은 전국의 모든 영화관에 매주 2회 이상 시대적인 성과를 생동감 있게 보여주는 애국주의 영화를 상영하라고 지시하였다.

(2) 기타 주요 정책

중국 영화산업 발전을 위한 주요 정책과 법률을 살펴보면 다음과 같다.

첫째, 2001년 중국 국무원이 발표한 「영화관리조례」이다. 「조례」의 '총칙' 제1조에서는 "영화산업에 대한 관리를 강화하고, 영화사업을 번영 발전시키며, 대중들의 문화생활 수요를 만족시키고, 사회주의 물질문명과 정신문명 건설을 위하여 본 조례를 제정한다."라고 하였다. 제2조에서는 "본 조례는 중화인민공화국 국내의 극영화, 다큐멘터리, 과학교육영화, 미술영화, 특집영화 등 영화의 제작, 수입, 수출, 배급, 상영 등의 활동에 적용된다."라고 하였다. 제4조에서는 "국무원의 방송영상 부서는 전국의 영화 업무를 주관한다. 현급 이상 지방 인민정부의 영화를 관리하는 행정부서는 본 조례의 규정에 의거 본 행정구역 내의 영화관리 업무를 책임진다."라고 하였다. 주요 내용을 살펴보면 다음 표와 같다.

	「영화관리조례」
제3조	"영화의 제작, 수입, 수출, 배급, 상영 등의 활동에 종사함에 있어 헌법과 관련법률, 법규를 준수하고 대중에게 봉사하며 사회주의에 봉사하는 방향을 견지해야 한다."
제25조	영화에서 포함해서는 안 되는 내용을 소개하고 있다. 드라마에 포함해서는 안 된다는 내용과 동일함
제46조	"국가는 사회주의 시장경제체제에 부합되는 영화관리체계를 구축하고 완비하여 영화사업을 발전시킨다."
제47조	"국가는 영화창작의 자유를 보장하며, 영화 전문 인력을 중시하고 배양하며, 영화이론 연구를 중시하고 강화하여 영화 창작을 번영시키고 영화의 질을 향상시킨다."

둘째, 2016년에 발표한 「중화인민공화국 영화산업 촉진법」이다. 2016년 11월 7일 제12차 전국인민대표대회 상무위원회 제24차 회의에서 「중화인민공화국 영화산업촉진법」이 통과되었고 2017년 3월 1일부터 시행하였다. 제1장 총칙의 제

1조에서는 "영화산업의 건전한 번영과 발전을 촉진하고 사회주의 핵심가치관을 널리 알리며 영화시장 질서를 규범화하고 대중의 문화생활을 풍요롭게 하기 위해 본법을 제정한다."라고 하였다. 제2조에서는 "중화인민공화국 국내에서 영화의 창작, 제작, 배급, 상영 등 활동에 종사하는 경우 본법을 적용한다. 본법에서 말하는 영화란 시청 기술 및 예술적 수단을 운용하여 촬영 제작한 것으로 필름 혹은 디지털 매체 기록물이며 일정한 내용을 표현하는 유성 혹은 무성의 연속 화면으로 구성되었고 국가에서 규정한 영화 기술표준에 부합되는 영화관 등 고정 상영 장소 혹은 유동 상영 장비를 사용하여 공개 상영되는 작품을 말한다. 인터넷, 통신망, 방송망 등 정보 네트워크를 통해 영화를 전파할 경우, 인터넷"이라고 하였다. 주요 내용을 살펴보면 다음 표와 같다.

「중화인민공화국 영화산업촉진법」	
제4조	"국가는 대중을 중심으로 하는 창작을 굳건히 지향하고 백화제방과 백가쟁명의 방침을 견지하며 영화창작의 자유를 존중하고 보장하며 영화 창작인들이 실제에 가깝고 생활과 친근하며 대중에 다가설 수 있도록 지도하며 창작의 사상성, 예술성, 감상성이 서로 통일을 이루는 우수한 영화를 만드는 것을 장려한다."
제10조	"국가는 영화 평가 시스템을 구축하여 영화 평론을 전개하도록 장려한다. 우수한 영화 및 영화산업발전을 촉진하기 위하여 특별한 공헌을 한 기관이나 개인을 국가 관련 규정에 따라 표창한다."
제32조	"국가는 영화관이 관객에게 명시한 영화 상영 시작 전에 공익 광고를 상영하도록 장려한다. 영화관은 관객에게 명시한 영화 상영 시작 시간부터 영화 상영 종료까지 광고를 내보내서는 아니 된다."
제42조	"국가는 영화 인재 육성 계획을 실시한다. 국가는 여건이 되는 대학교, 전문대, 중등 직업학교와 기타 교육기관, 훈련기관 등이 영화 관련 전공과 수업을 개설하고 다양한 방식으로 영화산업 발전 수요에 맞는 인재를 양성하도록 지원한다. 국가는 영화 활동에 종사하는 법인과 기타 기관이 학교의 관련 인재양성에 참여하도록 장려한다."

셋째, 2023년 5월 재정부와 국가영화국은 「국가영화사업발전특별자금의 단계적 면제 정책에 관한 공고」를 발표하여 5월 1일부터 10월 31일까지 국가영화사업발전 특별자금을 면제하였다. 6개월에 걸친 영화발전자금 면제는 코로나 19로

어려움을 겪어왔던 영화관의 운영난을 효과적으로 완화하고 영화 산업의 발전을 촉진하는 데 상당 부분 기여하였다.

넷째, 2023년 7월 중공중앙과 국무원은 「민영 경제 발전과 성장 촉진에 관한 의견」을 발표하였다. 「의견」은 민간경제에 대한 정책 지원을 늘리고 민간경제의 질적 발전을 촉진하기 위해 노력할 것을 제안하는 내용으로 민간 영화기업의 발전을 위한 우대 지침을 제공하였다.

다섯째, 2024년 중국 영화담당 기관 국가영화국은 "국내에서 제작된 모든 단편영화를 해외 영화제나 전시회에서 공개 상영하려면 당국에 사전 등록해야 한다."라고 밝혔다. 공지에 따르면 해외 영화제에 영화를 출품하려는 법인은 최소 상영 20일 전까지 영화제 명칭, 날짜, 장소, 영화 내용 요약본 등을 영화 개봉 허가증 사본과 함께 당국에 제출해야 한다. 중국 당국은 새로운 조치의 시행 배경을 정확히 설명하지 않았다. 장편영화에 적용되던 규정을 단편영화에도 적용한다고 밝혔다. 하지만 중국 내에서는 상영을 허가받지 못한 코로나19 관련 다큐멘터리 영화가 칸 영화제에서 상영된 것을 염두에 둔 조치가 아니냐는 해석이 나오기도 하였다.

3. 중국 애니메이션

2023년 개최된 제16회 중국국제만화축제에서는 '중국 애니메이션 풍향계'로 불리는 금룡상(金龍獎)의 대부분이 민족풍 애니메이션 예술 작품에 수여됐다. 「장안삼만리(長安三萬里)」는 '최우수 애니메이션 장편영화상' 등 4개 부문 수상, 「중국 이야기(中國奇譚)」는 '최우수 애니메이션 시리즈상'을 수상하였다. 중국에서 제작된 애니메이션 예술작품에는 '지능형 중국산(中國智造)'라는 명확한 표현이 있다.

중국 애니메이션은 중국 4대 애니메이션 온라인 방영 플랫폼인 '아이치이(愛奇藝), 빌리빌리(BILIBILI), 텐센트 비디오(騰訊視頻), 유쿠(優酷, YOUKU)에서 시청할 수 있다.

1) 중국 애니메이션의 역사와 발전

(1) 1920년대~개혁개방 이전

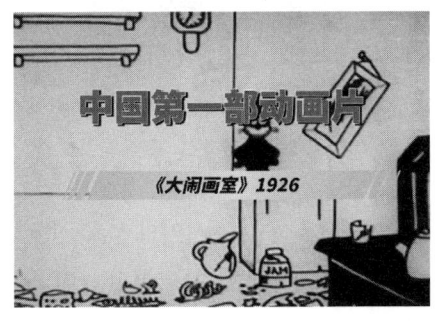

대료화실

일반적으로 알려진 중국 애니메이션 영화 원년은 1926년이다. 중국 최초의 애니메이션 창작은 완씨(萬氏) 4형제와 관련이 있다. 완씨 4형제인 완꾸찬(萬古蟾), 완라이밍(萬籟鳴), 완차오천(萬超塵), 완디환(萬滌寰)인데, 이들은 1926년에 10~12분 길이의 단편 「대료화실(大鬧畫室)」을 제작하였다. 완(萬)씨 형제는 미국 영화인 「잉크병 밖으로(逃出墨水瓶, Out of the Inkwell)」(1918), 「광대, 코코(小丑柯柯, Koko the Clown)」(1919) 등의 영향을 받았다. 완씨 형제는 1927년에 「일봉서신기회래(一封書信寄回來)」를 제작하였고, 1930년에는 「지인도란기(紙人搗亂記)」를 제작하였다. 1932년 완디환은 자신만의 촬영작업실을 열었다. 상하이에서 상영하였던 「뽀빠이(大力水手)」와 「베티 봅(勃比小姐)」의 영향을 받았다.

중국 최초의 애니메이션에 대해서는 여러 주장이 있다. 중국의 동화작가인 양줘타오(楊左匋)가 창작한 「잠시 중지(暫停)」와 「설을 쇠다(過年)」는 1923년에 제작되었다. 또 어떤 연구자는 완씨 형제가 1922년에 제작한 중국 최초의 동화 광고인 「서진동화문타자기(舒振東華文打字機, Shuzhendong Chinese Typewriter)」가 중국 최초의 애니메이션이라고 한다. 그런데 이 작품은 제작 년도가 1922, 1926, 1925년 하반기라는 설이 있다. 하지만 이 광고 애니메이션은 촬영을 성공하였다기보다는 실패하였기에 전문가들의 평가는 엇갈린다.

철선공주

1935년, 완씨 형제는 명성영화공사(明星影片公司)의 협력하에 중국 첫 번째 유성 애니메이션인 「낙타헌무(駱駝獻舞)」를 제작하였다.

1939년 디즈니 애니메이션인 「백설공주」가 상하이에서 상영되었을 때 많은 사람들이 관람하였다. 이때 아시아의 애니메이션에는 장편영화가 없었다. 1941년, 완씨 형제는 아시아 최초 장편 애니메이션 「철선공주(鐵扇公主)」를 제작하였다. 이 작품의 원형은 『서유기』의 「우마왕편」이다. 동년 9월 「철선공주」는 일본에서 상영되었는데, 영화 제목을 「서유기」로 바꾸어 상영하였다. 동남아시아에서도 상영되었던 「철선공주」는 많은 인기를 얻었다.

1952년에 출품된 「새끼고양이가 낚시를 하다(小猫釣魚)」는 전국에 영향을 준 최초의 애니메이션이다. 귀여운 새끼고양이의 만화 형상과 주제가인 「땀 흘려 일하는 자는 아름답다(勞動最光榮)」는 오늘날까지도 중국 관중들은 깊은 인상을 갖고 있다. 그런데 이 영화는 소련과 동부 유럽의 특색이 남아 있다.

1960년에 터웨이(特偉) 감독은 중국 전통 회화기법인 수묵화를 애니메이션에 도입하여 「소과두조마마(小蝌蚪找媽媽)」를 제작하였다. 이 애니메이션을 '수묵(수묵화)애니메이션'이라 부르는데, 1963년에 제작된 「목적(牧笛, 피리 부는 목동)」

은 한국에서 비디오 테이프로 제작되어 판매되었다. 「목적」은 수묵애니메이션 중에서도 매우 뛰어난 작품으로 평가되고 있다.

년도	작품	특징
1926	「대료화실(大鬧畫室)」	중국 최초 애니메이션
1935	「낙타헌무(駱駝獻舞)」	중국 첫 번째 유성 애니메이션
1941	「철선공주(鐵扇公主)」	아시아 최초 장편 애니메이션
1952	「새끼고양이가 낚시를 하다(小猫釣魚)」	전국에 영향을 준 최초의 애니메이션
1960	「소과두조마마(小蝌蚪找媽媽)」	최초 수묵애니메이션

(2) 개혁개방 이후~1990년대

1979년은 하나의 전환점이 되었다. 이 해에 중국 최초의 컬러 시네마스코프(Cinema Scope) 장편영화인 「나타료해(哪吒鬧海)」가 제작되었다. 명나라 때의 『봉신연의(封神演義)』를 기반으로 하여 애니메이션으로 제작하였다. 이 영화는 사회주의를 바탕으로 한 소재에서 탈피하여 새로운 소재를 다룬 작품이다. 이 영화는 "색채가 아름답고 선명하고, 풍격이 있고 품위가 있으며, 상상이 풍부하다"라는 평가를 받았고, 국내외에서 모두 좋은 평가를 받았다. 1979년 「나타료해」가 상영된 이후부터 중국 애니메이션의 '황금10년(1979~1989)'이라 불린다.

나타료해

1983년에는 「천서기담(天書奇談)」이 상영되었다. 이 작품은 『평요기(平妖記)』에서 소재를 삼았다. 이전 애니메이션의 소재는 대체적으로 『서유기』, 『봉신연의』의 내용을 활용하였다. 그런데 「천서기담」은 거기에서 벗어난 작품이다.

1984년에는 「흑묘경장(黑猫警長)」이 제작되었는데, 이 작품은 민간전설과 고전 명저에서 탈피하여 제작된 작품이다.

개혁개방 이후 미국과 일본 등의 나라에서 애니메이션이 많이 들어오기 시작하였다. 1995년에 수입된 「라이언 킹」은 중국인들에게 '극장 애니메이션'이라는 인식을 갖게 하였다. 1996년에는 세계 최초로 3D로 제작된 「토이 스토리」가 중국에 상영되었다.

1999년에 극장용 애니메이션인 「보련등(寶蓮燈)」이 상영되었는데, 중국에 전해오는 전설의 내용을 소재로 삼았다. 도입부에 3D 그래픽으로 처리한 궁전의 모습이 등장한다. 이 영화는 중국대륙, 홍콩, 대만에서 유명한 류환(劉歡), 코코리(李玟), 장신철(張信哲)이 극 중 주제가와 삽입곡을 불렀다. 또 천페이스(陳佩斯), 닝징(寧靜), 쉬판(徐帆), 장원(姜文) 등 유명 배우들이 더빙을 맡았다. 이 영화는 침체되었던 1990년대의 중국 애니메이션 영화의 마침표를 찍으면서 2000년대 중국의 애니메이션 발전에 영향을 준 새로운 출발점이 되었다.

년도	작품	특징
1979	「나타료해(哪吒鬧海)」	중국 최초의 컬러 시네마스코프 장편영화. 사회주의를 바탕으로 한 소재에서 탈피
1983	「천서기담(天書奇談)」	『평요기(平妖記)』에서 소재. 『서유기』, 『봉신연의』에서 탈피
1984	「흑묘경장(黑猫警長)」	민간전설과 고전 명저에서 탈피하여 제작된 작품
1999	「보련등(寶蓮燈)」	전설을 소재로 삼음. 2000년대 중국 애니메이션 발전의 출발점

(3) 2000년대 이후

2003년 12월 28일에 중국 애니메이션 방송을 위주로 하는 CCTV 어린이 채널(央視少兒頻道)이 정식으로 방송되었다. 2004년에는 전문 애니메이션 위성채널이 개통하였다. 같은 해 5월 1일에는 전국 유일의 국가급 애니메이션 축제가 항저우에서 개막하였다. 이와 동시에 정부는 애니메이션산업기지건설을 가속화하였다.

2007년에 상영되었던 「조롱박의 비밀(寶葫蘆的秘密)」은 여름방학 때 개봉되었는데, 영화에 진짜 사람이 등장하였다. 2009년에는 「시양양과 후이타이랑(喜羊羊與灰太狼)」이 상영되었다. 2010년 「시양양과 후이타이랑의 용감한 모험」은 1억에 가까운 흥행성적을 올렸다. 중국 광전총국 영화국 부국장 마오위(毛

시양양과 후이타이랑

羽)는 "애니메이션 중 최고 흥행작「시양양」의 성공은 중국 극장판 애니메이션의 자신감 회복 계기가 되었다"라고 평가하였다.

문화부는 2008~2009년에 2년에 걸친 '오리지널 애니메이션 창작 지원계획' 실시에 2,100만 위안을 투입했으며 101개 프로젝트와 108개 단체를 연이어 지원했다. 국무원 판공청은 재정부, 문화부 등 10개 중앙부서에게 「중국 애니메이션산업 발전 추진에 관한 의견」과 「중국 애니메이션산업 발전 지원에 관한 문화부 의견」을 시달하였다. 이는 중국 오리지널 애니메이션 창작산업 발전을 촉진하기 위해 애니메이션산업 발전을 지원하는 중앙재정의 전문예산을 바탕으로 한 것이다.

특히 2009년 중앙재정의 전폭적인 지원에 힘입어 '오리지널 애니메이션 창작 지원계획' 지원을 획득한 업체는 전국 17개 성/시/자치구와 중앙기관에 분포되어 중국 애니메이션산업 발전의 핵심지역을 거의 커버했다. 만화『신정방(神精榜)』, 인터넷 애니메이션「타, 타개대서과(打, 打個大西瓜)」, 모바일 애니메이션「삼국연의(三國演義)」, 애니메이션 공연「소과두조마마(小蝌蚪找媽媽)」등이 제작되었다. 이들 작품은 제작기술과 상품성이 뛰어나 사람들의 사랑을 받았다. 이렇게 오리지널창작 애니메이션 작품이 연이어 제작되었다.

한편, 2006년 4월 25일 국무원 판공실은 재정부, 문화부 등 10개 중앙부서에 「중국 애니메이션산업 발전 추진에 관한 약간의 의견」을 통지하였다. 이「의견」에서 애니메이션 산업발전을 추진하는 지도사상과 기본적 사고 및 발전목표를 소개하였다. 그리고 국가애니메이션산업기지건설을 지지하고, '산학연'이 일체가 되어 애니메이션산업의 발전을 촉진시켜야 한다고 밝혔다.

이후 중국 애니메이션산업은 고속발전 궤도에 진입했으며 부가가치 증가율이 연평균 20% 이상을 기록하였다. 이 시기에 애니메이션 도서, 신문/간행지, 영화/TV 애니메이션이나 뉴미디어 애니메이션, 애니메이션 무대극 모두 양호한 발전 추세를 보였다. 중국 애니메이션은 중국 특색의 애니메이션산업 발전노선을 형성하였다. 이와 관련하여 해외 언론과 학자들은 모두 '중국적인 스타일', '중국 속도'로 평가하면서 중국 애니메이션이 전 세계에 미치는 영향을 연구하고 있다.

년도	작품	특징
2007	「조롱박의 비밀」	영화에 진짜 사람이 등장
2010	「시양양과 후이타이랑」	1억에 가까운 흥행성적. 중국 극장판 애니메이션의 자신감 회복 계기

(4) 시진핑 시기의 중국 애니메이션

2015년에 상영되었던 「서유기: 대성귀래(西游記: 之大聖歸來, Monkey King: Hero Is Back)」는 9억 6천만 위안의 입장 수입을 올렸다. 이는 당시 역대 중국 애니메이션으로는 첫 흥행작이 됐었다. 2017년 한국에서는 「신서유기: 몽키킹의 부활」이라는 이름으로 개봉했다.

서유기: 대성귀래

「서유기: 대성귀래」는 제작 기간이 8년이며, 그중 3년은 소설 『서유기』를 바탕으로 중국 전통 신화를 새롭게 해석하는 데 쓰였다. 제작비는 1,600만 달러에 이르는 등 2015년 당시 엄청난 규모를 자랑하였다. 중국에서 개봉하였을 때 「쿵푸팬더」를 밀어내고 약 9억 5천만 위안의 수익을 올리며 역대 중국 내 애니메이션 흥행 1위에 올랐다.

이 작품은 유명 배우인 청룽(成龍)이 몽키킹 역의 더빙을 맡아 더 화제가 되었다. 또한, 중국만의 조건적인 요소를 개성 있게 담아내면서 주요 타켓층인 어린 아이들이 좋아할 만한 캐릭터 디자인과 길지 않은 상영 시간, 어색하지 않은 그래픽 연출로 다양한 연령층의 관객들을 사로잡았다는 평이 이어진다. 그동안 외면 받았던 중국 애니메이션에 전 세계 많은 사람들이 관심을 두게 되는 계기가 된 작품으로 중국 애니메이션계에 한 획을 그었다고 평가할 수 있다.

  2016년에는 극장용 애니메이션이 큰 사랑을 받았다. 「대어해당(大魚海棠, Big Fish & Begonia)」이 가장 대표적인 사례로 약 5억 위안(약 831억 원)의 박스오피스를 기록하였다. 총 제작 기간 12년, 한중일 합작 애니메이션이다. 이는 애니메이션의 '전 연령화'가 이루어지고 있음을 설명한다.

  2019년에 1월 11일에 개봉된 「백사: 연기(白蛇: 緣起)」는 높은 완성도와 영상미를 갖춘 애니메이션이라는 평가를 받았다. 이 애니메이션은 중국 전통신화인 백낭자 전설을 각색하여 제작한 작품으로, 할리우드 워너브라더스와 중국이 처음으로 합작한 극장용 애니메이션이다. 뛰어난 영상미가 강점이며 중국만의 풍경과 조형물을 아름답게 담아내었다.

  2019년 7월 26일 개봉한 애니메이션 「나타지마동강세(哪吒之魔童降世)」는 흥행 돌풍을 이끌어 내었다. 이 작품은 중국 애니메이션 시장의 가능성에 대한 관심을 갖게 하였다. 「나타지마동강세」의 흥행 실적은 애니메이션 이외 일반 상업 영화 중에서도 돋보인다. 티켓 판매에 있어 2019년 중국 최대 흥행 국산 영화인 「유랑지구(流浪地球)」나 「어벤져스」에 비해 높은 수치를 기록하였다. 또 역대 중국 내 상영 영화 중에도 두 번째로 높은 박스오피스 성적을 기록하였다.

  「나타지마동강세」는 『봉신연의』에 나오는 '나타(哪吒)' 캐릭터를 중국 전통신화를 바탕으로 창작하였으며, 남녀노소 잘 알고 있는 신화 내용을 기반으로 하였다. 그리고 영화 전반에 걸쳐 "내 운명은 나에게 달려 있지, 하늘에 달려 있지 않다(我命由我不由天)"라는 메시지를 주고 있다. 이러한 신화적 내용과 메시지는 대중들에게 공감을 이끌어내었다. 또 영화 내 인물의 이미지가 신선하다는 의견이 지배적이며, 전통적인 '나타'의 이미지를 탈피했다는 점에서 대중들의 좋은 평가를 이끌어 내었다. 『신경보』는 '나타'의 폭발적 흥행으로 "국산 애니메이션의 굴기"가 다시 사람들의 입에 오르내리고 있다고 지적했다. 다만 한 업계 인사는

"'나타'의 흥행이 중국 애니메이션산업의 굴기를 나타내는 것은 아니며, 관객과 자본이 애니메이션 시장을 바라보는 시각을 바꾸는 의미가 있다"라고 지적했다.

2020년에 개봉되었던「강자아(姜子牙)」는 중국 내 경기의 회복세와 더불어 국경절 개봉의 특수를 노렸다. 이 영화는 전통신화를 소재로 하고 있으며 '강자아' 캐릭터가 처음 영화화되었다.「서유기대성귀래」와「나타지마동강세」가 흥행한 뒤 이어 제작된 영화라 대중들의 중국 국산애니메이션에 대한 신뢰도가 형성되어 있었다.

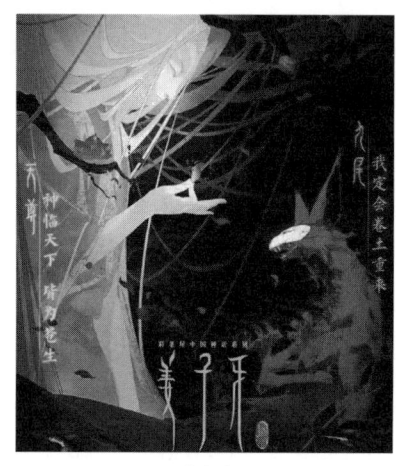 

강자아 　　　　　　　　　　　　 장안삼만리

2023년에 상영된 애니메이션「장안삼만리(長安三萬里)」는 이백(李白)과 고적(高適)의 우정을 중심으로 당나라 시인들 간의 뒤얽힌 인생과 창작의 궤적을 통해 당나라의 흥망성쇠를 꿰뚫는 30여 년의 역사를 그려낸 작품으로 중국의 전통문화와 애니메이션의 혁신적 결합으로 새로운 장르의 가능성을 제시하였다. 이 영화는 2023년 9월에 열린 제16회 중국 국제 만화제 개막식과 제20회 중국 애니메이션 금룡상 시상식에서 우수 애니메이션 장편상, 최우수 애니메이션 감독상, 최우수 애니메이션 각본상, 최우수 애니메이션 더빙상 등 4개 대상을 수상했다.「장안삼만리」제작자 송이이(宋依依)는 "우리는 애니메이션 영화로 현시대에 중국 문화의 자신감과 힘을 전승하며 펼치고 싶다"고 말했다.

2023년 금룡상에서는 처음으로 비물질(무형)문화유산 전통계승 애니메이션상 부문을 신설했다.「강남전통과자백도(절선)(江南傳統糕點百圖)(節選)」,「낭화천공

록: 국유장금(琅華天工錄: 國有長琴)」, 「중의만회(中醫漫繪)」의 3개 작품이 최종 수상했다. 이들 작품은 무형으로 전해져오는 문화에 대한 기억과 역사적 가치를 입체적으로 표현해 내었다는 평가를 받았다.

2024년 12월 6일에 개봉된 「소청(小倩)」은 『요재지이』의 「섭소청(聶小倩)」의 내용을 각색한 것이다. 동년 8월에는 백사전설의 세 번째 영화인 「백사3: 부생(白蛇3: 浮生)」이 상영되었다.

2014년부터 시작된 '부니베어(熊出没)' 시리즈는 중국에서 제작된 극장용 애니메이션 시리즈물의 모델로 꼽힌다. '부니베어' 시리즈는 춘절 연휴 기간에 개봉되었는데, 대중들에게 고정적인 개봉 시기에 대한 기대감을 높였다. 2025년 춘절에도 열한 번째 시리즈 작품인 「부니베어: 미래를 다시 열다(熊出没·重啓未來)」가 개봉되었다.

'부니베어' 시리즈는 11년간 거의 매년 새로운 작품을 선보이며, 작품마다 기술의 발전과 사회변화를 반영한 줄거리로 다양한 관객층의 사랑을 받아왔다. 전 연령대가 시청할 수 있는 극장용 애니메이션인 관계로 춘절 연휴에 온 가족이 같이 관람할 수 있다는 점이 중요하게 작용하였다. 영화가 생기 있고 유쾌한 분위기를 담고 있어 연휴에 보기 적합하다는 의견이 많다.

'부니베어' 시리즈 개봉일, 박스오피스
1 부니베어: 롤라 구출 대모험(熊出没之奪寶熊兵) 2014.01.17. 2억 4,700만
2 부니베어: 브램블의 신비한 모험(熊出没之雪岭熊風) 2015.01.30. 2억 9,400만
3 판타스틱 부니베어(熊出没之熊心歸來) 2016.01.16. 2억 8,700만
4 부니베어: 기환공간(熊出没·奇幻空間) 2017.01.28. 5억 2,100만
5 부니베어: 애들이 줄었어(熊出没·變形記) 2018.02.16. 6억 500만
6 부니베어: 원시시대 대모험(熊出没·原始時代) 2019.02.05. 7억 1,700만
7 부니베어: 와일드 라이프(熊出没·狂野大陸) 2021.02.12. 5억 9,500만
8 부니베어: 종반지구(熊出没·重返地球) 2022.02.01. 9억 7,700만
9 부니베어: 가디언 코드(熊出没·伴我"熊芯") 2023.01.22. 14억 9,500만
10 부니베어: 시공간의 역전(熊出没: 逆轉時空) 2024.02.10. 20억 600만
11. 부니베어: 미래를 다시 열다(熊出没·重啓未來) 2025.1.29. 8억 2,100만

나타2

　2024년 1월 개봉될 영화로 소개되었던 「나타2(哪吒之魔童鬧海)」는 2025년 1월 29일 춘절에 개봉되었다. 「나타2」는 『봉신연의』를 각색한 애니메이션이다. 「나타2」는 「장진호」를 제치고 역대 중국 영화 흥행 1위에 올랐다. 2월 24일 외신 매체에 의하면 중국의 판타지 애니메이션 「나타2」가 영화 「인사이드 아웃 2」를 제치고 역대 최고 수익을 올린 애니메이션 영화가 됐다. 영화에서 미국에 대한 풍자, 안면인식 기술에 대한 풍자가 있다는 평가를 받고 있다. 또 천계의 요괴차별을 중국 내부의 문제와 부조리로 보는 사람도 있다. 신선들을 다스리는 곳인 천계 옥허궁은 미국 국방부 건물인 펜타곤과 닮았고, 신선들이 먹는 단약을 제조하는 솥에는 달러 표시가 새겨져 있다.

년도	작품	특징
2014~2025	'부니베어' 시리즈	춘절 연휴 기간에 개봉
2015	「서유기: 대성귀래(西游記之大聖歸來)」	역대 중국 애니메이션으로는 첫 흥행작
2016	「대어해당(大魚海棠)」	한중일 합작 애니메이션. 이는 애니메이션의 '전 연령화'를 이끎
2019	「백사: 연기(白蛇: 緣起)」	할리우드 워너브라더스와 중국이 처음으로 합작한 극장용 애니메이션
2019	「나타지마동강세(哪吒之魔童降世)」	중국 애니메이션 시장의 가능성
2020	「강자아(姜子牙)」	전통신화를 소재로 하고 있음. '강자아' 캐릭터가 처음 영화화
2023	「장안삼만리(長安三萬里)」	전통문화와 애니메이션의 혁신적 결합으로 새로운 장르의 가능성을 제시
2024	「소청(小倩)」	『요재지이』의 「섭소청(聶小倩)」의 내용을 각색
2024	「백사3: 부생(白蛇3: 浮生)」	백사전설의 세 번째 영화
2025	「나타2(哪吒之魔童鬧海)」	역대 중국 영화 흥행 1위. 미국에 대한 풍자, 안면인식 기술에 대한 풍자

2) 한국 애니메이션의 중국 진출과 한중 합작 애니메이션

한국과 중국의 애니메이션 합작 초기 방식은 한국에서 기획한 작품 일부를 중국에 외주를 주고 실물투자를 유도하는 방식이었다. 그러다가 한국의 애니메이션 제작사가 중국방송사, 투자배급회사, 파생상품 제작유통기업 등의 투자를 유치하는 방식으로 변하였다.

2005년에 중국 정부의 지원을 받는 한중 합작 애니메이션 프로젝트가 탄생하기도 하였다. 한국의 애니메이션 업체 3D애니매직스는 중국 상하이미디어그룹 및 베이징정치광삼유동화유한공사와 공동 제작하는 「우주전사 레온」과 「링링의 한자여행」이 중국 국무원 산하 화문교육기금회의 지원 프로젝트로 최종 선정되었다. 후진타오 국가주석의 지시에 따라 2004년 설립된 화문교육기금회가 만화·애니메이션을 활용해 해외 청소년에게 중국문화를 전파한다는 목표 아래 추진 중인 '화문교육카툰공정' 사업에 따른 것이었다. 「우주전사 레온」은 우주 왕자 '레온'이 고대 상형문자 지도를 읽는 중국 소녀 '링링'과 함께 대마왕을 무찌르는 내용의 26부작 3D 애니메이션 시리즈로, 2005년 11월 쓰촨성 청두에서 열린 제8회 쓰촨국제방송제에서 TV애니메이션 부문 최우수작품상을 수상했다.

「마법천자문」은 2011년 MBC에서 처음으로 방영되고 그 후에 투니버스, 재능TV, 대교어린이TV에서 방영된 한중 합작 애니메이션이다.

2014년부터 한국에서 방영 중이던 애니메이션 「출동! 슈퍼윙스(Super Wings)」가 2015년부터 중국에서 방영 중이다. 「출동! 슈퍼윙스」는 대한민국의 퍼니플럭스 엔터테인먼트, 중국의 치엔치이 애니메이션(千驥動漫), 미국의 리틀 에어플레인 프로덕션스(Little Airplane Productions)가 공동으로 제작하였다.

출동 슈퍼윙스

그런데 2021년에 중국 동영상 플랫폼에서 사라졌다. 일부 중국 네티즌들이 중국에서 방송 중인 한국 애니메이션 「출동! 슈퍼윙스」가 중국을 모독했다고 주장해 해당 프로그램이 중국 유명 동영상 플랫폼에서 삭제되었다.

네티즌들은 애니메이션에 나오는 중국 지도가 부정확하고 추석이 한국에서 기원한 명절이라는 인상을 주고 있다고 비난했다. 일부 네티즌은 주인공 비행기가 추석을 맞아 송편 재료를 배달하는 내용에 대해서도 불만을 제기했다고 한다. 한 네티즌은 소셜미디어에 "그 장면을 본 우리 딸이 중추절(추석의 중국식 표현)이 한국에서 시작됐고, 우리도 송편을 먹어야 한다고 생각하더라"며 "중추절과 월병에 대해 한참 설명했다"라고 적었다.

「고고다이노」는 SBS에서 방영하다가 2017년 이후에는 EBS에서 방영하고 있다. 「고고다이노」는 한국 스튜디오 모꼬지와 중국 스튜디오 로타가 합작으로 제작하였다. 시즌 1~2의 최초 방영 당시 제목은 그냥 '고고 다이노'였으나 이후 「공룡탐험대」, 「우리동네공룡」 등의 시즌이 제작되면서 구별을 위해 「고고다이노 로봇공룡구조대」라는 표기를 사용하고 있다. 2024년에 방영되었던 시즌 10은 「고고다이노 해양구조대」 이름으로 방영되었다.

2024년 9월 15일 한국애니메이션 「사랑의 하츄핑」이 중국에서 개봉되었다. 이 작품은 2021년부터 방영되고 있는 TV 애니메이션 「캐치! 티니핑」의 프리퀄이며 첫 번째 극장판 애니메이션이다. 「캐치! 티니핑」 시리즈는 2022년부터 중국에 진출하였고, 「반짝반짝 캐치! 티니핑」은 중국 OTT 플랫폼 유쿠와 아이치이의 실시간 인기 콘텐츠 순위에서 정상의 자리를 차지하기도 했다.

2016년에 상영되었던 애니메이션 「대어해당」은 한국에서는 「나의 붉은 고래」

대어해당

라는 이름으로 상영되었다. 대한민국 스튜디오 미르와 중국 베이징 인라이트 픽쳐스가 공동으로 제작하였다. 그리고 일본의 「시간을 달리는 소녀」로 유명한 일본 음악감독인 요시다 키요시가 참여하였다. 량쉬안(梁旋)과 장춘(張春) 감독이 제작하였고, 량쉬안이 극본을 썼다.

「대어해당」은 『장자·소요유(莊子·逍遙遊)』 『산해경』 『수신기(搜神記)』 등 중국 고서에서 모티브를 따온 영화이다. 중국인 특유의 기이하고 환상적인 이야기를 담아내자는 데 취지를 두고 있다.

「대어해당」에서 춘을 구하고 죽은 소년이 신의 세계에서 아기고래로 환생하며 곤(鯤)으로 불리게 되고, 이는 「소요유」에 언급된 큰 물고기인 곤의 이름이 그대로 차용되었음을 보여준다. 『장자』「소요유」에 "북쪽 깊은 바다에 물고기가 있었는데 그 물고기의 이름이 곤이다. 곤의 크기는 몇천 리가 되는지 알 수가 없다."라고 하였다. 「소요유」에서 강조한 변화가 「대어해당」에서는 환생과 변형, 부활 등 신화세계의 특성을 통해 '생명의 순환'이라는 형식의 '변화(化)'가 서사전개에 적용되고 있다.

중국 「제로망(齊魯網)」 평론에서 "(「대어해당」은) 국산 애니메이션의 새로운 롤모델이며, 「대료천궁」을 잇는 중국풍 걸작이다. 중국 애니메이션의 희망이다"라고 극찬하였다. 『징화시보(京華時報)』에서는 "「대어해당」에서 보여주는 아름답고 절묘한 중국화 특유의 화풍과 중국의 고전 철학을 담은 주옥 같은 극 중 대사들은 관객들에게 매우 깊은 인상을 남겨주고 있다"라고 하였다. 『양청만보(羊城晚報)』에서는 "이 영화는 수많은 중국 전통 요소를 포함하고 있으며, 예로부터 전해 내려오는 중국의 신화 전설도 여럿 등장한다. 이 영화에서는 천인합일, 생사윤회와 같은 동양의 철학 이념을 내포하고 있으며, 이뿐만 아니라 극 중 디테일에 다양한 민족 문화적 요소를 반영하고 있기도 하다."라고 하였다.

3) 중국 애니메이션산업 관련 정책

(1) '14차 5개년' 중국 애니메이션 발전 규획

중국의 애니메이션은 2016년 이래로 크게 성장하였다. 최근 상영된 애니메이션 영화나 TV에서 방영되었던 애니메이션은 중국 전통 전설이나 문학 작품을 제재로 삼은 것이 증가하고 있다. 또 중국 애니메이션 속에서 중국 정부가 강조하는 사회주의핵심가치관 등 시진핑 사상이나 중화민족주의가 뚜렷하게 드러나고 있다.

> 「14·5 문화산업 발전규획」
>
> 첫째, 애니메이션산업의 질적인 효익을 증강시키고, 애니메이션으로 중국 이야기를 잘 이야기하도록 해야 한다. 그리고 사회주의 핵심가치관을 전파시키고, 인민 특히 청소년의 정신 역량을 증강시켜야 한다.
>
> 둘째, 중국 애니메이션 브랜드를 제작하여 애니메이션의 '전 산업의 사슬'과 '전 연령대'의 발전을 촉진시켜야 한다.

「제14차 5개년 규획」기간 동안의 중국 애니메이션산업 발전 목표는 주요 지역이 발표한 애니메이션산업 발전 목표와 크게 다르지 않다. 「14·5 규획」기간에 상하이, 후난, 산둥, 지린, 랴오닝, 하이난, 톈진, 쓰촨, 허베이 등의 지역의 산업 발전 내용을 알아두는 것도 매우 중요하다. 특히 산둥, 지린, 랴오닝, 하이난, 톈진, 쓰촨 등지에 산업단지와 산업기지를 건설하여 애니메이션 문화사업을 집중적으로 발전시키고자 한다. 허베이성은 애니메이션산업의 골간이 되는 기업을 육성하고자 한다.

(2) 기타 주요 정책

중국 애니메이션산업 발전을 위한 주요 정책과 법률을 살펴보면 다음과 같다. 먼저, 2006년에 국무원이 발표한 「중국 만화·애니메이션산업 발전 추진에 관한 약간의 의견」이다. 「의견」에서 "만화·애니메이션산업은 '창의(Creative)'를 핵심으로 하고, 애니메이션과 만화를 표현형식으로 하며 만화책, 간행물, 영화, TV, 음반·영상물, 무대극과 현대 정보 전파기술 수단을 기반으로 만화·애니메이션 신품종 등을 포함하는 만화·애니메이션 직접 상품의 개발, 생산, 출판, 방송, 공연과 판매 및 만화·애니메이션 이미지와 관련된 의상, 완구, 전자게임 등 파생상품을 생산하고 경영하는 산업을 가리킨다."라고 하였다. 주요 내용을 살펴보면 다음과 같다.

> **「중국 만화·애니메이션산업 발전 추진에 관한 약간의 의견」**
>
> 중앙재정은 만화·애니메이션산업 발전 전담자금을 설립한다.
>
> 전담 자금은 주로 우수 만화·애니메이션 오리지널 상품의 창작 생산, 민족·민간 만화·애니메이션 소재 데이터베이스 건설 및 만화·애니메이션 공공기술서비스시스템 구축 등 만화·애니메이션 산업사슬 발전의 관건적인 단계를 지원하는 데 사용한다.
>
> 관련 지방 인민정부는 효율적인 조치를 취하여 투입을 확대하고 만화·애니메이션 오리지널 창작 행위를 적극적으로 지원하여 성숙한 만화·애니메이션 산업사슬 형성을 추진한다.

다음은 2008년에 중국문화부가 발표한 「중국 만화·애니메이션산업 진흥에 관한 의견」이다. 문화부는 "「국가 11·5기간 문화발전 규획요강」과 「중공 중앙, 국무원의 미성년자 사상관 및 도덕관 수립 심층 강화 및 개선에 관한 약간 의견」(2004)을 충실히 이행하기 위하여, 「국무원판공청이 재정부 등 부서에 전달하는 중국 만화·애니메이션산업발전추진을 위한 약간 의견에 관한 통지」(2006) 내용과 「국무원 판공청의 문화부 주요 책임 내부기구와 인력 편제 규정의 인쇄 및 발행에 관한 통지」(2008)의 규정에 의거, 만화·애니메이션 산업의 발전을 지원하는 관계 부처 간 연합회의의 총체적 업무 배치에 따라 「중국 만화·애니메이션산업의 발전 지원」을 발표하였다."라고 밝혔다. 주요 내용을 살펴보면 다음과 같다.

> **「중국 만화·애니메이션산업 진흥에 관한 의견(2008)」**
>
> 첫째, 중국 창작 만화·애니메이션 대상을 선정하고 시상함으로써 건전한 내용과 예술성을 갖추고 있을 뿐만 아니라 독창성이 뛰어나며 대중성을 겸비한 작품 활동을 장려한다.
>
> 둘째, 창작 만화·애니메이션 작품을 지원한다. 매년 몇 편의 우수 창작 만화·애니메이션, 온라인 웹 만화·애니메이션, 모바일 만화·애니메이션과 만화·애니메이션 무대극 등을 선정하여 이를 중점 지원한다.
>
> 셋째, 창작 만화·애니메이션 분야의 관련 인재를 육성한다. 해마다 만화와 온라인 웹 만화·애니메이션, 모바일 만화·애니메이션, 만화·애니메이션 무대극의 창작 작업에 종사하는 작가를 선정, 지원한다.

> 넷째, 창작 만화·애니메이션을 적극적으로 보급한다. 다양한 루트를 통해 사회, 특히 청소년 계층에 우수한 창작 만화·애니메이션 작품을 확산시킨다. 중국산 만화·애니메이션의 독자적 제작능력과 파생상품의 개발 및 디자인 능력을 증강시키는 데 주력하는 한편 활력 있고 전문성을 갖춘 만화·애니메이션 제작 기업을 키워내며, 중국만의 스타일과 세계적 영향력을 고루 갖춘 만화·애니메이션 캐릭터와 브랜드를 육성한다.

「의견」에서는 "중국산 만화·애니메이션 진흥 프로젝트를 실시한다. 독창적 작품의 창작 생산력을 중점 지원하는 것을 시작으로 재정적 측면의 지원이 제 역할을 다하도록 한다. 다양한 소유제 기업들로 하여금 현실감 있고 일상생활과 밀접하게 연관되어 있을 뿐만 아니라 대중적 친밀감, 중국의 문화적 정신과 우수한 전통문화를 함양하고, 시대적 특징을 잘 반영할 수 있는 만화·애니메이션 작품을 창작하고 이를 확산, 전파시킬 수 있도록 유도하고 지원한다."라고 하였다.

제3부

중국 공연·게임·인터넷 산업

1. 중국 공연

중국의 공연 산업체계는 '문학예술 공연 단체/개인, 공연에이전시, 공연 장소, 무대연출 기업, 티켓회사, 소비자' 6부분으로 구성되어 있다. 각 부분은 상호 의존 및 제약하며 공연시장의 선순환을 위한 중요한 역할을 한다.

중국 공연시장의 소비자 층은 여성이 차지하는 비율이 높다. 특히 극장류 공연의 여성 소비자 층은 64%를 차지하였다. 90%의 소비자는 19~40세 사이이고 그중 18~30세 소비자층이 55%를 차지하였다.

> 전문극장(專業劇場): 다목적 공연장과 상대되는 개념으로 연극, 콘서트, 오페라, 무용 공연 및 기타 예술 공연을 위해 특별히 설계 및 설비된 장소를 말한다. 일반적으로 전문 음향, 조명 장비 및 무대 시설을 갖추고 있어 관객에게 고품질의 관람 경험을 제공함.

1) 중국 공연산업의 역사

(1) 공연

5·4 신문화 운동의 영향으로 신문물을 접한 지식인들은 중국 연극의 혁신 운동에 몸담기 시작하였다. 대표적인 인물은 리진후이(黎錦暉, 1891~1967)이다. 리진후이는 상하이 등지에서 음악을 활용하여 표준 중국어를 보급하는 독특한 방식을 앞장서 도입함으로써 중국의 뮤지컬 발전의 서막을 열었다.

어린이를 위한 수많은 작품을 창작한 그는 중국 어린이 뮤지컬의 시초로 평가받고 있다. 「참새와 아이(麻雀與小孩)」는 리진후이가 창작한 최초의 아동 뮤지컬로, 1920년에 창작, 공연되었다. 대표 가무극에는 「작은 화가(小小畫家)」, 「포도요정(葡萄仙子)」, 「달빛의 밤(月明之夜)」 등이 있다. 리진후이는 아동들의 심리적 특성을 파악하고 긍정적이고 활기차며 참신한 내용으로 구성된 다양한 가무 공연곡을 창작하였다. 대표 작품으로는 「꼬마 세 명(三個小寶貝)」, 「좋은 친구가 왔다(好朋友來了)」, 「누가 나랑 놀래(誰和我玩)」 등이 있다.

리진후이는 중국 최초의 유행 음악이라고 불리는 다량의 음악을 작곡하였다. 「복숭아 꽃강(桃花江)」, 「특급열차(特別快車)」, 「깊은 밤(夜深沉)」, 「작은 재스민(小小茉莉)」, 「사방에 핀 장미(薔薇處處開)」, 「사랑한다! 내 여동생(妹妹我愛你)」 등이 대표적이다.

1950~1960년대는 아동극 창작의 황금시기이다. 장톈이(張天翼)의 「집에서의 용생(蓉生在家里)」, 류후밍(劉厚明)의 「함께 나는 작은 기러기(小雁齊飛)」, 거추린(葛翠林)의 「초원의 여동생(草原小姐妹)」, 왕전(王鎭)의 「총(槍)」 등이다. 가장 주목할 만한 작품은 라오서(老舍)의 「보물선(寶船)」, 「청개구리기수(青蛙騎手)」, 런더야오(任德耀)의 「마란화(馬蘭花)」이다. 「보물선」, 「청개구리기수」는 모두 민간고사를 원형으로 삼고 있다. 라오서가 각색한 후, 새로운 현대적 정신과 교육적 의미를 부여하였다.

중국 아동연극축제

중국 아동연극축제(兒童戲劇節)는 2011년 7월 16일에 개막하였다. 10년이 넘는 발전 끝에 아동 연극계에서 가장 큰 행사로 자리 잡았다. 매년 한 달 이상 진행되는 아동연극축제에서는 다양하고 수준 높은 연극이 공연되고, 여러 나라의 어린이극이 서로 교류한다.

1982년 베이징에서 상영된 오페레타 「요즘 젊은이(現在的年輕人)」는 개혁개방 이후 중국의 첫 창작 뮤지컬로 불린다. 이 작품은 오페레타 양식을 도입함으로써 통속적이고 간결하며 삶에 관한 관심으로 가득한 활기찬 음악을 만들어 내었다. 디스코와 팝 음악 등 전형적인 뮤지컬 요소들을 도입함으로써 청중들의 열렬한 지지를 받았으며 1983년 상하이 오페라단(上海歌劇院)은 「풍류연화(風流年華)」를 상하이에서 처음으로 선보였다. 이 두 작품은 탐색적 성격이 짙은 뮤지컬 작품으로 중국 뮤지컬의 근원적 작품이 되었다.

1992년 초반 중앙오페라원(中央歌劇院, China National Opera) 저우더화(鄒德

華)가 중국뮤지컬 연구회를 창립하였고 뮤지컬「앙가낭만곡(秧歌浪漫曲)」을 시연하였다. 또한 중국 유일의 뮤지컬 잡지인『중국브로드웨이(中國百老匯)』를 창간하여 중국 뮤지컬 사업 발전 촉진에 중요한 역할을 하였다.

(2) 음악

2024년 10월 중국 산시성(섬서성) 시안에서 콘서트 '틴 트러블스 인 차이나(TEEN TROUBLES IN CHINA)'를 개최했다. 여기에 한국 인디 밴드 검정치마(黑裙子, The Black Skir)가 참여하였다. 검정치마는 10월 30일에는 우한(武漢)에서 2025년 1월 1일에는 정저우에서 공연을 하였다. 한국 대중음악 가수의 공연이 중국에서 열린 것은 2016년 사드 사태 이후 약 8년 만이다. 2015년 빅뱅의 중국 투어 이후 K팝 가수들의 중국 본토 공연이 제한되었다.

검정치마, 시안에서 공연

중국 문화관광부는 2021년 8월 사회주의 핵심가치관을 강화하고 가무 오락 산업의 질적 발전을 도모하기 위해「가라오케 음악내용 관리 잠정 규정」을 발표한다고 밝혔다. 이「규정」은 동년 10월 1일부터 시행되었다. 새「규정」에 따르면 노래방에서 불리는 노래는 국가의 통일과 주권, 영토 보존을 해쳐서는 안 되며 민족 차별을 선동해서도 안 된다. 국가 종교 정책을 위반하고 사교와 미신을 퍼뜨리는 노래도 금지된다. 뿐만 아니라 음란, 도박, 폭력, 마약 등과 관련된 내용도 대상이다. 중국 당국은 각지의 노래방이 당과 국가를 선전하는 이른바 '주선율' 노래를 장려하도록 했다.

2024년 6월 6일, 중국전매대학(中國傳媒大學)이 주관한「제9회 음악산업고위포럼」에서「2024 중국 음악산업 발전 종합 보고서」가 발표되었다. 보고서에 따르면, 2023년 중국 음악산업 규모는 총 4,695억 6,200만 위안으로 전년 대비 10.75% 증가했다. 이 중 영화와 드라마, 게임, 애니메이션 음악의 총생산량 규모는 약 10억 3,400만 위안으로 전년 대비 40.03% 증가한 것으로 나타났다.

영화와 드라마 음악산업의 총생산액은 약 2억 9,600만 위안으로 전년 동기 대비 27% 증가했으며, 게임 음악 매출액은 약 3억 4,300만 위안으로 동기 대비 38.8% 증가하였다. 특히 애니메이션 음악의 경우 매출액이 약 3억 9,500만 위안으로 동기 대비 50.9% 증가하며 가장 큰 폭으로 성장하였다.

쿠거우(酷狗)의 『2023년도 음악생활 백서』에 따르면, 2023년 쿠거우 플랫폼에 등록된 신곡은 총 2,600만 곡이다. 평균 1초에 1곡씩 발표된 셈인데, 2022년만 해도 플랫폼에 등록된 신곡은 1,936만 곡이었다.

2023년, 봉황전기(鳳凰傳奇)와 우바이(伍佰)의 예상치 못한 인기 열풍은 음악 시장의 규범을 깨뜨렸을 뿐만 아니라 젊은 세대 사이에서 복고 트렌드를 촉발시키는 효과를 낳았다. 특히 우바이의 순회 공연은 일명 '대형 순회 노래방(大型巡回KTV)'으로 불리며 큰 인기를 얻었다. 이는 우바이의 순회 콘서트에서 회마다 팬들이 모든 노래를 열정적으로 따라 부르면서 생겨난 별칭이다.

우바이

쿠거우의 『2023년도 음악생활 백서』에 따르면, 2023년 봉황전기의 노래는 플랫폼 재생 횟수가 82% 대폭 증가하였고 우바이의 노래 또한 67%가 증가한 것으로 나타났다. 이들의 노래를 소비하는 연령대 중에서 1990년대생과 2000년대생이 50% 이상을 차지하고 있다.

한편, 2023년 초, ChatGPT 열풍과 함께 AI가 자본의 관심을 집중시킨 이후, 'AI+음악'은 음악산업의 각 주체가 주목하는 성장 방향의 한 축으로 자리 잡았다. 'AI리훙(AI力宏)' 등이 있고, 가장 주목받는 것은 'AI 쑨옌쯔(AI孫燕姿)'이다. 중국의 한 팬

AI쑨옌쯔

이 딥페이크 음성 생성 AI 프로그램인 'So-VITS-SVC'로 가수 쑨옌쯔의 목소리를 복제해 제작한 커버곡 영상들이 온라인에서 큰 인기를 끌었다. So-Vits-SVC

는 2022년 빌리빌리(Bilibili) 크리에이터 Rcell(紅色細胞)에 의해 개발되었고, 최대 인기 오픈소스 딥페이크 음원 생성 프로그램이 되었다. So-Vits-SVC가 중국에서 인기를 얻자 Rcell은 깃허브(GitHub)에도 공유했으며, 그 후 So-Vits-SVC의 인기는 해외로도 확산되었다.

2023년 중국 민속음악계에서도 최초로 AI 생성 음악의 오케스트라 연주 공연이 이루어졌다. 상하이 오케스트라는 텐센트 뮤직과 텐센트 AI Lab이 공동 개발한 현악용 거대언어모델을 사용하여 생성된 전통 음악 9곡을 연주한 공연「0·1｜중국색(零·壹｜中國色)」을 선보였다.

2023년 7월 10일 국가발전개혁위원회와 광전총국 등 7개 부처는 다양한 산업 및 분야에서 생성형 AI 기술의 혁신적 활용을 장려하기 위해「생성식 AI 서비스 관리 임시 방법(生成式人工智能服務管理暫行辦法)」을 발표하였다. 8월 15일에 곧바로 시행된「임시 방법」은 생성형 AI의 건전한 발전과 표준화된 적용을 촉진하고 국가 안전과 사회 공익을 수호하며 권익을 보호하기 위해 만들어졌다. 주요 내용으로는 관리 감독 체계, 기술 개발 촉진, 데이터 처리 활동 및 데이터 라벨링 교육 등이다. 또 생성형 AI 서비스 사양 규정, 미성년자 보호 관련 내용, 보안 평가, 민원신고 등 운영상의 규제도 포함되었다.

한편, 2021년 3월 중국 정부는 버추얼 디지털 기술을「14·5 규획」에 포함시키고 기술발전으로 산업의 응용 혁신 추진을 제안하였다. 이와 관련된 사업이 버추얼 휴먼으로, 버추얼 아이돌(虛擬偶像)이다. 버추얼 아이돌은 실존인물이 아니라 인공기술을 통해 만들어진 가상의 인간으로 고유한 가상 설정을 기반으로 방송 등의 활동을 통해 다양한 콘텐츠를 만들어낸다. 중국 최초의 인터넷 버추얼 휴먼(網絡虛拟人物)으로는 'AYAYI'가 있다. 란마이 테크놀로지(燃麥科技)가 개발한 중국 최초의 3D 현실적 가상 캐릭터가 2021년 5월 패션(時尚) 소프트웨어에 처음 등장하였다. 2024년 1월 26일, AYAYI는 '2023년 10대 버추얼 휴먼(2023年度十大虛拟數字人)' 중 한 명으로 선정되었다. 또 중국 최초의 버추

뤄텐이

얼 가수(虛拟歌手)로는 '뤄텐이(洛天依, Luo Tianyi)'가 있다.

2) 주요 지역 공연문화

「윈난영상(雲南映象)」은 윈난성 쿤밍 윈난예술극원(雲南藝術劇院)에서 매일 밤 8시에 공연된다. 공식 웹사이트 주소는 http://www.yangliping.com/이다. 장이머우 감독의 인상시리즈와 헷갈릴 수 있는데, 양리핑(楊麗萍)이 제작한 다른 공연이다. 「윈난영상」은 소수민족의 노래와 춤을 본인의 시각으로 재해석하였다. 이 공연은 쿤밍에서 성공한 이후, 중국 전역에서 초청할 만큼 유명해졌다. 양리핑은 「윈난영상」으로 윈난의 민족 문화를 널리 알린 공을 인정받아 2005년 국가 특별상을 받았다. 2012년에는 '2012년도 영향력 인물'로 선정되었다.

윈난영상

「윈난영상」은 다섯 개의 에피소드로 나누어지고, 공연시간은 1시간 반에서 2시간 사이이다. 1부는 '태양(Sun)'으로, 북과 타악기를 이용한 강렬한 퍼포먼스로, 원시 부족의 탄생을 북으로 표현한다. 2부는 '대지(Land)'로, 달빛 그림자를 이용한 섬세한 독무(월광)와 소수민족의 전통노래와 율동을 공연한다. 여주인공의 실루엣 춤이 'Part 1 월광'의 전부이다. 몸의 곡선과 손끝의 선 하나까지 완벽하게 살아 움직인다. 'Part 2'는 윈난성 소수민족의 무용극이다. 3부는 '고향(Homeland)'으로, 재해석한 소수민족의 춤을 공연하고, 4부는 '순례(Pilgrimage)'로 티베트인(장족)의 종교와 삶을 표현한다. 5부는 '에필로그(Epilogue)'로 공작 춤으로 화려하게 마무리를 한다.

중국공연문화 중 가장 유명한 것은 대형 실경공연인 장이머우의 '인상(印象)' 시리즈이다. 실경공연이란 자연 등 실제 경관을 공연무대로 삼으면서 현지 전통문화나 이야기를 공연 소재로 하는 상업성을 띤 공연을 말한다. 2016년 8월 중국 국가표준화관리위원회는 「실경공연 서비스 규범」을 발표하였는데, 이 「규범」에서 실경공연이란 무엇인지 명확하게 정의를 내리고 있다. 여기서 말하는 실경공연은 "자연경관 혹은 인문경관을 장소와 배경으로 하는 명확한 상황의 주제와 고정된 장소 및 공연 시간이 있는 야외 혹은 반 야외에서의 문예 공연"을 말한다.

실경공연은 두 가지의 명확한 특징이 있다. 첫째는 장소와 배경이 반드시 자연경관 혹은 인문경관이어야 한다. 둘째는 장소가 고정되어 있는 문예공연이어야 한다. 즉 실경공연은 자연 산수 등의 실제 경관을 공연 배경으로 해야 하고, 현지의 역사 혹은 전통문화 및 민속 풍습 등을 공연 내용으로 해야 하며, 상업계와 공연계를 융합한 창작단체의 독특한 문화 모델이다. 「규범」의 제1부분은 '가이드라인'이고 제2부분은 '공연관리'이며, 제3부분은 '서비스 품질'이다.

	주요 내용
가이드라인	실경공연에 관련된 용어와 정의를 제안하고, 장소선정, 계획, 연구개발, 표지판 안내, 안전, 위생, 사업관리, 평가 및 평가에 대한 원칙적인 요구사항을 제시
공연관리	공연의 시설설비, 공연과정과 공연 품질 평가 및 평가에 대한 요구사항을 제시
품질관리	서비스 시설과 서비스 과정에 대한 구체적인 요구사항을 제시. 서비스시설은 주차장, 서비스센터, 매표소, 관람구역 등이다.

장이머우 감독이 제일 처음 공연기획을 한 것은 1997년 이탈리아와 1998년 베이징에서 공연한 자금성을 무대로 한 푸치니의 오페라 「투란 도트(Turandot)」였다. 이후 중국 정부와 함께 처음으로 만든 작품이 2003년 10월 광시좡족자치구 구이린(桂林) 양슈오(陽朔)에서 공연한 「인상 류삼저(劉三姐)」였고, 이후 장이머우 감독의 인상 시리즈는 중국 여러 지역으로 확대되었다.

인상 시리즈의 첫 번째는 「인상 류삼저」이고, 두 번째는 윈난성 리장(麗江) 옥룡설산(玉龍雪山)의 「인상 리장」(2005)이다. 세 번째는 저장성 항저우에 있는 서호(西湖)의 「인상 서호」(2008)이며, 네 번째는 하이난성의 「인상 하이난다오(海南島)」(2009)이다. 다섯 번째는 푸젠성 무이산(武夷山)의 「인상 대홍포(大紅袍)」(2010)이며, 여섯 번째는 저장성 보타산(普陀山)의 「인상 보타(普陀)」(2010)이고, 일곱 번째는 충칭 우룽(武隆)의 「인상 우룽」(2012)이다. 여덟 번째는 「인상 태극

(太極)」(2022)인데, 장이머우는 「인상 보타」와 「인상 태극」에서 예술고문으로 참여하였다. 아홉 번째는 「인상 마조(媽祖)」(2024)이다. 열 번째는 「인상 옌지(延吉)」(2024)이다. 인상 시리즈의 특징으로는 자연을 무대로 하였다는 점이고, 참여하는 인원이 수백 명 이상이 된다는 점이다.

인상 마조

인상 시리즈 외에도 불교 시리즈, 드림(尋夢) 시리즈, 다시 만남(又見) 시리즈, 판타지아(只有) 시리즈 등도 있다. 2013년부터 왕차오거(王潮歌)는 '다시 만남 시리즈'를 제작하였는데, 왕차오거는 「인상·유삼저」 제작에 참여했던 감독이다. 「다시 만남」의 종류로는 「다시 만남·핑야오(又見平遥)」, 「다시 만남·오대산(又見五臺山)」, 「다시 만남·국악(又見國樂)」, 「다시 만남·둔황(又見敦煌)」이 있다. 특히 「다시 만남·핑야오」는 중국 최초의 실내 실경공연으로 인정받고 있다. 「다시 만남·핑야오」는 관람석이 앉아 있는 형태가 아니라 걸어서 이동하며 공연을 관람할 수 있게 설계되었다.

왕차오거는 또 「판타지아·아미산(只有峨眉山·戲劇幻城)」(2019), 「판타지아·사랑(只有愛·戲劇幻城)」(2020), 「판타지아·하남(只有河南·戲劇幻城)」을 제작하였다. 「판타지아·아미산」은 자연경관과 인공극장을 융합을 시켜서 전통적인 관람 방식을 바꿨다. 「판타지아·사랑」은 총 6대 극장으로 구성되어 있으며 총 249명의 배우들이 출연하는데, 생활 속의 애정 만상이 담겨 있다. 「판타지아·하남」은 중국 최초의 '몰입형' 극장 테마파크, 총 56개 공간으로 나뉘어 있다. 공연장은 3개의 대극장과 18개의 소극장이 있다.

중국공연문화는 무대형식의 다원화와 체험 내용의 심도화가 진행되고 있는데, 인상 시리즈는 산수 실경을 무대로 하고, 다시 만남 시리즈는 재현식 극장 무대로 꾸며졌고, 판타지안 시리즈는 산수실경의 이동무대가 주를 이룬다.

한편, 중국에는 지역마다 주요 공연콘텐츠가 있다. 대외적으로 많이 알려진 것은 베이징의 「금면왕조(金面王朝)」, 저장성 항저우의 송성가무쇼인 「송성천고정

송성천고정

(宋城千古情)」, 광둥성 선전의 「용봉무중화(龍鳳舞中華)」, 안후이성의 「휘운가무(徽韵歌舞)」, 후난성 장자제(張家界)의 「매력상서(魅力湘西)」, 「연우장자제(煙雨張家界)」, 「천문호선(天門狐仙)」 등이 있다.

베이징에는 뮤지컬 「금면왕조」가 있다. 베이징 내 가장 규모가 큰 테마파크인 환락곡(happyvalley, 해피벨리 테마파크)에서 중국 내 최정상급 감독, 편극, 무대미술, 조명, 음악 제작자, 의상 제작사 및 200명 국내외 우수한 배우들이 함께 심혈을 기울인 예술작품이다.

저장성 항저우에는 송성가무쇼가 있다. 송성에서 공연하는 콘텐츠로, 송성은 1996년에 개업한 항저우시에 첫 번째 대형 테마파크이다.

광둥성 선전에는 「금수중화(錦繡中華)」가 있다. 이곳에서 '용봉무중화'가 공연되는데, 이는 무용, 음악, 서커스, 승마술, 특기 등 종합예술 공연이다. 공연에는 토가족의 시집가는 날, 회족의 시아버지 골려주기, 이족의 신랑 때리기 등 다채로운 민족전통공연도 펼쳐진다.

안후이성 황산에는 휘운가무가 있다. 향명대극장(香茗大劇場)에서 공연하는 휘운가무는 황산을 대표하는 종합예술공연이다. 이 공연에서 황산의 4계, 휘저우의 문화와 역사를 담고 있다. 「휘운(徽韵)」은 사계절의 변화가 기이한 황산, 동영칠선녀(董永七仙女)의 전설을 주제로 한다. 또 휘상이 중국 상계를 제패한 지 약 400년의 역사를 가지게 된 과정을 소개한다. 공연은 5막으로 이루어져 있다.

후난성 장자제에도 「매력상서」, 「연우장자제」, 「천문호선」이라는 공연이 있다. 「매력상서」는 역동적인 율동과 웅장한 북소리 등 화려한 오프닝 무대를 시작으로 상서지방에 사는 소수민족들의 독특한 결혼 및 장례 문화, 종교 생활 등을 주제로 한 다채로운 춤과 노래가 무대를 가득 채운다.

「연우장자제」는 토가족 청년과 묘족 처녀의 사랑 이야기를 다루는 민속 공연으로 장자제의 유구한 역사문화를 함께 보여주기 때문에 특히 여행객들에게 인기가 많은 공연이다. 「천문호선」은 뮤지컬 형식의 공연으로 인간 세상의 사랑을 갈망하는 여우와 마을 청년의 사랑이야기가 화려한 음악과 무용으로 펼쳐진다.

3) 한중 합작 공연

(1) 공연

2024년 11월 중국을 방문한 유인촌 문화체육관광부 장관은 중국 쑨예리(孫業禮) 문화관광부 부장과의 만남에서 "앞으로 대중문화 분야에서 한중 합작 등을 통해 양국이 힘을 모은다면 세계 시장도 겨냥할 수 있다"며 "중국 내 한국 영화 상영이나 공연 등이 활발해진다면 지역경제 활성화에도 기여할 수 있을 것"이라고 말했다. 이에 쑨예리 부장은 한국의 콘텐츠 성공 사례를 배우고 싶다며 '양국 문화·관광장관 회담과 부처 간 교류 정례화', '박물·미술·도서관과 극장 등 양국 문화기관과 예술단체 간 교류' 등을 제안했다.

한중 합작공연은 오랜 기간 유지되어 왔다. 2013년 10월 9일 한중 합작 뮤지컬 퍼포먼스 「공주의 만찬」이 상하이 ET극장에서 공연되었다. 이 작품은 중국 문화부와 한국 CJ E&M이 공동으로 중국에 설립한 공연제작기업 '아주연창문화발전유한공사(아주연창)'가 만든 것이다. 미각을 잃은 중국 공주를 위해 전 세계 요리사들이 모여 경연을 펼친다는 줄거리를 통해 중국 전통요리와 조리과정을 화려한 율동과 현대적인 음악으로 표현하였다. 개막공연에 참석한 CJ중국 본사 박근태 대표는 "「공주의 만찬」은 최근 한중 양국 정상이 발표한 인문 문화교류 강화 공동성명을 민간 차원에서 추진한 작품"이라며 "이 창작 뮤지컬이 양국 문화 협력의 상징이자, 앞으로 아시아 시장을 공략할 미래형 프로젝트가 될 것으로 기대한다"라고 말했다.

'2016 아시아연출가전'은 한국연극연출가협회가 중국 산둥성예술연구원·산둥성희극창작실과 긴밀한 업무협약(MOU) 관계를 맺고 한·중 양국의 연극문화 발전을 위해 진행되었다. 한국은 중국의 24효(孝) 중 '각목사친'(刻木事親) 고사의 내용을 토대로 창작했고, 중국은 한국의 『심청전』을 토대로 창작했다.

2025년 2월 대구국제뮤지컬페스티벌(DIMF)은 6월에 개최되는 제19회 DIMF

의 폐막작으로 뮤지컬 「판다」를 선정하였다. 뮤지컬 「판다」는 중국 송레이뮤지컬프로덕션이 제작한 한중합작 뮤지컬이다.

판다

2022년 청두 판다 번식 연구 기지 내의 판다 극장에서 초연된 이후 최근까지 총 1,005회 공연을 했다. 쓰촨극, 저글링, 인형극, 전통 무술, 태극권 등 중국 전통 예술과 현대적인 감각을 융합한 무대를 선보이고 있다.

(2) 음악

2012년 케이블채널 Y-STAR는 2012년 한중 수교 20주년을 맞이해 한중 합작 음악프로그램 '쇼 아시아의 별'을 제작하였다. 첫 회 한국 출연진은 백청강, 김형준, 제국의 아이들, 달샤벳, 쥬얼리, 윤하, 포맨, 신용재, NS윤지, 핸섬피플, 걸스데이, 헬로 비너스, 치치, 길미, 아지아틱스, EXO-M, GLAM 등이다. 중화권 출연진은 장즈청(張智成), 차이춘쟈(蔡淳佳, Tsai Joi), 장잉룽(江映蓉), 천지펑(陳志朋), 저우탕하오(周湯豪), 셰안치(謝安琪, Kay Tse) 등이다.

2012년 10월 중국어로 된 데뷔곡 「아이돌 만만세」를 발표하며 엠넷 '엠카운트다운'에서 한국 데뷔 무대를 가진 한중합작 아이돌 타임즈(TimeZ)가 2013년 4월 25일 북경 마스터 센터에서 열린 '2012년 뮤직 라디오 중국 TOP차트 시상식'에서 '올해의 가장 잠재력 있는 그룹상'을 수상했다. 타임즈는 한국의 CJ E&M과 중국의 Super Jet 엔터테인먼트가 공동으로 기획한 한중합작 남자 아이돌 그룹으로, 한국인 멤버 2명과 중국인 멤버 4명으로 구성됐다. '뮤직 라디오 중국 TOP

차트 시상식'은 중국 국영라디오방송(CNR)이 주최하고, 중공 중앙선전부가 후원하는 공신력 있는 음악 시상식이다. 2003년도부터 개최, 매년 4월에 시상식이 열린다.

 2014년 한중 합작그룹 유니크가 데뷔하였는데, 한국인 멤버 2명과 중국인 멤버 3명으로 구성되었으며 한국과 중국 시장을 염두에 두고 기획되었다. 2016년에는 걸그룹 우주소녀가 데뷔하였다. 우주소녀는 스타쉽엔터테인먼트와 위에화엔터테인먼트가 공동으로 제작한 제3세대 걸그룹이다. 우주소녀의 이니셜인 WJSN의 앞 글자를 딴 유닛별로 멤버를 3명씩 묶어 공개했는데, 멤버마다 별자리가 모두 다르다는 콘셉트였다. 2023년 3월 3일 위에화 소속의 중국인 멤버 선의, 성소, 미기와의 협업이 종료되었다.

4) 중국 공연산업 관련 정책

(1) 공연 매니지먼트 규범화와 연예인 관리 강화, 공연시장 질서 확립 발전에 관한 통지(2021)

 중국 공연산업은 음악산업을 포함하여 중국 각 지역의 공연산업이 두드러진다. 중국 정부는 최근 공연산업과 관련하여 주요 내용을 발표하였다. 2021년 9월 중국문화부는 「공연 매니지먼트 규범화와 연예인 관리 강화, 공연시장 질서 확립 발전에 관한 통지」를 발표하였다. 중국 엔터테인먼트 분야에서 연예인의 불법과 윤리 도덕 상실, '팬덤'의 무질서 등의 문제가 나타났다. 이러한 문제점은 대중문화 산업에 종사하는 사람들의 이미지를 손상시켰을 뿐만 아니라, 사회 기풍을 해쳤다. 이에, 중국 정부는 공연 매니지먼트 행위를 한층 더 규범화하고 연예인 관리를 확실히 강화하고 공연시장의 질서 확립 및 발전을 촉진하기 위하여 「통지」를 발표하였다. 「통지」에서는 크게 3가지 방향을 소개하는데, 주요 내용은 다음과 같다.

> 「공연 매니지먼트 규범화와 연예인 관리 강화, 공연시장 질서 확립 발전에 관한 통지」
>
> 첫째, '연예인의 업무 행위 규범화' 소개
> 둘째, '미성년자 계약, 홍보, 대행 등 공연 매니지먼트 활동' 소개
> 셋째, '공연 활동 감독관리 강화' 소개

「통지」의 내용을 좀 더 구체적으로 살펴보면 다음과 같다.

첫째, '연예인의 업무 행위 규범화'를 소개하고 있다. 「통지」에서는 "연예인은 스스로 사회주의 핵심가치관을 실천하고 능동적으로 사회주의 사상을 기반으로 민심을 모으고 신인을 육성하며, 문화를 부흥시키고 이미지를 형상화하는 사명과 임무를 짊어져야 하고 품위, 품격, 책임을 강조하면서 끊임없이 사상 도덕 수양, 직업윤리 소양과 인문 예술 함양을 높이고 도덕성과 예술성을 모두 갖춘 문화예술가로 거듭나도록 노력해야 한다."라고 하였다.

「통지」에서는 "연예인 매니지먼트, 작업실은 연예인의 합법적 권익을 보호하고 연예인 관리 책임을 담당하면서 정치 소양, 도덕 품행을 연예인 채용과 육성의 중요한 표준으로 정하고 정기적으로 교육을 시켜 연예인의 준법 의식과 도덕 수양을 높여야 한다. 연예인 자율과 자아검사 업무 제도를 수립하여 연예인의 업무 행위에 존재하는 문제점 및 리스크를 찾아내어 적시에 시정하도록 독촉한다."라고 하였다. 「통지」에서는 "연예인 매니지먼트 종사자는 연예인에 대한 교육, 주의 환기를 강화해야 하고 연예인이 늘 법률 레드라인을 두려워하고 윤리 커트라인을 엄격히 지키고 직업윤리를 높이면서 숭덕상예(崇德尚藝, 도덕과 예술을 숭상하다), 견현사재(見賢思齊, 어진 이를 보면 그처럼 되길 생각하라)의 좋은 풍기를 적극적으로 만든다."라고 하였다.

둘째, '미성년자 계약, 홍보, 대행 등 공연 매니지먼트 활동'에 대해 소개하고 있다. "미성년자 계약, 홍보, 대행 등 공연 매니지먼트 활동에 종사하는 연예인 매니지먼트 업체, 작업실은 「중화인민공화국 미성년자 보호법」, 「중화인민공화국 교육법」, 「중화인민공화국 의무교육법」, 「중화인민공화국 노동법」의 유관 규정에 따라 법에 의거하여 그의 규정 연한의 의무교육을 받고 완성할 권리를 보장해야 한다. '연예인 연습생' 모집 등 명의로 미성년자에게 '유명해지려면 일찍 시

작해야 한다' 등 잘못된 관념을 주입시켜 미성년자의 가치관을 오도하고 미성년자의 합법적 권익을 침해하는 것을 엄격히 금지한다."라고 하였다.

셋째, '공연 활동 감독관리 강화'를 소개하고 있다.「통지」에서는 "각급 문화관광 행정부처는「영업성 공연 관리 조례」등 법규 규정에 의거하여 공연 활동의 콘텐츠 관리를 강화하고 사회주의 핵심가치관 위배, 사회 공덕 혹은 민족의 우수한 문화 전통 훼손, 공공질서와 양호한 풍속 위반, 기형적인 심미 등의 행위를 단호하게 배척하고 올바른 심미 유도 방향을 수립해야 한다."라고 하였다. 또「통지」에서는 "공연 활동에는 아주 나쁜 사회적 영향을 미친 법을 위반하고 도덕성을 상실한 연예인을 출연시켜서는 아니 된다.「영업성 공연 관리 조례」제25조의 금지 내용이 있는 도형, 화면, 오디오, 동영상과 문자 등을 사용하여 공연 홍보, 티켓 판매와 공연 장소 배치 등 활동을 해서는 아니 된다. 립싱크를 해서는 아니 되며 립싱크를 위한 조건을 제공해서도 아니 된다. 미성년자가 참여하는 공연은 미성년자의 부모 혹은 기타 법적 보호자의 동의를 받아야 한다."라고 하였다.

중국 연예인에게 사회주의 핵심가치관 실천 요구

국가시장감독총국, 중앙사이버정보판공실, 문화여유부, 국가광파전시총국, 은행보험감독관리위원회 등 7개 부서는 2022년 10월 31일「연예인 광고 활동 규범화에 관한 지도 의견」(이하,「의견」)을 발표하였다. 중국 당국이 사회주의 핵심가치관을 실천하라는 내용을 골자로 연예인의 광고 관련 규정을 크게 강화했다.「의견」에 따르면 연예인은 광고 활동을 할 때 사회주의 핵심가치관을 실천해야 하며, 연예인이 하는 광고는 사회도덕과 전통 미덕에 어긋나서는 안 된다. 국가의 존엄이나 이익을 해치는 발언, 사회안정과 공공질서를 저해하는 언행 등을 하면 안 된다는 내용도 포함됐다.

당과 국가의 지도자나 혁명 지도자 등의 역할을 맡았더라도 그 이미지로 광고를 할 수 없고, 특히 기업들에는 과거에라도 잘못된 정치 발언이나 사회주의 가치관에 위배되는 발언을 한 연예인을 광고 모델로 기용하지 않도록 강조하였다. 광고 모델은 자신이 실제로 사용하지 않은 제품은 추천할 수 없다. 이 외에도 담배와 담배제품·과외·의약품·의료기기·건강식품 등은 광고하지 않도록 요구하였다.

(2) 기타 주요 정책

중국 공연산업 발전을 위한 주요 정책과 법률을 살펴보면 다음과 같다.

먼저, 1997년 6월 중국문화부가 발표한 「해외 문화예술 공연 및 전시 관리규정」이다. 「관리규정」에서는 제1장 총칙 제2조에서는 "본 규정에서 말하는 해외 문화 예술 공연 활동은 중국과 외국 간에 펼쳐지는 각종 음악, 무용, 연극, 희곡, 설창 문예, 곡예, 서커스, 동물 공연, 마술, 나무 인형, 그림자극, 민간 문예 공연, 패션 공연, 무술 및 기공 공연 등 교류활동을 가리킨다. 본 규정에서 말하는 해외 문화예술 전시활동은 중국과 외국 간에 펼쳐지는 각종 미술, 공예 미술, 촬영(사진), 서예 비첩, 전각, 고대 및 전통 복장, 예술 소장품 및 테마 문화예술 전시 등 교류 활동을 가리킨다."라고 하였다.

「해외 문화예술 공연 및 전시 관리규정」(1997)	
제5조	해외 문화 예술 공연 및 전시 활동은 반드시 국가 외교 업무와 사회주의 정신문명 건설의 전반을 따라야 한다.
제29조	곡예단이 판다를 데리고 출국 공연할 경우, 반드시 문화부와 외교부 및 임업부를 거쳐 국무원에 신청하여 승인을 받아야 한다.
제30조	기타 희귀 동물을 데리고 출국 또는 중국으로 와서 전시 공연 할 경우, 반드시 규정에 따라 문화부에 제출하여 승인을 받아야 하며 동물 검역과 수출입 관련 수속을 밟아야 한다.
제31조	수교를 하지 않은 나라 및 지역과 문화예술 공연 및 전시 교류 활동을 할 경우, 반드시 승인 절차에 따라 문화부와 외교부를 거쳐 국무원에 신청하여 승인을 받아야 한다.

다음은, 국무원이 2016년에 발표한 「'영업성 공연 관리조례의 수정'에 관한 결정」(2016)이다. 2016년 2월 국무원령 제666호인 「일부 행정법규 수정에 관한 국무원의 결정」에 따라 「영업성 공연 관리조례」가 일부 수정되었다. 「영업성 공연관리조례」는 2005년 7월 1일 국무원이 발표하였다. 그리고 2008년 7월 22일 「'영업성 공연관리조례'수정에 관한 결정(제528호)」에 따라 1차 수정되었다. 2013년 7월 18일 「일부 행정 법규 폐지 및 수정에 관한 국무원의 결정」에 따라 2

차 수정, 2016년 2월 6일 중화인민공화국 국무원령 제666호「일부 행정법규 수정에 관한 국무원의 결정」에 따라 3차 수정되었다. 주요 내용은 다음과 같다.

「'영업성 공연 관리조례의 수정'에 관한 결정」(2016)	
제1장 제2조	본 조례의 영업성 공연이란 영리를 목적으로 하는 연기활동을 말한다.
제1장 제3조	영업성 공연은 인민을 위해 봉사하고 사회주의를 위해 봉사하는 방향을 견지하며 사회 이익을 우선순위에 두고 사회적 가치와 경제적 효과를 모두 실현하여 인민의 문화생활을 풍요롭게 해야 한다.
제3장 제24조	공연 개최업체는 정부 또는 정부부서의 명의로 영업성 공연을 개최해서는 아니 된다. 영업성 공연에 '중국', '중화', '전국', '국제' 등의 문구가 찍혀 있어서는 안 된다. 영업성 광고 내용은 진실하고 합법적이어야 하며 잘못 전달하거나 관중을 기만해서는 안 된다.
제3장 제28조	출연자는 립싱크로 관중을 기만해서는 안 되며 공연개최업체 또한 출연자가 립싱크 하도록 조직해서도 안 된다. 공연개최업체는 전문 인력을 파견하여 공연 진행 과정에 대해 관리감독하며 립싱크 발생을 방지해야 한다.

셋째는 앞서 설명한 2021년 8월에 발표된 「가라오케 음악 내용 관리 잠정 규정」이다. 동년 10월 1일부터 시행되었다. 중국 문화관광부는 사회주의 핵심가치관을 강화하고 가무 오락 산업의 질적 발전을 도모하기 위해 「가라오케 음악 내용 관리 잠정 규정」을 발표했다. 이번 규정은 "사회주의 핵심 가치관을 드높이고 국가의 문화 안보와 이데올로기 안보를 수호하는 것"을 목적으로 삼았다.

중국에서 '문화예술계의 잘못된 풍조를 바로잡는다'는 문예정풍 운동이 강조되고 있는 가운데 새로운 공연중개업(공연매니지먼트) 규정이 2021년 12월 24일 발표됐다.
이 규정에 따르면, 중국에서 공연중개업을 하려면 내년도 2022년 3월부터 매년 1회 치러지는 '공연중개업자 자격시험'에 합격해 관련 자격을 취득해야 한다. 중국인은 물론 홍콩인과 대만인까지도 적용된다.
이 규정은 중국식 사회주의를 바탕으로 한 문화예술 분야의 '금욕주의'와 '도덕주의'를 강조한 시진핑 주석의 발언이 나온 뒤 발표됐다. 응시 자격은 "중화인민공화국 국적자로 중국의 헌법을 지지하고, 양호한 정치적 자질을 지녀야 하며, 업무 수준과 도덕적 품행을 갖춘" 이들에게 주어진다.

넷째, 「오락장소관리조례(娛樂場所管理條例)」이다. 중국 문화관광부의 자료에 따르면 2018년에는 6천여 곡이 금지되었고, 2020년에도 가라오케에서 최소 100여 곡이 금지되었다. 중국에서의 금지곡 관련된 내용은 2006년 3월 1일부터 시행되었던 「오락장소관리조례」 이후 엄격해졌다. 「조례」는 2006년 1월 8일 국무원은 제122차 상무회의에서 통과되었고, 동년 1월 29일에 발표되었다.

「조례」에 따라 중국 정부는 통일, 주권, 안전, 국가 명예 등을 해치거나 국익에 반하는 노래, 풍속, 단결에 위협이 되거나 성(性)·도박·폭력을 공공연하게 조장하는 노래를 노래방 등에서 못 틀도록 해왔다. 「조례」 제13조에서 국가는 민족의 우수한 문화를 널리 알리도록 해야 한다면서 오락장소에서 금지된 내용을 밝히고 있다. 주요 내용은 "헌법에서 확정된 기본원칙을 위반하는 내용, 국가통일과 주권 및 영토 보존에 위해를 가하는 내용, 국가 안전을 위해하거나 국가영예와 이익에 손해를 끼치는 내용, 민족 원한과 민족 멸시를 선동하거나 민족감정에 상처를 주고 민족 풍속을 침해하고 민족단결을 파괴하는 내용, 국가종교정책을 위반하거나 사교나 미신을 알리는 내용, 음란 도박 폭력을 알리거나 독약품과 관련이 있는 위법범죄활동 내용, 사회공중도덕 혹은 민족의 우수한 문화전통을 위반하는 내용, 다른 사람을 비방하거나 모욕하는 내용과 다른 사람의 합법적인 권익을 침해하는 내용" 등이다. 이후, 중국 노래방에서 「나는 타이완 여자가 좋아」, 「학교 가기 싫어」 등의 노래가 사라졌다. 당시 『글로벌타임스』는 「베이징 훌리건들」, 「자살 일기」, 「학교 가기 싫어」 등의 노래를 "심각한 문제가 있는 콘텐츠"로 지목했다. 금지곡 중에는 「방귀」라는 제목의 노래도 있었다. 이 노래는 "세상에는 방귀만 뀌고 아무것도 안 하기를 좋아하는 사람들이 있다"라는 가사를 담고 있다.

2018년에는 케이팝을 비롯해 타이완 음악, 홍콩 음악 수천 곡을 무더기로 삭제하는 등 그동안의 대중문화 콘텐츠 검열을 강화해왔다. 2021년 8월 11일 중국 신화통신 등은 중국 문화관광부가 노래방 금지곡을 관리하는 「가라오케 음악 내용 관리 잠정 규정」을 발표했다고 보도했다. 새 규정에 따르면 노래방에서 불리는 노래들은 '사회주의 이데올로기와 국가 문화 수호'라는 목적을 따라야 한다. 국가의 주권, 영토 보존을 해칠 우려가 있는 노래나 음란, 도박, 폭력 등 내용을 포함한 노래는 노래방에서 전면 금지될 예정이라 전해졌다. 반면 당과 국가를 선전하는 이른바 '주선율' 노래는 장려하도록 했다. 문화관광부는 2006년 이후 노래방에서 금지된 일부 노래가 여전히 여러 노래방에서 눈에 띈다는 것을 규제 강화의 배경으로 제시했다.

한편, 홍콩 법무부는 2023년 6월 6일 선동적인 의도를 갖거나 독립을 부추기려는 목적으로 「글로리 투 홍콩(Glory to Hong Kong)」을 연주하거나 각색하는 것을 금지해달라고 고등법원에 신청했다. 그리고 2024년 5월 8일, 홍콩 항소법원은 「글로리 투 홍콩」의 연주, 배포 등을 금지해달라는 홍콩 법무부 신청을 받아들였다. 법원은 "「글로리 투 홍콩」이 홍콩 독립을 추구하는 분리자들의 '무기'가 될 수 있다"라며 "국가안전을 지키기 위해 금지 결정을 내려야 할 충분한 이유가 있다"라고 밝혔다. 법원이 금지한 행위는 크게 세 가지로 요약할 수 있는데, "첫째, 선동적 의도를 가지고 홍콩과 중국의 분리를 주장하는 목적으로 인터넷 등에 「글로리 투 홍콩」을 공연하거나 배포하는 등의 행위. 둘째, 노래를 공연하거나 배포하는 등의 행위를 통해 홍콩을 독립 국가로 표기하거나 그러한 내용을 시사하는 행위. 셋째, 중국의 국가를 모욕하려는 의도로 앞선 두 행위를 타인에게 방조하거나 선동하고, 참가하도록 하게 하는 행위"이다.

2019년 홍콩 반정부 시위 당시 만들어진 작자 미상의 이 노래에는 시위대의 대표 구호인 '광복홍콩, 시대혁명' 등 홍콩 독립을 지지하는 내용이 담겼다. 이 노래는 2020년 홍콩 국가보안법 제정 이후 사실상 금지곡이 된 상황이다. 정부가 공식적으로 법원에 금지 명령을 신청한 것은 이 곡이 국제 스포츠 행사에서 홍콩 국가로 오인·연주되는 일이 일어났기 때문이다.

2022년 11월 인천 남동아시아드 럭비경기장에서 열린 '2022 아시아 럭비 세븐스시리즈(Asia Rugby Sevens Series) 2차 대회에서 중국 국가인 「의용군 행진곡」 대신 「글로리 투 홍콩」이라는 노래가 틀어졌다. 뜻밖의 노래 연주에 홍콩 측은 즉각 항의했으며, 조직위는 곧바로 노래를 중단시키고 중국 국가를 틀었다. 이후 2022년 12월에 두바이 '아시아 클래식 파워리프팅 챔피언십' 시상식에서

「글로리 투 홍콩」이 홍콩 국가로 연주되는 일이 발생했다. 이번 홍콩 법무부의 금지 명령 신청이 받아들여지면 1997년 홍콩이 영국에서 중국으로 반환된 이후 첫 금지곡이 된다.

중국에는 가무 유흥업소가 약 5만 개 있으며 노래방 시스템에 등록된 곡은 10만 곡에 이른다. 쇼핑몰 안에 많이 있는 소형 노래 부스도 새 규정에 포함됐다.

2. 중국 게임산업

1) 중국 게임산업의 역사와 현황

중국 게임시장은 온라인게임을 중심으로 발전했으며 새로운 문화에 대한 수용성이 높은 청소년을 중심으로 확장되어 왔다. 중국 초기 게임산업은 아케이드 게임이 주도하였다. 아케이드 게임은 흔히 전자오락실에서 볼 수 있는 상업적 목적으로 개발한 게임이다. 슈팅, 액션, 격투, 스포츠, 퍼즐 따위로 분류하기도 한다. 2009년에 아케이드게임의 규제가 해제되면서 크게 발전하였다.

중국 게임시장은 인구, 온라인 및 모바일 인터넷의 보급으로 빠른 속도로 성장하였다. 특히 모바일게임은 2016년까지 중국 게임시장의 성장을 주도해왔던 온라인/PC 게임을 누르며 게임시장을 주도하고 있다.

2017년부터 중국의 PC 게임 시장규모가 안정세를 보였다. 특히 「오버워치(Overwatch)」, 「배틀그라운드」 등 신흥 PC 클라이언트 게임이 강세를 보였다. 스마트폰의 보급으로 모바일게임은 가파른 성장세를 나타내었다. 모바일게임은 2016년부터 이용자 규모와 시장 규모 모두 온라인게임을 넘어 중국 게임시장의 성장을 주도하고 있다.

중국 게임산업 성장은 「원신(原神)」(2020), 「역수한(逆水寒)」(2018), 「왕자영요(王者榮耀, 아너 오브킹즈)」(2015) 등 대규모 온라인 롤 플레잉 게임(RPG), 전략 게임, 사격 게임이 주도했다. 「왕자영요」, 「원신」 등 모바일 게임이 세계적인 인기를 끌며 2023년에는 2,268억 위안의 매출을 올렸다. 2024 LoL 월드 챔피언십(롤드컵) 결승에서 한국의 T1이 중국의 BLG에게 승리를 거두고 우승하였다.

최근에는 캐주얼게임의 성장세가 두드러지게 나타나기 시작하였다. 캐주얼게임은 온라인에서 간단한 조작으로 짧은 시간에 즐길 수 있는 게임을 이르는 말이다. 중국에서는 미니게임(小游戲), 여가게임(休閑游戲)으로 불린다. 주로 플래시(FLASH) 툴로 제작된 게임이 많아 '플래시 게임'으로 불리기도 한다. 중국에 캐주얼게임 열풍을 제일 먼저 일으킨 것은 「양료개양(羊了個羊)」으로 2022년 9월

양료개양(羊了個羊)

에 인기를 끌기 시작해 웨이보의 인기 검색어에 올랐다.

2023년 12월에 발표된「중국게임산업보고」에 따르면 2023년 중국 게임 시장 매출은 3029억 위안(약 55조 원)으로 전년 대비 13.95% 성장하면서 처음으로 3000억 위안을 넘어섰다. 또 중국 내 게임 이용자수는 6억6800만 명에 이르렀는데, 이는 사상 최고의 수치이다.

모바일게임시장은 중국 업체들의 적극적인 기술 개발 및 투자 확대로 개발 역량이 급격히 향상되었다. 중국에서의 위챗 미니게임(小游戲)은 중국 게임산업에서 매우 중요하다. 먼저, 위챗이 중국에서 성공한 가장 큰 요인은 누구나 참여할 수 있는 자체 생태계를 조성하였기 때문이다. 즉 이용자가 위챗 플랫폼 내에서 콘텐츠를 생산하고 위챗 페이를 통해 편리하게 수익화 할 수 있는 체계를 형성하였다.

샤오청쉬(小程序)

위챗 샤오청쉬(小程序)는 텐센트가 개발한 미니 어플리케이션(이하 '미니앱')으로 별도로 App을 다운로드하여 설치하지 않아도 된다. 위챗 안에서 게임, 온라인 쇼핑 등을 바로 이용할 수 있다. 그중, 미니게임은 어플을 설치하지 않고도 위챗 미니앱 게임 창에서 미니게임을 검색하여 원하는 게임을 할 수 있다.

다음으로 중국 게임산업에서 주목할 부분은 교육형 게임이다. 교육형 게임은 학습에 게임이라는 흥미를 가미하여 학습효과를 높이기 위해 형성되었다. 교육형 게임은 기능성 게임(Serious Games)의 일종으로 특정 전문분야의 교육을 목적으로 연구 개발한 게임을 가리키며, 교육성과 오락성을 겸비, 주요 11개 유형으로 구분되어 있다. 교육의 범위에는 학생 공부, 회사 업무, 군사훈련, 건강 케어 등이 포함된다. 교육형 게임은 단독 상품보다는 내부 콘텐츠 형식으로 스마트 로봇과 같은 스마트 학습기기에 내장되어 있는 형태가 대부분이다. 그래서 콘텐츠 사업 특성상 콘텐츠 품질과 수익구조 개발이 성공 요인으로 인식되고 있다.

중국 정부 주최 아시아 최대 규모 어뮤즈먼트 및 어트랙션 산업 전시회 '2019 아시아 어뮤즈먼트&어트랙션(이하 AAA) 엑스포'가 2019년 5월 9일 개막했다. 중국의 경우 정부 지원에 힘입어 PC와 모바일 등의 플랫폼과 더불어 게임산업의 한 축으로 자리매김했다는 평가가 나온다. 아케이드 게임은 소프트웨어 개발은 물론 기판, 부품, 보드, 결제수단 등 여러 분야에서 일자리 창출이 가능하다는 분석이다.

AAA 엑스포가 개최된 광저우는 중국 아케이드 게임산업의 핵심 요충지로 평가되는 지역이다. 실제로 광저우 내 조성된 동만산업단지에는 제품 생산·개발·판매·운영이 모두 가능한 이른바 A급 업체 180여 곳이 밀집해 있다. 정부 차원의 지원 규모도 중요한 부분이다. 동만산업단지에 입주한 한 업체 관계자는 "관련 특허 10개 및 20명의 직원을 고용한 아케이드 게임사의 경우 정부로부터 2억 원가량의 지원을 받을 수 있다"라고 말했다.

한편, 중국게임산업연구원(CGIGC) 장이쥔(張毅君) 부회장은 2023년 중국 게임산업 특징으로 "게임사 자율규제 준수와 미성년자 보호 '정상화(강화)', 기술 개발 및 발굴로 비즈니스 모델 확장, 아시안게임에서 진행된 e스포츠로 새로운 시장 및 성장 동력 확인, 게임으로 중국의 우수한 전통문화를 글로벌에 주류로 올림" 등을 꼽았다. 장이쥔 부회장은 "게임사는 중국 오리지널 콘텐츠로 걸작을 만들고, 혁신과 창작을 지속적으로 향상해야 한다"라며 "게임산업은 최첨단 기술의 '테스트베드'로 인공지능은 최신 기술 발전을 촉진해야 한다."라고 강조하였다.

탕자쭈엔(唐賈軍) 중국게임산업연구원 부비서장은 "중국 게임사의 '유저 확보 전략 강화', '기술혁신을 통한 개발비, 마케팅비 효율화', '하드웨어와 게임의 상관관계 증가에 따른 소프트웨어와 하드웨어 결합 기술 강화', '세분화된 지역 맞춤형 전략 준비를 해외시장 공략 동향'"으로 정리하였다.

2) 중국 e스포츠

2003년 중국 국가체육총국은 e스포츠를 제99번째 체육항목으로 정식 편입시켰다. 2008년에는 e스포츠가 제78번째 체육운동 항목으로 편성되었다. 2010년, 국가체육총국 정보센터는 전국 e스포츠운동업무회의에서 「임무를 명확히 하고 업무를 착실히 진행하여 중국 e스포츠 운동의 건강발전을 전력 추진」의 제목으로 보고를 발표하였다. 이후 체육총국 정보센터는 중국의 첫 e스포츠 국가팀을 구성하면서 중국 e스포츠의 입지를 다지기 시작하였으며 비약적인 발전의 기초를 마련하였다.

2013년부터 e스포츠 수요를 만족시키기 위해 게임 라이브 플랫폼이 최초로 등장하였다. 2015~2018년에 모바일 게임의 유행으로 중국의 게임 라이브 산업이 촉진되었고, '후야(虎牙)', '더우위(斗魚)' 등 유명 게임 라이브 플랫폼이 2019년 출시되었다.

번호	주요 플랫폼	개요 및 주요 특징
1	더우위 (斗魚)	중국 최대의 게임 중심 라이브 플랫폼 e스포츠 가치 사슬의 선두주자 PC, 모바일 버전으로 즐길 수 있음
2	후야 (虎牙)	게임 라이브로 세계 선두적인 라이브 플랫폼을 구축하는 기술적인 콘텐츠 회사
3	비리비리 (嗶哩嗶哩, bilibili)	도우인, 콰이쇼우에 비해 긴 영상과 실시간 스트리밍이 가능한 '중국판 유튜브'로 알려져 있음 라이브 스트리밍, 비디오 호스팅 및 모바일 게임, 애니메이션 관련 콘텐츠와 비디오 게임 문화 콘텐츠에 특화 실시간 채팅 기능으로 시청자 참여를 유도하며 쌍방향 커뮤니케이션이 활발히 이루어짐 주 고객층의 90%가 25세 미만
4	도우인 (抖音)	2019년 중국 최대 동영상 SNS 플랫폼으로 중국 내 기준 회원 수 6.8억 명 규모 2021년 3Q 기준, 일 평균 동영상 검색 건수는 4억 건 이상 2021년 3Q 기준, 광고 수익 1,500억 위안 규모

5	콰이쇼우 (快手)	틱톡에 이은 세계에서 두 번째로 규모가 큰 동영상 서비스 플랫폼, 2011년에 설립되었으며 틱톡과 마찬가지로 짧은 동영상, 소셜 미디어에 특화 주요 이용자는 3,4선 도시에 집중되어 있음 동북 지역의 사용자 비율이 높음

2014년 e스포츠는 난징청년올림픽운동회의 비정식 시합종목으로 선정되었다. 2016년부터 e스포츠가 폭발적인 인기를 끌기 시작해 신생 게임업체들이 크게 성장하였다. 모바일 e스포츠시장을 주로 공략한 영웅엔터테인먼트(英雄互娛)가 2016년에 발표한 「전봉전함(巔峰戰艦)」, 「무창천단(舞創天團)」, 「창탄등육(搶灘登陸)」 등의 모바일 e스포츠 게임은 800% 이상의 성장율을 기록하였다.

전봉전함

2017년 12월 상하이정부는 「상하이 '13·5'시기 문화개혁발전규획」에서 상하이를 글로벌 e스포츠 도시로 건설할 것을 강조하였다. 2018년 4월 19일, 항저우시 샤청구(下城區)는 「항저우시 샤청구 인민정부의 e스포츠 디지털 소도시 촉진 산업집약발전의 실시의견(잠정)」을 발표하였다. 이는 저장성의 최초 e스포츠산업 격려정책이다. 2020년 12월 16일, 제39차 아시아 올림픽 평의회(OCA) 총회가 오만 무스카트에서 개최되어 온라인으로 동시 생중계되었다. 총회에서 OCA는 e스포츠 종목과 브레이크 댄스 종목이 항저우 아시안게임에 포함된다고 공식적으로 밝혔다.

아이미디어리서치(艾媒咨詢)가 발표한 자료에 따르면, 2019년 중국 e스포츠 게임시장 규모는 982.2억 위안을 기록하여 세계 최대 e스포츠 게임시장이자, e스포츠 게임 영역 기술 혁신과 업태 혁신의 중요한 주도역량이 되었다.

2023년 12월 20일 중국 게임산업과 e스포츠 산업을 주도하는 '중국음향디지털출판협회' 산하 중국게임산업연구원(CGIGC)은 선전시에서 「2023년 중국 e스포츠산업 연례회의」를 개최하였다. 쑨셔우산(孫壽山) 협회장은 "2023년은 중국 e스포츠가 표준화, 주류화, 국제화를 달성한 해"라고 평가하였다. 쑨셔우산 이사장은 중국 e스포츠 산업이 '황금시대'를 맞이하기 위해서는 "당국의 요구와 시장 규칙을 준수하고, 연구소를 기반으로 표준화 연구에 주력하며, 문화적 사명을 자각해 e스포츠가 국내외에 전파될 때 중국 문화 영향력이 제고되도록 노력해야 한다."라고 강조하였다.

2023년에 개최되었던 '2022 항저우 아시안게임'에서는 처음으로 e스포츠가 정식 종목으로 채택되었는데, 모바일 및 PC 플랫폼에 걸쳐 7개의 게임이 선정되었다. 경기 종목으로는 「도타 2」, 「리그오브레전드」, 「배틀그라운드 모바일」, 「스트리트 파이터 5」, 「왕자영요」, 「몽삼국 2」, 「FC 온라인」 총 7개가 선정되었다. 아시안게임에서 중국이 4개 종목에서 금메달을 획득하였다. 이를 계기로 중국에서의 e스포츠에 대한 관심은 더욱 높아졌다.

중국 전체 e스포츠 시장은 주로 모바일 e스포츠 게임의 폭발적인 성장에 기인한 것이다. 주요 e스포츠 경기는 게임 퍼블리셔(publisher)가 개최하고 있다. 퍼블리셔란 게임을 배급하는 회사로 게임 개발사의 게임을 받아서 유통하는 회사다. 게임 서비스 인프라를 구축하고, 게임의 번역 및 현지화, 서버 관리, 홍보, 이벤트, 유저관리 및 분석, 게임시장 분석, 운영체계 구축 등 게임의 서비스에 관련한 모든 사항들을 책임지고 운영하는 것이다.

한편, 2021년 4월, 비리비리닷컴 산하 비리비리 e스포츠와 액티비전 블리자드 게이밍이 전략적인 협력을 공식 발표하였으며, 다년 계약을 체결하였다. 비리비리 e스포츠는 「오버워치」 리그(Overwatch League) 중국의 전략적 협력 파트너로서, 2021시즌부터 중국대륙 지역 경기에 대한 콘텐츠 제작 및 중계를 담당하고, 상업적 사업에 대한 개발 및 중국대륙 지역에서의 경기 홍보를 추진한다. 또한, 비리비리 e스포츠는 협력 기간 동안 중국 내 「오버워치」 리그 독점 라이브방송 및 매체 저작권, 배포 권한을 획득하였다. 이번 협력에 대해, 액티비전 블리자드 e스포츠 수석 부사장 겸 CCO인 브랜든 스노우(Brandon Snow)는 "「오버워치」 리그는 중국에서 훌륭한 팬층을 보유하고 있다. 비리비리 e스포츠와 같은 성숙하고 경험이 많은 운영사와 협력하여 미래의 콘텐츠, 방송 운영, 이벤트 등에서 새롭고 창의적인 방식으로 팬들에게 다가갈 수 있을 것이다"라고 발표하였다.

2022년 e 스포츠 현황	
이용자 규모	약 4억 8,800만 명
이용자	남성과 여성의 비율은 각각 56.40%, 43.60%
연령분포	25~34세가 가장 많으며 45세 이상이 가장 적음
게임 상품의 플랫폼 유형	모바일게임 50.7%, PC 게임 34.8%, 모바일과 PC 모두 구동 가능한 게임 10.1%, 웹게임 4.4%
게임 상품 장르	슈팅 장르의 점유율이 25.7%, MOBA(Multiplayer Online Battle Arena) 장르 17.1%, 스포츠 장르가 10.0%, 3장르에 속하는 게임이 가장 큰 비중을 차지
오프라인 e 스포츠 대회를 개최한 도시	가장 많은 대회를 개최한 도시는 상하이시. 전체 경기의 22.39%가 상하이시에서 열림. 항저우시·청두시·선전시 순으로, 각각 8.96%, 7.46%, 5.97%를 차지

3) 중국 게임산업 관련 정책

2024년에 세계를 강타한 게임 중 하나가 게임 사이언스가 개발한 「검은신화: 오공」이다. 이 게임은 고전 『서유기』를 모티브로 한 것으로, 중국 최초 'AAA 게임(개발 비용이 많이 들고 개발 주기가 길며, 제작 수준이 우수한 게임)'으로 불린다.

「검은신화: 오공」이 정식으로 발매된 후, 한때 게임 유통 플랫폼 스팀에서 동시 접속자 수 200만 명을 넘어 글로벌 순위 1위에 오르는 등 대박을 터트렸다. 출시한 지 3일 만에 1,000만 장 이상 판매하며 글로벌 게임 시장을 강타했다. 이런 가운데 영자지『글로벌타임스』가 "중국 게임산업에 큰 돌파구를 마련했다"라는 전문가들의 말을 인용하고 관영지『양성만보』는 "중국 문화 해외 진출의 중요한 이정표"라는 찬사를 보내었다.

(1) 게임 셧다운제와 게임 중독방지

중국 정부는 2022년부터 시진핑 국가주석의 주도로 '게임 셧다운제(심야시간 게임접속 금지)'를 시행하고 있다. '게임 셧다운제'란, 미성년자의 경우 평일에는 완전 게임 금지, 주말에만 1시간씩 이용할 수 있는 강력한 규제이다. 중국 정부는 이 규제에 대해 "게임은 '마음의 아편'이자 '시간 낭비'이기 때문"이라고 주장한다. 한국도 16세 미만 청소년의 심야 인터넷 게임을 제한했던 게임 셧다운제는 2022년 1월 1일 시작과 함께 폐지되었다. 중국 당국은 2021년 8월 말 게임을 '정신적 아편'으로 규정하고 18세 미만 청소년에 대해 일주일에 3시간만 온라인게임을 허용하는 게임 중독 방지법을 시행했다. 이에 따라 중국 청소년은 매주 금·토·일 오후 8~9시에 1시간씩만 게임을 할 수 있다.

한편, 국가신문출판서는 2021년 8월 「미성년자 온라인 게임 중독 방지 관리시행에 관한 통지」를 발표하였다. 「통지」에서는 "미성년자에게 온라인게임 서비스 제공 시간을 엄격히 제한한다. 「통지」 시행일로부터, 모든 온라인게임 업체는 금, 토, 일, 법정공휴일 매일 20시부터 21시까지 미성년자에게 1시간 온라인게임 서비스를 제공하고 나머지 시간엔 어떠한 형식으로도 미성년자에게 온라인게임 서비스를 제공해선 안 된다."라고 하였다.

「통지」에서는 "가정, 학교 등 사회 각 방면에서 미성년자의 건강한 성장에 유리한 양호한 환경을 조성하도록 적극적으로 유도하고 법에 따라 미성년자의 감독 보호 직책을 수행한다. 미성년자 인터넷 소양 교육을 강화한다. 미성년자가 온라인 게임을 이용할 때 반드시 신분검증을 하도록 한다. 미성년자의 온라인 게임 이용 시간 규정을 엄격히 적용하는 등 미성년자의 양호한 인터넷 이용 습관 형성을 유도해 미성년자의 게임 중독을 방지한다."라고 하였다. 「통지」에서는 "본 통지가 말하는 미성년자라 함은 만 18세 미만의 국민을 말하며 온라인 게임업체라 함은 온라인게임 서비스를 제공하는 플랫폼을 포함한다."라고 하였다.

2021년 12월 27일 홍콩 『명보(明報)』에 따르면 최근 텐센트는 "지난 8월 말 중국 당국이 발표한 역대 가장 엄격한 게임 중독 방지법 효과가 매우 뚜렷하다"라며 "해당 게임 제한령 시행 이후 지난 9월 한 달간 텐센트 게임을 이용한 중국 미성년자의 게임 시간이 작년 동기보다 90% 가까이 급감했다"라고 밝혔다.

(2) 기타 주요 정책

중국 게임산업 발전을 위한 주요 정책과 법률을 살펴보면 다음과 같다.

먼저, 2010년 3월 17일 문화부 부서회의에서 통과된 「온라인게임 관리 임시방법(2010)」이다. 이 「임시방법」은 2010년 8월 1일부터 시행되었다. 제1장 총칙의 제1조에서는 "온라인게임 관리를 강화하고 온라인게임의 경영 질서를 규범화하며 온라인게임 업계의 건강한 발전을 보장하기 위하여 『중화인민공화국 사이버 안보법』, 「전국인민대표대회 상무위원회의 인터넷 안전보호에 관한 결정」과 「인터넷정보서비스관리방법」 등 국가의 법률 법규 관련 규정에 따라 본 방법을 제정한다."라고 하였다.

다음은 2016년 5월 중국음반디지털출판협회가 발표한 「모바일게임 콘텐츠 규범」이다. 「규범」의 제2조에서는 "이 규범에서 언급한 모바일게임이란, 휴대폰 등 모바일 스마트 단말기를 운영 매체로 하여, 정보 네트워크를 통해 대중들에게 다운로드 혹은 온라인에서 상호 이용하도록 제공하는 게임 작품이다. 이 규범에서 언급한 모바일게임 콘텐츠란, 모바일게임 작품에 포함된 언어 문자, 스토리 배경, 줄거리(지도), 캐릭터, 도구 장비, 음악 효과, 미션 기능, 설명, 광고 등이다."라고 하였다. 주요 내용은 다음과 같다.

「모바일게임 콘텐츠 규범(2016)」	
제6조	모바일게임에는 '헌법에서 정한 기본원칙 반대' 내용이 포함되어서는 아니 된다.
제7조	모바일게임에는 '나라의 통일, 주권과 영토와 완전성 훼손' 내용이 포함되어서는 아니 된다.
제8조	모바일게임에는 '국가 기밀 누설, 국가 안전 훼손, 혹은 국가 명예와 이익을 훼손'하는 내용이 포함되어서는 아니 된다.
제9조	모바일게임에는 '민족적 원한, 민족적 차별 대우, 민족단결 훼손, 혹은 민족 풍습/습관을 침해하는 것을 선동'하는 내용이 포함되어서는 아니 된다.
제10조	모바일게임에는 '사이비 종교, 미신을 선양'하는 내용이 포함되어서는 아니 된다.

제11조	모바일게임에는 '사회질서 혼란, 사회 안정 파괴'의 내용이 포함되어서는 아니 된다.
제12조	모바일게임에는 '음란, 도박, 폭력 혹은 범죄 교사를 선양'하는 내용이 포함되어서는 아니 된다.

셋째, 2020년 12월 16일에 발표된「온라인게임 적정 연령 안내」이다. 12월 16일, 중국음향·디지털 출판협회 제1부 이사장 겸 게임공정위원회 장이쥔(張毅君) 주임위원은 "2020년 중국 게임산업 연차총회 미성년자 보호 서브포럼 및 미성년 보호생태 공동건설 발표회"에서「온라인게임 적정 연령 안내」단체 기준을 발표하고 본격적인 시행단계에 들어간다고 밝혔다.

「온라인게임 적정 연령 안내」단체 기준은 국가신문출판서 지도로, 중국음향디지털출판협회 게임 공정위원회 조직이 협조하고, 텐센트 연합·왕이(網易)·인민망 등 53개 기업체가 공동으로 만들었다. 주요 내용은 다음과 같다.

온라인게임 적정 연령 안내
「표준 시행문」은 적령 안내 식별 부호를 규정하여 녹색은 8세 이상(8+), 파란색은 12세 이상(12+), 노란색은 16세 이상(16+) 등 나이별로 세 가지 색상으로 표시한다. 「게임 적정연령 안내」에서 "연령대별 미성년자의 성장 특성에 따라 게임 작품의 유형, 콘텐츠, 기능 등 다양한 요소를 평가하여 적합한 미성년자 연령대를 제시하고 게임 작품 관련 인터페이스에 이를 명확히 건의한다."라고 하였다.

넷째, 게임에 대한 규제이다. 중국 정부가 게임을 규제하기 시작한 지 20년이 지났다. 2003년 중국 정부는「청소년 보호법」을 제정하여 청소년의 게임 이용을 제한하였다. 본법에서 청소년이 하루에 게임을 할 수 있는 시간을 2시간으로 제한하였고, 온라인게임의 접속시간을 밤 10시부터 아침 8시로 제한하였다. 2016년에 중국 정부는「게임산업진흥법」을 제정하였는데, 이때부터 게임규제는 더욱 세분화되고 강화되었다. 본법에서는 게임의 개발, 유통, 운영에 대한 규제를 강화하였고, 게임의 유통 허가에 대한 심사절차를 강화하였다. 뿐만 아니라 게임의 내용과 광고에 대한 규제를 더욱 강화하였다.

2023년 11월 '판호' 발급 주무 부처인 국가신문출판서는「고품질 온라인 게임 퍼블리싱 프로젝트 시행에 관한 고시」를 발표하였다. 내용에는 "사회주의 핵심 가치 전파, 중국 전통문화 계승 등"이 포함되어 있다.

2023년 12월 16일 중국 국가신문출판서는 「온라인게임 관리 방법(의견수렴 초안)」을 발표하였다가 갑자기 삭제했다. 당시 소개되었던 「초안」은 총 8장 64조로 구성되었는데, 주요 내용은 "'매일 로그인, 첫 캐시(게임 내 현금성 화폐) 충전, 연속 캐시 충전 시 추가 캐시 보상 지급 불가', '투기 경매성 방식으로 고가 게임 자산을 거래하는 행위 금지', '캐시 충전 한도 설정 및 비이성적인 소비행위에 팝업 경고 표시 등'으로 게임 기업이 지켜야 할 의무 조항이 포함되었다. 당시, 「온라인게임 관리 방법(의견수렴 초안)」이 발표되었을 때, 중국 내 게임업계는 우려를 표하였다. 중국 국가신문출판서는 공식 홈페이지를 통해 "다양한 루트로 부문과 업계 의견을 수렴했으며 관심이 많은 제17조항(강제 대전 금지), 제18조항(정기적인 로그인에 대한 보상정책, 아이템 거래, 충전을 유도하는 정책 등 제한 내용)에 대한 기업과 이용자들의 피드백을 열심히 청취하고 수정·개선할 예정"이라고 한발 물러난 모습을 보였다. 게다가 국가신문출판서는 규제 관련 실무자를 직위에서 해임하기도 했다.

2024년 1월 중국 텐센트는 「2024년 겨울방학 및 춘절 연휴 미성년자 게임 제한 공지」를 발표했다. 춘절 기간에 미성년자들은 총 16시간만 게임을 이용할 수 있다. 텐센트는 "1월 22일부터 2월 24일까지 매주 금·토·일요일, 춘절 법정 공휴일 중 오후 8시부터 한 시간만 게임을 이용할 수 있다."라고 설명했다. 텐센트는 미성년자들의 게임 이용시간을 제한하기 위해 인공지능(AI)까지 도입했다. 스마트폰 애플리케이션을 통해 자녀 게임 시간을 확인하고 이용을 제한할 수 있다. AI 개인화 서비스를 통해 부모의 훈육 방식에 맞춰 자녀 관리 방안을 추천하는 식이다. 이외에도 텐센트는 "실명 인증, 안면 인식 검증, 시간 제한 충전 등 '게임 중독' 방지 대책을 마련했다."라고 강조했다.

다섯째, 게임판호, 게임 홍보, 광고용어 유의사항에 관한 것이다. 게임판호는 게임 저작권 번호의 약자로, 「국가신문출판서에서 해당 게임 운영에 관한 허가문서」로써 「온라인게임 전자출판허가서」이다. 법적근거는 「음향제품출판관리조례(2016)」 28조, 「필수인 행정승인항목에 관한 국무원 결정(국무원령412호)」이다. 게임판호는 「저작권(게임 소프트웨어 저작권, 온라인게임 포함)법」과 「컴퓨터 게임

소프트웨어 보호 규정」 및 기타 법률 및 규정의 조항에 따라 국가신문출판서에서 게임 소프트웨어 개발사 또는 개인 개발자가 개발한 게임 소프트웨어에게 저작권(온라인게임을 포함한 게임 소프트웨어 저작권)을 법적으로 부여하고 보호하는 조치이다.

판호를 신청해야 하는 게임의 종류로는 다음과 같다.

- 캐주얼 퍼즐 게임 ◦ 온라인 게임 ◦ 수입 게임
- 액션 어드벤처 게임 ◦ 체스와 카드 게임 ◦ 비행 슈팅 게임
- 비즈니스 전략 게임 ◦ 롤 플레잉 게임 ◦ 스포츠 레이싱 게임

게임 서비스 허가권에 해당하는 판호는 자국산 게임과 외국산 게임을 따로 분류해 발급한다. 중국 정부는 최근 몇 년간 한국 이외에도 국내외 게임판호의 총량을 줄여왔다.

2020년 12월 2일 한국 게임사 컴투스의 게임인 「서머너즈 워: 천공의 아레나」가 외자 판호를 받았다. 이는 사드 배치로 인해 갈등이 조성된 이후 처음 판호를 받은 것이다. 외자판호는 중국에서 외국게임 서비스를 제공할 수 있는 허가권이며 텐센트, 넷이즈 등 현지 퍼블리싱업체(배급사)를 통해 서비스해야 한다.

2024년에 들어와 중국 당국의 게임규제는 완화되기 시작하였다. 2024년 1월 23일 고강도 게임 규제안을 담은 「온라인게임관리방법」 초안이 국가신문출판서 홈페이지에서 삭제되었다. 국가신문출판서는 2023년 12월 22일 외국 게임 40종에 대해 외자판호를 발급한 데 이어 약 40일 만인 2024년 2월 2일에 외자판호를 발급하였다.

2025년 5월 21일 중국 국가신문출판서는 「선경전설지약정호적모험」을 포함한 외자 판호 승인 게임 목록을 공개하였다. 「선경전설지약정호적모험」은 한국 기업 그라비티의 「라그나로크 IP」의 신작으로, 중국 게임 개발·퍼블리싱 회사인 킹넷(Kingnet Network Co.,Ltd.)과 공동으로 개발한 게임이다. 그라비티는 2025년 1월에 판호 승인을 받은 「라그나로크: 초심(仙境傳說: 初心)」에 이어 두 번째로 중국 판호를 획득하였다. 「선경전설지약정호적모험」은 '라그나로크 온라인' 세계관을 바탕으로 한 작품이다. 한 명의 이용자가 최대 5개 캐릭터까지 해금해 다

중 캐릭터 육성을 할 수 있는 것이 특징이다. 이용자는 캐릭터별로 직업을 자유롭게 선택해 팀을 구성할 수 있다. 특히 팀 내 고레벨 캐릭터가 사용하던 장비를 저레벨 캐릭터가 재사용할 수 있어 장비 활용도가 높다. 또한, 게임 접속 없이도 최대 24시간까지 경험치, 스킬 경험치, 소비 재화 등 방치형 보상이 지급된다.

한편, 중국 게임산업에서는 유의해야 할 사항들이 몇 개 있다. 이는 게임산업뿐만 아니라 광고 산업에서도 유의해야 할 점이다.

먼저, '최고, 최저, 1위, 처음, 최초의'라는 단어를 사용해서는 안 된다.

ex) 최상의, 가장 싼, 최저가, 가장 높은, 1위 브랜드, 판매 1위, 독점 선발, 처음으로 선발 등

둘째, '급(級)'이라는 단어를 사용해서는 안 된다.

ex) 특급, 전세계급 등

셋째, '국가'의 의미가 담긴 단어를 사용해서는 안 된다.

ex) 중국 최고의, 중국 대표, 중국 1위 등

넷째, '명품'과 관련한 단어를 사용해서는 안 된다.

ex) 명품 브랜드, ~사의 야심작 등

다섯째, '허위'의 의미가 담긴 단어를 사용해서는 안 된다.

ex) 공전의 히트, 역사상 유례없는 등

여섯째, '전문가의 권위를 활용하는 문장'을 사용해서는 안 된다.

ex) 전문가가 인증하는, ~전문 회사 등

일곱째, '기만을 의미'할 수 있는 단어를 사용해서는 안 된다.

ex) 응모/참여만 하면, 온 국민이 무료 등

여덟째, '오해의 소지'가 있는 단어를 사용해서는 안 된다.

ex) 초스피드, 전 국민의 열기가 뜨거운 등

그 밖에도 청소년 유해 게임의 대중매체 광고 및 국기, 국가, 국명 사용이 공식적으로 금지되며, 신문 보도 형식으로의 배포가 금지된다.

3. 중국 인터넷 산업

2024년 8월 1일 중국 공안부와 국가인터넷정보판공실은 8월 25일까지 「국가 인터넷 신분 인증 공공서비스 관리방법」에 대해 공개적으로 의견을 청취한다는 공고문을 냈다. 총 16개 조항으로 된 이 방안은 인터넷 플랫폼의 개인정보 보호 의무를 강조하고 의무를 위반하는 플랫폼들의 법적 책임을 명확히 하는 내용도 담겼다.

중국에서의 인터넷 보급률은 해가 갈수록 확대되고 있다. 중국인터넷정보센터(CNNIC)는 2025년 1월 베이징에서 제55차 『중국 인터넷 발전에 대한 통계 보고서』를 발표했다. 보고에 따르면, 2024년은 중국이 국제 인터넷에 본격적으로 진입한 지 30주년이 되는 해이다. 지난 30년 동안, 중국 인터넷은 비약적인 발전을 이루었다. 인터넷 이용자 수는 1997년의 62만 명에서 2024년 11억 800만 명으로 늘었으며, 인터넷 보급률은 78.6%로 상승했다. 2024년 12월 현재 온라인 쇼핑 이용자 규모는 9억 7,400만 명으로 2023년 12월 대비 5,947만 명이 늘어나 전체 인터넷 이용자의 87.9%를 차지한다. 2024년 12월 기준 웹드라마 이용자 수는 6억 6,200만 명에 달하며, 네티즌 이용률은 59.7%에 달했다.

2022년 중국의 5G 기지국은 총 231.2만 개로 세계 기지국 수의 60% 이상을 차지하였다. 중국 도시 인터넷 이용자는 7억 5,900만 명으로 전체 인터넷 이용자의 71.1%를 차지하였고, 농촌 인터넷 이용자는 3억 800만 명으로 전체 인터넷 이용자의 28.9%에 달하였다. 중국 모바일 인터넷 이용자 규모는 10억 6,510만 명으로 전년 대비 3,636만 명이 증가하였다. 중국 인터넷 이용자 중 모바일 인터넷 사용 비율은 99.8%에 달하였다.

1) 중국 숏클립과 라이브방송

(1) 숏클립(短視頻)

중국의 숏클립은 유튜브의 MCN(Multi Channel Network) 모델을 표방하고 있다. 숏클립 발전 초창기와 비교해서 현재는 조직화·전문화되어 발전하고 있다.

2016년 9월 20일, 진르터우탸오(今日頭條)는 숏클립 도입을 정식 발표하였다. 진르터우탸오 창시자 장이밍(張一鳴)은 숏클립이 차세대 유망 콘텐츠 창업 아이템이 될 것이라고 공개적으로 밝혔다. 이어 진르터우탸오는 그 산하의 시과스핀(西瓜視頻), 훠산샤오스핀(火山小視頻) 및 더우인(抖音) 등 3대 APP를 통해 다양한 숏클립 세분시장을 확보하였다. 또한 2017년 이래로 해외시장 진출을 시작했으며, 훠산샤오스핀과 더우인은 잇따라 해외버전 어플리케이션을 출시하였다. 2018년 하반기에는 숏클립 애플리케이션의 일 평균 사용 시간이 통합 영상 애플리케이션을 초과하여 넷캐스트(網絡視聽) 애플리케이션 분야에서 첫 번째가 되었다. 2020년 6월의 데이터에 따르면 숏클립은 1인당 하루 110분씩 사용하는 것으로 인스턴트 메시징(instant messaging)을 초과하며 넷캐스트 산업 중 짧은 동영상의 시장 규모는 1,302억 4,000만 명으로 전년 동기 대비 178.8% 증가했다.

숏클립은 전자상거래, 생방송, 교육 등 다양한 분야에 지속적으로 침투해 영향력이 심화되면서 넷캐스트 산업의 변화를 촉진하고 있다. 2020년 6월 중국 온라인 동영상 시청자 수는 9.01억 명이고, 2019년 온라인 동영상 산업 규모는 4,541.3억 위안을 달성하였다.

(2) 라이브방송

2019년 중국 온라인 라이브방송 이용자 규모는 5억 400만 명으로 10.6% 증가하였다. 중국 라이브방송 시장은 3~4선 도시의 스마트폰 및 인터넷 보급률 증가와 높은 모바일 콘텐츠 사용빈도를 보이는 링링허우(2000년대생) 세대의 등장으로 향후 수년간 고속 성장을 유지할 것으로 전망된다.

아이미디어 리서치(艾媒咨詢, iiMedia Research) 보고서에 따르면, 2019년 중국 온라인 라이브방송 이용자들이 라이브방송 플랫폼을 선택할 때 가장 먼저 고려한 것은 플랫폼 사용 체험이다. 그다음이 플랫폼의 콘텐츠와 BJ인 것으로 나타났다. 80% 이상의 이용자가 30세 이하로 나타나 젊은 층이 라이브방송의 주력이다.

라이브 스트리머

중국 MZ세대 사이에서 가장 선망하는 직종 중 하나는 라이브 스트리머이다. 라이브 스트리머는 인터넷 방송을 통해 제품을 팔거나 광고로 수익을 창출한다.

중국 인터넷네트워크정보센터(CINIC)에 따르면 2023년 기준 라이브 스트리밍 시청자는 7억6,500만 명으로 추산됐다. 같은 해 파악된 라이브 스트리머 인원 수는 약 1,500만 명이다. 중국 최대 동영상 플랫폼 더우인 보고서를 보면, 2024년 더우인에서 이뤄진 제품 주문 154억 건 가운데 라이브 스트리밍 방송을 통한 주문 비중은 63%에 달했다.

최근 중국 정부도 "라이브 스트리머가 돼라"고 한다. 중국 관영 차이나데일리는 2024년 10월 "왕훙 경제 모델이 '고품질 발전'에 기여하고 있다"라는 내용을 보도했다. 중국 인터넷방송협의회 자료에 따르면 2023년 12월 기준 중국 라이브 스트리머는 총 1,508만 명으로 조사됐다. 같은 시기 라이브 스트리밍 서비스 제공 업체는 660만 곳에 달했다. 중국 SNS 플랫폼 '시나웨이보'가 2024년 7월 대학 졸업예정자 1만 명을 대상으로 실시한 설문조사에서 응답자의 61%가 "일반 직장인이 아닌, 라이브 스트리머를 포함한 왕훙의 길을 걷겠다는 의향이 있다"라고 답했다.

라이브 커머스

중국에서 가장 크게 성장하고 주목받는 분야는 '라이브 커머스'이다. 라이브 커머스란 주로 전자상거래 혹은 동영상 플랫폼을 통해 온라인 형태로 상품을 전시하고 앵커가 생중계로 상담과 판매를 진행하는 서비스이다. 중국에서는 라이브 커머스를 '다이후오(帶貨)'라고 하는데, 스타나 유명인이 상품 판매에 나서 대중의 소비에 영향을 미치는 현상을 의미하기도 한다.

중국의 라이브 커머스는 2005년에 시작되었지만 2014년 게임 라이브를 시작으로 본격적으로 유행하기 시작했다. 2016년 중국 최초의 라이브 커머스 플랫폼 '머구지예(蘑菇街)'에서 생방송으로 제품을 판매하는 것을 시작으로, 중국 최대 쇼핑 플랫폼인 타오바오도 이러한 트렌드를 따라 하였다. 타오바오는 라이브 커머스를 도입하기 시작하였고, 웨이야(薇婭), 쉐리(雪梨) 등 유명 인플루언서를 비롯한 '타오걸(淘女郞)'이 인기를 끌기 시작했다. 2018년 타오바오 '더블 일레븐 11.11' 활동 기간 유명 인플루언스 리자치(李佳琦)는 15분 만에 1.5만 개 립스틱을 판매했고, 웨이야는 2시간 내 약 2억 6,700만 위안의 사상 최대의 판매액을 기록하며 슈퍼 왕훙을 통한 라이브 커머스 방식이 주목받기 시작했다. 2019년부터 중국 라이브 커머스 붐으로 MCN기구의 전자상거래가 확대되었다.

2020년 3월 라이브 커머스 가입자는 2억 6,500만 명으로, 전체 전자상거래 이용자의 37.2%에 이르렀다. 중국 산업 및 기업데이터 플랫폼인 치차차(企査査)에 따르면, 2022년 말 기준으로 중국 라이브 커머스 관련 기업수는 약 53만 개사이고, 이 중 2021년 신생 라이브 커머스 관련 기업수는 전년대비 239% 증가한 18.5만 개사이다. 중국 라이브 커머스로 전문 플랫폼으로는 '친구 사귀기(交個朋友)', '동방쩐쉬안(東方甄選)' 등이 대표적이다.

라이브 커머스에서 활동하는 대표적인 진행자로는 신동방의 둥위후이(董宇輝)와 쑨자치(孫佳琦)이다. 둥위후이가 소식(蘇軾, 1037~1191, 소동파)의 전기를 라이브 커머스로 판매할 때 당일 2만 부 이상이 판매되었다. 쑨자치는 뛰어난 노래 실력과 기타 연주로 구독자들 사이에서 유명하다. 한편 둥위후이는 다른 라이브 커머스에서는 위화(余華)의 대표 소설인 『살아간다는 것(活着)』을 5분도 안 되어서 3만 부를 판매하는 기록을 세웠다.

라이브 커머스가 중국에서 관심을 받을 초기에는 메이크업 및 패션 위주로 판매가 진행되었다. 현재는 부동산, 교육 콘텐츠, 신에너지 차량에 이르기까지 판매 상품의 종류도 풍부해졌다. 대표적인 사례로는 교육 콘텐츠이다. 중국의 유명 교육업체인 신동방(新東方)이 운영하는 라이브 커머스 채널은 숏클립 플랫폼 더우인에서 강사 출신 호스트가 중국어와 영어로 제품을 판매하였다. 당시 더우인에서 2,200만 명이 넘는 구독자를 확보하여 화제가 되었다. 둥위후이는 뛰어난 영어실력과 말솜씨를 보였는데, 더우인의 동방쩐쉬안에서 호스트로 활동할 때 100만 명의 시청자가 채널에 몰려들기도 하였다.

게임 라이브 시장

라이브 커머스 못지않게 중국에서 많은 이용자 규모를 보유한 현대 미디어산업은 '게임 라이브 시장'이다. 게임 라이브란 앵커가 e스포츠 게임을 진행하거나 실시간으로 게임 해설을 제공하는 라이브 콘텐츠 서비스를 의미한다. 2013년부터 게임 라이브 플랫폼이 최초로 등장했으며 2015~2018년에 모바일 게임의 유행으로 중국의 게임 라이브 산업이 촉진되었고, '후야', '더우위' 등 유명 게임 라이브 플랫폼이 2019년 출시되었다.

LOL 월드챔피언십(이하 롤드컵)은 세계에서 가장 인기 있다고 알려졌다. 2024년 12월 영국 런던에 위치한 O2 아레나에서 열린 '2024 롤드컵' 결승전을 최고 5,000만 명이 넘는 사람들이 시청한 것으로 알려졌다. 라이엇 게임즈는 2024년 12월 12일 '2024 롤드컵 결승전 시청 지표'를 공개했다. 롤드컵 결승전에서 한국의 T1이 중국의 BLG를 상대로 3대2로 승리했다. T1은 '제우스' 최우제, '오너' 문현준, '페이커' 이상혁, '구마유시' 이민형, '케리아' 류민석 이다. 온라인 e스포츠 조사 사이트인 e스포츠 차트에 따르면 2024년 가장 많이 시청된 e스포츠 팀(Most Watched Esports Organizations of 2024)은 T1이었다.

라이엇 게임즈는 협력사인 스트림 해칫을 통해 2024 롤드컵 결승전 시청 데이터를 수집 분석했다. 전 세계 20개 이상의 언어로 송출되었는데, 중국을 제외한 지역에서 결승전을 시청한 최고 동시 시청자수는 670만 명에 달한 것으로 집계됐다. 중국을 포함한 글로벌 분당 평균 시청자수는 3,300만 명에 달했다.

2025년 롤드컵은 중국 여러 도시에서 개최된다. 플레이-인 스테이지와 스위스 스테이지는 베이징에서, 8강과 4강은 상하이에서, 최종 결승은 청두에서 열린다. 2025년 2월 18일 e스포츠 월드컵 재단(EWCF)은 텐센트와 파트너십을 체결하였다. 이번 협약은 중국 선전에서 열린 '엠파워 e스포츠 월드와이드 시리즈(Empower Esports Worldwide Series)'의 e스포츠 운영 및 기술 세션(The Esports Operation and Technology Session)에서 공식화됐다.

2) 중국 인터넷 기업과 문화엔터테인먼트 산업

중국 문화엔터테인먼트 산업은 소득 증대와 소비 확대 및 인터넷의 발전에 힘입어 빠르게 성장하였다. 대형 인터넷 기업들이 자본 우위를 통해 문화엔터테인먼트 산업에 진출하고 있다. 이들 인터넷 기업은 우수한 IP 자원을 확보하였다.

중국의 대형 인터넷 기업으로는 알리바바와 텐센트가 대표적이다. 이들은 자체 생태 및 강점을 기반으로 끊임없이 산업을 확장하고 있으며, 그 본질과 핵심은 여전히 사용자와 데이터를 통해 전개되고 있다.

인터넷 포털 기업으로는 왕이(網易)와 시나(新浪)가 대표적이다. 이들 기업은 기존의 데이터 우위와 콘텐츠 자원에 힘입어, 빅3 포털 기업은 게임, 음악, 미디어, 도서 등의 문화엔터테인먼트 콘텐츠를 깊이 있게 배치하여, 비교적 좋은 이익을 얻고 있다.

인터넷 테크놀로지 기업으로는 치후360(奇虎360), 샤오미(小米)가 있다. 이들 기업은 문화엔터테인먼트 전문 산업투자기금을 설립하기 위하여 우수한 IP 콘텐츠를 융합하고, 끊임없이 자체 콘텐츠 시스템을 풍부하게 정비하여, 문화엔터테인먼트 산업에 편입하였다.

이들 기업 중 몇 개를 살펴보면 다음과 같다.

먼저 텐센트이다. 텐센트는 QQ와 위챗의 소셜네트워크서비스 이용자를 기반에 두고, 텐센트 게임을 중심으로 범엔터테인먼트 생태계를 꾸준히 보완해 나가고 있다. 2018년 청우(程武) 텐센트 부총재는 "'새로운 문화 혁신전략'으로, '범엔터테인먼트' 전략이 한 단계 향상되면, 앞으로 텐센트는 IP의 문화 구축에 더욱 체계적으로 관심을 두고, IP의 방식과 방법을 만들어 향상시킬 것이다"라고 발표하였다. 텐센트 문화엔터테인먼트는 IP를 중심으로 텐센트 산하 인터랙티브 엔터테인먼트 사업군에 주력하고, 소셜미디어 인터넷 사업군 산하 펭귄 e스포츠(企鵝電竞), QQ뮤직, 나우 즈보(NOW直播)와 인터넷 미디어 사업군 산하 펭귄 픽쳐스, 텐센트비디오 등의 업무를 보조한다. 텐센트 게임, 텐센트 문학, 텐센트 애니메이션, 텐센트 픽쳐스, 텐센트 e스포츠 등 콘텐츠 플랫폼을 통해 스타 IP를 구축하고, 텐센트의 강력한 홍보 플랫폼(위챗, QQ, 응용보(應用寶), 텐센트 비디오, 텐센트뉴스)의 힘을 빌려 영향력을 강화하고 있다.

다음은 왕이이다. 왕이의 범엔터테인먼트 구조는 주로 왕이게임의 우수한 IP 자원에 의존해 왕이문학, 왕이만화, 왕이픽처스 등을 원활히 연계하여, 왕이 뉴스의 접근성을 이용하여 완전한 문화엔터테인먼트 생태계를 형성하였다. 왕이동영상은 왕이게임의 자원으로 영상화 IP를 심층적으로 발굴하였다. 설립 초기의 게임을 영상화한 '나무계획(樹計劃)', 영상을 게임화한 '다리계획(橋計劃)' 및 새로운 IP를 부화시키는 '빛계획(光計劃)'을 발표하였다. 왕이문학은 오리지널 문학 콘텐츠 플랫폼을 만드는 데 주력하였고, 이후 왕이만화를 설립하여 문학과 만화의 연동을 형성하였다.

시나는 시나닷컴과 시나웨이보를 운영하고 있다. 문화엔터테인먼트산업 구조의 투자를 촉진하였다. 그중 게임과 동영상 스트리밍을 투자의 중점으로 삼았다. 시나는 2011년부터 광범위한 게임 분야에 진입하기 시작하였고, 특히 2014~2016년 3년간 21개 게임업체에 투자하였다.

시나는 자체적으로 2006년 시나게임을 설립하였다. 시나게임은 시나의 미디어 속성에 힘입어, 모바일 전문 게임 미디어 97973를 설립하고, 영웅 엔터(英雄互娛), 바나나 프로젝트와 시나e스포츠 경기를 만들어 모바일 e스포츠 뉴미디어를 구축하였다. 시나는 여러 라이브방송 기업인 텐거인터랙티브(天鴿互動), 9158 동영상 카페, 웨이녠(微念) 과기(科技), 좌우 동영상(左右視頻) 등에 투자하였다.

인터넷 테크놀로지 기업인 치후360(奇虎360)은 2015년 "입체엔터테인먼트" 전략을 발표하여, 문화엔터테인먼트 생태계 조성을 시작하였다. 2016년에는 싼첸쯔번(三千資本)을 설립하여 문화 산업 투자에 전념하였다. 그리고 라이브방송, 뉴스매체와 엔터테인먼트 콘텐츠로 문화엔터테인먼트 판도를 구축하였다.

샤오미(小米)는 2014년 "샤오미인터랙티브(小米互娛)"를 설립하고 게임, 음악 등을 통해 범문화엔터테인먼트 중심의 사업 구조를 시작하였다. 하드웨어 업무 위주의 콘텐츠 서비스 하드웨어 및 샤오미의 콘텐츠 배포우위를 활용하였다.

3) 중국 인터넷방송 산업 관련 정책

2021년 중국공산당 중앙판공청과 국무부 판공청은 「사이버 문명 건설 강화에 관한 의견」을 발간해 성실한 이행을 지시했다. '의견'에서 "사이버 공간 사상 유도를 강화해야 한다"며 "시진핑 신시대 중국 특색 사회주의 사상으로 인터넷 콘텐츠 건설을 통솔해야 한다"고 강조하였다. '의견'에서 중국 정부는 '시진핑 신시대 중국 특색 사회주의 사상을 지도사상으로 하고 시진핑의 사이버 강국 관련 중요 사상과 정신문명 건설에 관한 중요 논술을 관철해야 한다고 요구하였다.

(1) 인터넷 생방송 규범 관리업무 강화 관련 지도의견(2021)

중국에서는 2014년 이래 인터넷 안전 강화를 강조해 왔다. 특히 인터넷을 통한 영화나 드라마 등의 방영을 감시해 왔고, 인터넷 생방송 관리를 엄격하게 해왔다. 2021년 국가인터넷정보판공실은 「인터넷 생방송 규범 관리업무 강화 관련 지도의견」을 발표하였다. 「의견」에서는 "진행자의 법적 책임을 명확히 한다."라고 하였다.

「인터넷 생방송 규범 관리업무 강화 관련 지도의견」

첫째, 「인터넷 사용자 계정 명칭 관리 규정」 등 관련 요구를 엄격하게 따라야 하며 인터넷실명제 가입계정 시행 및 사용자 계정 명칭을 규범화해야 한다.
둘째, '정확한 가이드라인과 안전한 콘텐츠 확보'를 소개하고 있다.
셋째, 미성년자 보호를 강화한다. 인터넷 생방송 플랫폼은 만 16세 미만의 미성년자를 위해 진행자 계정 등록 서비스 제공을 금하며, 만 16세 미만 만 18세 미만 미성년자를 위해 진행자 계정 등록서비스를 제공할 때는 보호자의 동의를 얻어야 한다.
넷째, 위법·규정위반 행위는 엄벌에 처한다.

「인터넷 생방송 규범 관리업무 강화 관련 지도의견」의 내용을 구체적으로 살펴보면 다음과 같다.

먼저, "자연인과 조직기관은 인터넷 생방송 플랫폼을 이용해 라이브를 할 때, 「인터넷 사용자 계정 명칭 관리 규정」 등 관련 요구를 엄격하게 따라야 하며 인터넷실명제 가입계정 시행 및 사용자 계정 명칭을 규범화해야 한다. 진행자는 법에 따라 인터넷 생방송을 할 때 국가 안보에 위해가 되거나 사회 안정을 해치거나 사회질서를 어지럽히거나 타인의 합법적 권익을 침해하거나 음담패설 정보 유포 등 법률 법규에서 금하는 활동을 해서는 안 된다. 허가범위를 넘어서는 인터넷 뉴스 정보를 배포할 수 없다. 보호자의 동의를 받지 않은 미성년자의 충전·다상(打賞, 온라인팁)을 받아서는 안 된다. 플랫폼 내 또는 크로스 플랫폼 위법규정 위반 거래에 종사해서는 안 된다. 사용자를 조직, 선동해 사이버 폭력을 행사해선 안 된다. 도박 또는 변형된 도박 등 온·오프라인 불법 활동을 조직해선 안 된다."라고 하였다.

두 번째는 '정확한 가이드라인과 안전한 콘텐츠 확보'를 소개하고 있다. 「의견」에서는 "주류 가치를 향상시킨다. 인터넷 생방송 플랫폼은 사회 효익을 최우선으로 하고, 사회적 효익과 경제적 효익을 서로 통합해 의식을 이끌어내 사회주의 핵심가치관을 대대적으로 고취하고 자질이 뛰어난 진행자 지원에 힘을 쏟아 양질의 콘텐츠 생산 공급을 확대한다. 진행자의 정확한 세계관, 가치관, 인생관을 양성해 인터넷 생방송 플랫폼에 '문화인으로서'의 정신적 자질과 문화적 역량을 효율적으로 향상시킨다."라고 하였다.

세 번째는 "미성년자 보호를 강화한다. 인터넷 생방송 플랫폼은 만 16세 미만의 미성년자를 위해 진행자 계정 등록서비스 제공을 금하며, 만 16세 미만 만 18세 미만 미성년자를 위해 진행자 계정 등록서비스를 제공할 때는 보호자의 동의를 얻어야 한다. 미성년자 사용자에게 '청소년 모드'를 제공해 미성년자가 인터넷 생방송에 중독되지 않도록 하며, 미성년자의 건강한 성장에 도움이 되지 않는 인터넷 생방송 콘텐츠를 차단하고 미성년자에게 충전·다상 서비스를 제공해선 안 된다. 미성년자 전속 고객 서비스팀을 만들어 미성년자 관련 민원과 분쟁을 우선 접수, 제때 처리하며 미성년자가 성인 계정을 도용해 다상(打賞, 온라인팁)한 경우 사실 확인 후 규정에 따라 환불처리 한다."라고 하였다.

네 번째는, "위법·규정위반 행위는 엄벌에 처한다. 인터넷 생방송을 이용해 국가정권 전복, 역사적 허무주의 유포, 종교 극단주의 선동, 민족분열사상 선전, 폭력공포 교사 등 위법행위와 범죄활동을 단호하게 단속한다. 음란색정, 날조비방, 도박사기, 불법복제, 국민개인정보 침해 등 위법 범죄행위를 엄하게 단속한다. 저속, 봉건 미신, '허점을 교묘히 이용하는 행위' 등 법에 저촉되거나 불량한 정보는 전면 삭제한다."라고 하였다.

(2) 기타 주요 정책

중국 인터넷방송산업 발전을 위한 주요 정책과 법률을 살펴보면 다음과 같다.

먼저, 2017년 6월 30일 중국 인터넷시청프로그램서비스협회 상무이사회에서 심의 통과되어 공표된 「인터넷 시청각 프로그램 콘텐츠 심사 통칙(2017)」이다. 「통칙」은 2012년 협회가 「중국 인터넷 시청각 프로그램 서비스 자율공약」의 내용에 따라 제정 발표한 「웹드라마, 마이크로무비 등 인터넷 시청각 프로그램 콘텐츠 심사 통칙」을 토대로 개정 보완하여 완성하였다. 취지는 각 인터넷 시청각 프로그램 업체의 인터넷 시청각 프로그램 콘텐츠 심사 업무를 지도하여 인터넷 창작 프로그램의 품질을 높이고 인터넷 시청각 프로그램 업계의 건전한 발전을 촉진하는 것이다.

제1장 총칙의 제2조에서는 "본 통칙이 지칭하는 인터넷 시청각 프로그램은 구체적으로 아래 프로그램을 포함한다."라고 하였다. 주요 내용은 다음과 같다.

「통칙」이 지칭하는 인터넷 시청각 프로그램
첫째, 웹드라마, 마이크로무비, 웹 무비, 영화 및 드라마 유형의 애니메이션, 다큐멘터리 둘째, 문예, 오락, 과학기술, 재경, 스포츠, 교육 등 전문 분야의 인터넷 시청각 프로그램 셋째, 기타 인터넷의 창작 시청각 프로그램

제2장은 '심사원칙'에 관한 내용이다. 제4조 "본 통칙에서 지칭하는 콘텐츠 심사란 인터넷 시청각 프로그램을 서비스하는 관련 업체가 인터넷 시청각 프로그램을 방송하기 전, 방송 예정인 시청각 프로그램 작품과 작품 홍보, 소개 등 목적으로 제작한 사진과 문자 및 동영상 내용을 심사하는 것을 말한다."라고 하였다. 구체적인 심사 요소는 "① 정치 성향, 가치 성향과 심미 성향 ② 줄거리, 화면, 대사, OST, 음향 효과, 인물, 자막 등"이다.

제3장은 '방향요구'에 관한 내용이다. 제6조에서는 "인터넷 시청각 프로그램 서비스 관련 업체는 정확한 정치방향을 고수하고 중심을 잡고 전체를 위해 서비스해야 하며 '두 가지를 위한다'는 방향과 '쌍백(雙百)' 방침을 고수하면서 근대 중국의 가치 관념과 중화문화정신을 구현하고 중국인의 심미 추구를 반영하면서

사상성, 예술성, 감상성이 유기적으로 통합된 우수한 작품을 전파하도록 노력해야 한다."라고 하였다.

제10조에서는 "전문 분야 인터넷 시청각 프로그램은 상기 조항 인터넷 시청각 프로그램의 총체적인 요구에 부합하는 것 외에 아래 내용을 포함해서도 아니 된다."라고 하였다. 주요 내용은 다음과 같다.

전문 분야 인터넷 시청각 프로그램에서 다루어서는 안 되는 내용

① 귀동냥한 정보를 화제로 만들어 주관적인 추측으로 토론, 논의하는 경우
② 엄숙한 화제를 조롱하는 것이 주요 내용인 경우
③ 논쟁 유발이 쉬운 부정적인 화제로 토론, 논의하는 경우
④ 스타의 부와 향락 자랑이 주요 내용인 경우
⑤ 스캔들, 추문, 프라이버시, 나쁜 기록이 주요 내용인 경우
⑥ 위험 정도가 높고, 악의적으로 사람을 골탕 먹이고, 청소년이 쉽게 모방할 수 있는 게임 프로그램인 경우
⑦ 미성년자가 명예와 이익, 사랑 등 화제를 논의하도록 유도하고 미성년자를 유도하여 현장 표를 얻도록 하며 미성년자의 실패 퇴출당한 느낌을 묻는 경우
⑧ 가정불화에 대해 미성년자를 인터뷰하고 미성년자가 가정불화와 현장 조정에 참여하는 경우
⑨ 눈길을 끌기 위해 저속한 술수를 만들고, 추악한 행동과 태도를 보여주거나 혹은 거짓 쇼를 하고, 갈등을 고의적으로 격화시키며 불량 현상과 이성적이지 못한 분위기를 부각시켜 '시험', '테스트' 명목으로 '인성이 악하다'는 사건을 인위적으로 만들고 보여주는 경우
⑩ 게스트를 고의적으로 자극하고 난처하게 하여 시청자를 웃기게 하는 경우
⑪ 타인을 풍자하고 상호 치켜세우거나 혹은 거칠고 저속한 대역을 하는 경우
⑫ 거칠고 장난이 심한 자막을 사용하고 기이한 음양효과를 과장하는 경우
⑬ 섹스, 성생활에 대한 디테일한 인터뷰, 토론을 화제로 하는 경우
⑭ 대중이 참여하는 각종 성형, 성전환 과정을 상세하게 보여주는 경우
⑮ 기타 사회주의 핵심가치관과 공서양속을 위배하는 내용

제11조에서는 "프로그램 디테일을 엄숙하고 신중하게 대하며 아래 내용과 관련이 있을 경우 전문가를 초빙하여 엄격하게 심사해야 한다."라고 하였다. 주요 내용은 "① 혁명 선구자 및 기타 중요한 인물 형상, 소수민족 언어문자, 특정 부호와 로고 사용 및 도형, 도표 등과 관련이 있는 경우 ② 프로그램 내용이 인민군

대, 무장경찰, 국가안보, 공안, 법조인, 의사, 변호사 등 특정 직업, 계층 및 사회조직, 단체를 표현하는 경우 ③ 특정 역사시기, 직업군의 의상, 배경 소품 등과 관련이 있는 경우"이다.

제12조는 「인터넷 시청각 프로그램 콘텐츠 심사의 기타 관련 요구사항」에 관한 내용이다. 주요 내용은 다음과 같다.

제12조 「인터넷 시청각 프로그램 콘텐츠 심사의 기타 관련 요구사항」 주요 내용
① 인터넷 시청각 프로그램 중의 문자 자막은 서예로 쓴 프로그램 명칭 및 관련 문자 외에 규범화된 문자이어야 한다. 작품에 가사가 있는 곡, 외국어 제목, 대사, 특정 함의가 있는 단어 및 로고 등은 중문 자막을 넣어야 한다.
② 인터넷 시청각 프로그램의 명칭, 대사, 자막 등 언어문자는 국가통용언어문자 유관 법률과 법규를 준수하고 중화의 우수한 전통문화를 존중하게 예를 지켜야 하며 엄격하게 규범화된 서법과 표준에 따라 국가통용언어문자의 문자, 단어, 구, 성어 등을 사용해야 한다. 같은 독음을 남용하고, 단어의 뜻을 제멋대로 만들며, 뜻을 함부로 곡해해서는 아니 되고 규범화하지 않은 인터넷 언어와 틀린 단어 그리고 문자를 사용해서는 아니 된다. 적당한 단어를 선택하여 문장을 만들 때는 정확한 방향을 고수하고 어법규정에 부합해야 하며 저속, 졸렬, 세속에 영합된 저급 취향을 스스로 버리고 희롱, 불결, 악독, 모욕, 욕설 등 극단적인 언어 사용을 엄격히 금지한다. 인터넷 시청각 프로그램 서비스업체는 인터넷 시청각 프로그램의 명칭, 대사, 자막, 더빙 등 언어문자 사용 관리를 강화하고 출연자, 제작진, 사회자, 게스트 및 기타 프로그램 참여자들이 통용언어문자를 규정에 맞게 사용하도록 안내 및 지도하며 국가통용 언어문자를 규정에 맞지 않게 사용한 프로그램이 인터넷에서 방송되는 것을 방지해야 한다.

제13조에서는 "인터넷 시청각 프로그램이 중대한 혁명과 역사 소재 및 정치, 군사, 외교, 국가안보, 통일전선, 민족, 종교, 사법, 공안 등 특수 소재와 관련될 경우 방송 및 영화 유관 관리규정에 따라 집행해야 한다."라고 하였다.

둘째, 2019년에 발표된 「인터넷 숏클립 플랫폼 관리규범」과 「인터넷 숏클립 콘텐츠 심의 기준 세칙」이다. 2019년 중국 인터넷 시청각 프로그램 서비스 협회는 「인터넷 숏클립 플랫폼 관리규범」을 발표하였다. 「규범」에서는 "인터넷 숏클립 플랫폼은 반드시 주류 언론매체와 당정군(黨政軍) 기관단체 등의 계정 개설을 적극적으로 유치해 전면적으로 양질의 숏클립의 공급을 늘려야 한다."라고 하였다.

> **「인터넷 숏클립 플랫폼 관리규범」 내용**
>
> 인터넷 숏클립 플랫폼은 콘텐츠 레이아웃 배치에 있어서 사회주의 핵심가치관의 선양을 위주로 해야 하며, 순방향적 의제 설정을 강화하고, 긍정적 에너지 콘텐츠의 건설과 축적을 강화한다.
> 인터넷 숏클립 플랫폼은 국가가 아직 허가하지 않은 영화, 드라마, 웹영화, 웹드라마의 일부 및 국가가 금지한 방송 프로그램, 인터넷 프로그램의 일부를 재전송할 수 없다.

2019년 중국 인터넷 시청각 프로그램 서비스 협회는 「인터넷 숏클립 콘텐츠 심의 기준 세칙」을 발표하였다. 「세칙」에서는 "인터넷 숏클립 콘텐츠의 기본 기준에 따라 인터넷에서 방송되는 숏클립 프로그램과 그 제목, 명칭, 댓글, 탄막, 이모티콘 등은 그 언어와 표현, 자막, 배경에서 다음과 같은 내용이 나올 수 없다."라고 하였다. 구체적으로 살펴보면 다음과 같다.

> **「인터넷 숏클립 콘텐츠 심의 기준 세칙」 주요 내용**
>
> 첫째, 국가 정치제도와 법률제도를 공격하는 내용은 나올 수 없다.
> 둘째, 국가 분열과 관련된 내용도 나올 수 없다.
> 셋째, 국가 이미지를 해치는 내용도 나올 수 없다.
> 넷째, 혁명 지도자 및 영웅 열사의 이미지를 해치는 내용은 나올 수 없다.
> 다섯째, 국가 기밀을 누설하는 내용은 나올 수 없다.
> 여섯째, 사회 안정을 훼손하는 내용은 나올 수 없다.
> 일곱째, 민족과 지역 단결을 해치는 내용은 나올 수 없다.
> 여덟째, 국가 종교 정책에 위배되는 내용은 나올 수 없다.
> 아홉째, 테러리즘을 전파하는 내용은 나올 수 없다.
> 열째, 민족의 우수한 문화전통을 왜곡하고 평가절하하는 내용은 나올 수 없다.
> 열한째, 악의적으로 인민군대, 안보, 경찰, 행정, 사법 등 국가 공무원과 공산당원의 이미지를 헐뜯거나 해치는 내용은 나올 수 없다.
> 열둘째, 부정적인 인물의 이미지를 미화하는 내용은 나올 수 없다.
> 열셋째, 과학 정신에 위배되는 봉건 미신을 퍼뜨리는 내용은 나올 수 없다.
> 열넷째, 불량하고 퇴폐적인 인생관, 세계관, 가치관을 퍼뜨리는 내용은 나올 수 없다.
> 열다섯째, 폭력의 잔인함, 추악한 행동, 공포스러운 장면을 과장하는 내용은 나올 수 없다.

> 열여섯째, 음란물, 저속한 취향, 건전하지 못한 비주류 결혼관을 보여주는 내용은 나올 수 없다.
> 열일곱째, 타인을 모욕, 비방, 비난, 놀리는 내용은 나올 수 없다.
> 열여덟째, 사회 공중도덕에 위배되는 내용은 나올 수 없다.
> 열아홉째, 미성년자의 건강한 성장에 불리한 내용은 나올 수 없다.
> 스물째, 과거 침략 전쟁과 식민지 역사를 널리 알리고 미화하는 내용은 나올 수 없다.
> 스물한째, 기타 국가 관련 규정과 사회 도덕 규범을 위반하는 내용은 나올 수 없다.

셋째, 「온라인 공연매니지먼트사 관리방법」(2021)이다. 2021년 중국문화부는 「온라인 공연매니지먼트사 관리방법」을 발표하였다. 문화부는 온라인 문화시장 관리를 강화하고, 온라인공연 질서를 규범화하며, 정확한 가치지향을 견지하고, 엔터테인먼트 산업의 혼란을 관리하기 위해 「관리방법」을 제정하게 되었다고 밝혔다.

「관리방법」의 제3조에서는 "온라인 매니지먼트사는 헌법과 관련 법률·법규를 준수하고 인민과 사회주의를 위해 봉사하여야 하며, 사회주의 핵심가치관을 이끌어 인민군중의 문화생활을 끊임없이 풍부하게 해야 한다."라고 하였다. 제7조에서는 "온라인 공연매니지먼트사는 만 16세 미만의 미성년자를 위한 공연매니지먼트 서비스를 제공할 수 없으며, 만 16세 이상의 미성년자를 위한 공연매니지먼트 서비스는 신분 정보를 확인하고 보호자의 서면 동의를 받아야 한다. 보호자에게 의견을 구할 때는 보호자에게 온라인 공연자의 권리·의무·책임·위약 조항을 설명하고 관련 교류 기록을 남겨야 한다. 온라인 공연매니지먼트사는 온라인 매니지먼트 서비스를 제공할 때, 미성년자의 심신 건강을 해쳐서는 안 되며, 미성년자의 권익을 침해해서는 안 된다."라고 하였다.

넷째, 「미성년자 사이버 보호 조례」이다. 「미성년자 사이버 보호 조례」는 2023년 9월 29일 국무원 제15차 상무회의에서 통과되어, 2024년 1월 1일부터 시행되었다. 이 법은 중국 최초로 규정된 미성년자 사이버 보호를 위한 입법으로 미성년자를 대상으로 한 사이버 괴롭힘을 엄격히 금지하였다. 「조례」에는 온라인게임, 온라인 라이브방송, 온라인 음성·영상 플랫폼, 사회관계망서비스(SNS) 등 미성년자에게 영향을 줄 수 있는 플랫폼별로 이행해야 하는 미성년자 보호 규정이 포함되어 있다. 중국은 '콘텐츠, 인적 관계, 개인 프라이버시, 건강, 소비 지출'을 미성년자가 온라인 환경에서 맞닥뜨릴 수 있는 5대 위험으로 보고 있는데, 이러한 위험 요인을 예방하고 관리하기 위한 규정들이 「조례」에 포함되었다. 특히 미성년자의 심신 건강에 해를 끼칠 수 있는 콘텐츠에 대한 관리 및 적발 이후의 처분 등에 대한 규정이 포함되었다. 이로써 인터넷 서비스 제공자는 알고리즘 기반 자동화 방식으로 미성년자 대상으로 상업마케팅을 할 수 없게 되었다.

제44조에는 "온라인게임, 온라인 라이브방송, 온라인 오디오 및 영상, 온라인 소셜 네트워크 등 네트워크 서비스 제공자는 각 연령대 미성년자가 서비스 이용 시 1인당 소비량 및 일일 누적 소비량을 합리적으로 제한하는 조치를 취해야 한다. 미성년자에게는 시민적 수행능력에 부합하지 않는 유료 서비스를 제공해서는 안 된다."라고 하였다. 제46조에는 "인터넷 게임 서비스 제공자는 미성년자 온라인게임을 위한 통일된 전자신분 인증제도 구축 등 필요한 수단을 통하여 미성년 이용자의 실제 신분 정보를 검증하여야 한다. 인터넷 상품 및 서비스 제공자는 미성년자에게 게임 계정 임대 및 판매 서비스를 제공해서는 안 된다."라고 하였다.

숏클립 네트워크 폭력 문제에 대응하여, 더우인(抖音)은 2023년 내내 85만 8,000개 계정에 합리적으로 말하도록 상기시키고, 사이버 폭력 방지 '법률 상담'이라는 새로운 기능을 출시하여 처음으로 무료 제3자 법률 지원을 도입했다. 미성년자 온라인 보호 문제에 대응하여, 위챗은 2024년 5월에 청소년 콘텐츠 분류를 출시하였고, 부모는 비디오 계정을 접근 불가로 설정할 수 있게 되었다.

다섯째, 온라인 폭력, 비속어와 무분별한 줄임말 등 단속이다. 2024년 6월, 국가광전총국과 4개 부처는 공동으로 「온라인 폭력 정보치리규정」을 발표하였다. 「규정」에서 "온라인 정보 내용 관리의 주요 책임을 명확히 하고, 예방 및 조기 경보 메커니즘을 구축 및 개선하며, 온라인 폭력 정보 및 계정 처리를 표준화하고, 사용자 권리보호와 감독 관리를 강화하며, 법적 책임을 명확히 하여 온라인 폭력 정보 처리를 강화하는 데 강력한 지원을 제공한다."라고 하였다.

2024년 중국 인터넷 규제당국인 인터넷정보판공실은 인터넷에서 중국어와 기타 문자의 불규칙한 사용으로 인한 혼란을 바로잡기 위해 교육부와 함께 특별 단속 캠페인에 돌입한다고 밝혔다. 인터넷정보판공실은 웹사이트들의 인기 검색어, 홈페이지 및 주요 링크에서 사용되는 규범화되지 않은 비문명적인 언어 단속에 중점을 두고 있다. 또 동음이의어와 소리 및 형태의 왜곡, 비속어 등 나쁜 표현과 왜곡 가능성이 큰 모호한 표현 등도 단속 대상이라고 전했다.

미국 자유아시아방송(RFA)에 따르면 중국 인터넷 검열관들은 1989년 천안문학살과 '곰돌이 푸' 등 인터넷에서 금지된 민감한 단어에 대한 거대한 데이터베이스(DB)를 보유하고 있다. 곰돌이 푸는 시진핑 국가주석을 닮았다고 해서 금지 용어 목록에 포함된 것으로 알려졌다.

2024년 7월 중국 인공지능 기업들의 대규모 언어모델(LLM)이 중국공산당의 사회주의 가치를 구현하도록 중국 규제 당국이 대대적 검열에 들어간 것으로 전해졌다. 7월 파이낸셜타임스(FT)에 따르면 중국 인터넷정보판공실은 바이트댄스(Bytedance)와 알리바바, 문샷AI(Moonshot AI), 01.AI(零一萬物) 등 기술기업과 AI 스타트업들을 대상으로 LLM 응답 내용을 일괄 검열하였다. 검열의 내용은 주로 정치적으로 민감한 사항들과 시진핑에 관한 것으로 알려졌다. 2024년 2월 발표된 중국의 AI 기업 운영 지침에 따르면 각 기업은 전복을 선동하거나 국가 통합을 저해하는 등 '사회주의 가치'를 위반하는 수천 개의 민감한 키워드와 질문을 수집해야 하며 해당 키워드들을 매주 업데이트해야 한다.

바이트댄스는 중국 IT기업으로, 2012년 창업한 중국의 인공 지능·콘텐츠 스타트업(start-up)이다. 바이트댄스는 틱톡을 서비스하고 있으며, 숏폼을 추구하는 Z세대를 잘 파고들었다는 평가를 받는다. 문샷AI는 2023년 3월에 설립된 신생기업이다. 2024년 2월 19일 문샷AI는 10억 달러가 넘는 자금 조달에 성공하였다. 투자자에는 홍샨중궈(紅杉中國), 샤오훙슈, 메이퇀(美團), 알리바바(阿里) 등이 있다. 문샷AI는 중국판 챗GPT '키미'를 개발하였다.

2025년 1월 20일 중국 AI스타트업 딥시크(DeepSeek)는 DeepSeek-R1 모델을 공개하였다. 이 모델은 오픈AI 최신 모델과 맞먹는 성능을 보이며 전 세계에 충격을 주었다. 1월 28일경 딥시크 앱이 미국 구글 플레이스토어에서 1위를 기록하며 소비자 시장에서도 큰 인기를 얻었다.

제4부

중국 문화원형과 문화콘텐츠

문화란 인류가 자연환경과 인문환경 속에서 살아가며 만들어 낸 가치가 있는 정신적, 물질적 창조물이다. 따라서 문화는 철학, 과학, 예술, 종교, 사회, 경제 등의 방면에서 창조된 모든 산물을 포함한다. 그리고 이 문화 중, 전대의 것이지만 역사적으로 그 가치를 인정받아 오늘날에도 전해지고 있는 것을 '전통문화'라고 부른다.

2010년대 이래 중국 정부는 중국특색 사회주의 건설과 중화민족의 위대한 부흥, 즉 이른바 '중국몽' 실현을 위해 전통문화를 중시하고 있다. 중국이 새로운 사회주의 문화 창조를 위해 눈을 돌린 곳은 전통문화였다. 사회주의국가 성립 초기에 타파해야 할 봉건 문화로 치부되었던 전통문화가 새로이 평가받게 된 것이다.

중국은 급속도로 성장한 경제 규모에 맞먹는 문화강국을 꿈꾸며, 중화문명을 전면에 내세우며 다양한 문화콘텐츠 개발에 박차를 가하고 있다. 2024년 10월 시진핑은 중공 중앙정치국 제17차 집단학습을 주재하면서 "2035년까지 문화강국을 건설하는 전략적 목표를 설정하고 마르크스주의라는 근본적인 지도 사상을 견지하며 유구하고 심오한 중화문명을 뿌리내리고 정보기술 발전의 흐름에 순응해 강대한 사상적 선도력과 정신적 응집력, 가치 호소력, 국제적 영향력을 지닌 신시대 중국특색 사회주의 문화를 끊임없이 발전시키고 인민의 정신력을 강화하고 강국건설, 민족부흥의 문화적 기반을 다져야 한다."라고 강조하였다.

이에 중국의 전통문화 속 다양한 문화원형은 그 어느 시대보다 주목받게 되었다. 문화원형이란 특정 지역이나 민족의 특징이 잘 드러나는, 그리고 다른 지역, 다른 민족과 구별되는 본디 모습에 해당하는 전통문화를 가리킨다. 중국의 전통문화 속 문화원형은 '중단없는 오랜 역사, 한자 문화, 유·불·도의 전통사상'이라는 중국 특유의 사회문화적 환경에서 형성되었다.

1. 중국 특색 문화원형의 사회문화적 배경

1) 중단 없는 오랜 역사

중국 역사는 왕조의 교체는 빈번하였지만, '단절 없는 역사', 혹은 '계속성의 역사'로 자주 언급된다. 이는 단지 시간적으로 오래되었다는 의미를 넘어, 역사적 전환기마다 나타나는 문화적, 정치적 연속성과 깊은 관련이 있다. 왕조 중심으로 구성된 중국 역사는 일반적으로 다음과 같은 흐름으로 정리할 수 있다.

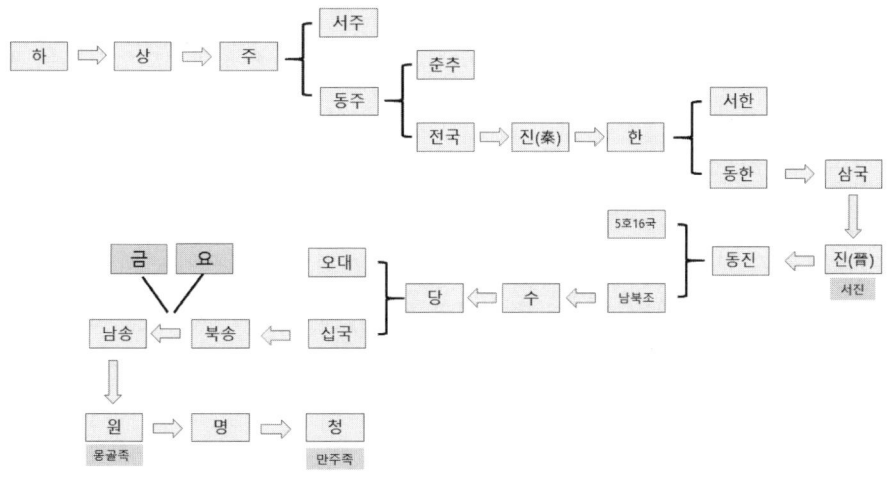

중국 역대 왕조표

중국 역사에서 많은 왕조가 교체될 때, 이민족이 중국 전역을 지배한 시기도 있었다. 오늘날 중국인들의 역사 인식은 한족이 세운 왕조든 이민족이 세운 왕조든 상관하지 않고 '중화'라는 하나의 통일된 개념에서 출발한다. 이는 한 왕조가 무너지고 새로운 왕조가 들어서는 과정을 동일한 문명 체계 안에서의 자연스러운 주기적 변화로 받아들이는 문화적 태도에서 기인한다.

중국의 왕조 교체는 한국보다 훨씬 더 빈번하게 발생하였다. 그러나 각 왕조는 전 왕조의 제도와 사상을 상당 부분 계승하며 통치체제를 이어갔다. 이러한 계승성과 연속성의 핵심에는 두 가지 구조적 기반이 자리하고 있었다.

첫째는 진한(秦漢) 이래로 확립된 군현제 중심의 통치체계이다. 군현제는 중앙집권적 행정 조직을 전국적으로 확대함으로써 황제권을 강화하고, 지역 세력의 분립을 억제하는 제도적 장치로 작동하였다.

둘째는 한나라 이후 유가(儒家) 사상을 바탕으로 한 통치 이데올로기의 지속성이다. 유교는 통치의 정당성을 확보하는 이념이자 백성들의 삶의 윤리를 규정하는 규범으로 기능하였으며, 이러한 유가적 가치 체계는 왕조가 바뀌어도 거의 예외 없이 지속하였다.

이 두 요소는 단순한 제도적 틀이나 사상적 구호에 그치지 않고, 실제로 민중의 일상과 가치관에 깊이 스며들어 있었다. 예컨대, 황제의 천명(天命)은 하늘로부터 부여된 것으로 이해되었기 때문에, 새 왕조가 옛 왕조보다 더 정당하고 유능한 통치로 입증될 경우, 자연스럽게 민심은 새로운 왕조에 귀속되었다. 즉, 민중 다수는 '왕조의 변화'를 '국가의 변화'로 인식하지 않았으며, 동일한 문명과 문화, 가치 체계를 공유하는 '중화'의 주기적 순환으로 받아들였다.

결과적으로, 이러한 연속적인 정치·문화 체계는 중국이 '끊김 없이 이어진 문명'이라는 자기 인식을 확립하는 데 중요한 역할을 하였다. 3천여 년에 이르는 시간 동안 각 왕조는 문화적 성취를 축적하고 계승하며 하나의 연속된 문명의 흐름을 형성하였다. 이는 곧 '중국 문화의 원형', 즉 중국적인 사유 방식, 공동체적 정체성, 통치의 이상형 등을 담고 있는 원형적 문화 요소가 형성되는 배경이 되었다. 이처럼 오랜 시간에 걸쳐 누적된 경험과 제도, 가치관의 축적은 중국 문화가 타문화에 비해 상대적으로 높은 일관성과 깊이를 유지할 수 있었던 결정적인 전제 조건이라 할 수 있다.

2) 한자 문화

약 4,500년 전인 신석기시대의 반파유적(半坡遺跡)에서 인면어(人面魚) 문양이 새겨진 토기가 발견되었다. 인면어 문양에 대한 논의가 활발한 상태인데, 일부

학자들은 한자가 이러한 토기에 새겨진 단순 부호에서 시작되었다고 주장한다. 상나라 갑골문과 청동기 명문(銘文)은 의미를 지닌 문자로 인식되는데, 많은 학자들은 갑골문과 명문이 한자 기원과 밀접한 관련이 있다고 여긴다.

BC 221년 전국을 통일한 진시황은 문자를 통일하면서 '소전(小篆)체'를 공용 문자로 삼았다. 한나라 시기에는 예서(隷書)체와 해서(楷書)체가 확립되면서, 한자는 공문서·교육용 경전과 역사서에 이르기까지 모든 분야에서 표준 문자로 자리 잡았다. 이러한 표준화된 문자 체계는 진한 이래 군현제를 통해 방대한 영토의 중앙과 지방을 잇는 행정적 매개체로 기능하였고, 관료들은 동일한 문자로 조세·법령·인구·토지 대장을 작성함으로써 통치의 효율성과 정당성을 확보하였다.

한문으로 편집·주석된 유가 경전은 과거시험 과목의 핵심이 되어 관료 등용과 교육 제도의 기준이 되었다. 유교 이념은 왕조 교체에도 불구하고 통치 이데올로기의 근간으로 지속되었다. 한자는 불교 경전의 번역과 전승을 가능하게 하였고, 인도에서 전래된 불교 사상과 의례가 중국 전역은 물론 동아시아로 확산하는 데 결정적 역할을 하였다. 요·금·원·청 등 이민족(거란족, 여진족, 몽골족, 만주족)이 세운 왕조 역시 한자를 관료제와 교육에 그대로 채택함으로써, '한자 문화권'이라는 동일한 문화적 울타리 안에서 정치적 변화와 무관하게 중화의 정체성이 유지되었다.

주변 국가로 전파된 한자는 일본의 만요가나(萬葉假名)·가나(假名), 한국의 이두·향찰, 베트남의 쯔놈(chữ Nôm) 등으로 파생되어 각 지역의 음운·문법과 결합한 고유 표기 체계를 낳았다. 이러한 파생 문자들은 자국 문학과 행정, 학술 전통을 형성하면서도 본래 한문 문헌과 학술을 공유하게 하여 동아시아 전역에 걸친 문자 공동체를 강화하였다. 동시에 한문으로 집대성된 역사서·과학기술서·의약서 등 방대한 문헌 전통은 세대를 초월한 지식 축적과 토론을 가능하게 함으로써 문화적 깊이와 학문적 연속성을 확보하는 원천이 되었다.

오늘날 중국·한국·일본 등에서 한문 교육이 여전히 이루어지고, 유니코드(Unicode) 표준을 통해 디지털 시대에도 통용되는 것은 한자가 형성한 '문자 공동체'의 응집력이 현재까지 유효함을 보여준다. 이처럼 한자는 5,000년에 걸친 진화 과정에서 방대한 영토와 다양한 민족을 하나로 묶는 매개체로 기능하며, 중앙집권 통치와 사상·종교 전파, 지식 전승을 가능하게 함으로써 중국 문명의 일관성과 깊이를 담보하는 핵심 원형이자 동아시아 전체가 공유하는 문화적 자산으로서 오늘날까지 그 위력을 유지하고 있다.

3) 유·불·도의 전통사상

　유가의 근본 목표는 '대동사회(大同社會)'의 실현이다. 주나라 왕실의 권위가 흔들리고 제후 간의 전쟁이 빈번하였던 춘추 시기에, 공자는 사회의 안정을 위한 '예(禮)'의 의미를 심화시키고 발전시켰다. 그리고 '의(義)'와 '인(仁)'이라는 사회적 가치관과 개인의 도덕 수양이 조화롭게 작동하는 질서 있는 공동체를 제안했다. 제후국 간의 전쟁으로 혼란이 극심하였던 전국 시기에 맹자는 공자의 사상을 이어받아 사단설(四端說)을 주장하며 혼란한 시대를 헤쳐나갈 지혜의 역할을 중시하여 '지(智)'를 새로이 추가하였다. 한나라 시기 동중서는 음양오행설에 근거하여 '신(信)'을 추가하여 '인의예지신'이라는 다섯 가지 덕목인 오상(五常)체계를 완성하였다. 이러한 윤리 체계는 이후 2,000여 년 동안 중국 지배층의 정신적 지주로 기능하였으며, 이후 '충효'와 '애국'이라는 정치·사회적 가치가 결합하여 교육·관료 등용·법제의 근간을 이루었다.

　불교(佛敎)가 중국에 전해진 시기는 명확하지 않다. 기원전 1세기 때 실크로드를 통해 한나라(전한)에 전해졌다는 주장도 있다. 하지만, 일반적으로는 1세기경 후한 시기에 전해진 것으로 알려졌다. 중국 최초의 사찰인 백마사가 68년에 건립된 것을 보면, 그 이전에 중국에 전래된 것으로 보인다. 불교가 유입된 경로에 대해서는 다양한 설이 존재하지만, 일반적으로 서역(西域) 상인과 승려들을 통해 전해진 것으로 여긴다. 산스크리트어 경전을 한문으로 번역하는 과정에서 승려 학자들은 새로운 문체인 변문(變文)과 강창문학(講唱文學)을 발전시켰다. 이들 문학 양식은 설법의 리듬과 선율을 담아 대중의 이해를 도왔고, 중국 서사문학의 토대를 마련했다. 특히 전기체(傳奇體) 소설과 희곡의 발전에 영향을 주었다. 불교의 인과설(因果說)과 윤회설(輪廻說)은 삶과 죽음에 대한 근원적 성찰을 문화원형 속에 깊이 각인시켰다. 불교의 인과설과 윤회설은 후대의 문학·예술 작품에 지속적으로 재현되었다.

도가(道家)의 핵심은 '무위자연(無爲自然)'이다. 노자는 인위(人爲)적인 것을 의미하는 '유위(有爲)'가 아닌 '무위'를 얘기하면서, '무위자연'과 '상선약수(上善若水)'를 강조하였다. 그래서 노자는 억지스러운 것을 버려야 한다고 강조하였다. 노자는 사람의 자연성을 중시하였고, 인간의 정신과 마음을 수양하는 데 치중하였다. 장자는 인위적 규범과 욕망이 초래하는 모순에서 벗어나, 도(道)의 리듬에 자신을 맡길 것을 가르쳤다. 이는 개인이 자연과 하나가 되어 자발적·직관적으로 행동할 때 비로소 진정한 자유와 창조성이 발휘된다는 의미다.

도가 사상은 관료 체제와 의례를 강조한 유가와, 깨달음과 고행을 강조한 불교 사이에서 개인 내면의 자율과 상상력을 중시하는 문학관을 제시했다. 실제로 육조시대 이후 시인·문인들은 도가적 자유 정신을 빌려 형식과 주제를 파격적으로 실험함으로써, 중국 문학에 전례 없는 표현의 폭을 열었다.

이처럼 유·불·도 삼대 전통사상은 각각 '질서·구원·자유'라는 상이한 가치를 제시하면서도, 병존과 융합을 통해 중국 문화원형을 다층적으로 구축하였다. 유가가 사회적 결속과 윤리를 제공했다면, 불교는 내면적 성찰과 구원의 서사를, 도가는 자연 친화적 자유와 창조적 상상력을 보강했다. 이 세 사상은 상호 비판과 수용의 과정을 거치며 중국인의 세계관, 가치관, 예술관을 형성하였고, 이는 오늘날까지도 수많은 문화콘텐츠의 원천이 되고 있다.

문화원형이라고 해서 모두가 문화콘텐츠가 되는 것이 아니다. 오늘날 대중문화에는 소설, 영화, 게임, 연극, 뮤지컬 등 다양한 장르가 존재하는데, 다양한 장르의 공통점은 바로 서사성, 즉 이야기가 존재한다는 점이다. 이는 곧 서사성이 있는 문화원형이 현대에 문화콘텐츠로 활용될 가능성이 크다는 것을 의미한다. 이 장에서는 서사적 확장성이 높은 대표적 문화원형을 '신화전설', '인물', '문학작품'으로 구분하여 살펴본다. 이는 전통문화 속 문화원형이 오늘날 문화콘텐츠로 재탄생하게 되는 과정을 역사적 안목에서 이해하는 출발점이 될 것이다.

2. 신화전설

한국민족문화대백과사전에서는 신화를 "우주의 기원, 초자연적 존재의 계보, 민족의 시원 등과 관련된 신에 대한 서사적 이야기", 전설은 "예로부터 전해 내려오는 이야기 형태의 설화이다."라고 적고 있다. 이 신화전설은 미지의 우주와 복잡다단한 사회 현상에 대한 인류의 보편적 호기심을 반영하고 있으며 갖가지 형식으로 상상의 세계를 펼쳐 보여주고 있다. 따라서 신화전설들은 문화콘텐츠의 주요 소재로 사용되며, 영화, 드라마, 만화, 게임, 소설 등 다양한 형태로 구현된다. 문화콘텐츠 창작에서 신화 전설은 다음과 같은 역할을 하고 있다.

첫째, 신화의 초월적인 요소나 전설의 감동적인 사건들은 작가나 예술가에게 새로운 아이디어를 불어넣어 새로운 작품을 창조하는 데 도움을 준다. 이러한 이야기들은 오랜 세월 동안 인류의 상상력을 자극해온 보고서이며, 그 풍부한 내용은 다양한 예술 형태에서 활용될 수 있다.

둘째, 신화와 전설은 한 민족 또는 문화의 역사와 전통을 보존하고 계승하는 데 기여한다. 새로운 작품을 창작하면서 이러한 신화나 전설을 재해석하거나 현대적인 맥락에 녹여내는 과정에서, 그 역사적 가치를 전달할 수 있다. 이뿐만 아니라 신화와 전설은 지역적인 특성을 강조하거나 다양한 문화를 소개하는 데 활용하여 특정 지역이나 문화의 독특한 분위기와 가치를 대중들에게 전달할 수 있다.

셋째, 신화와 전설은 종종 인류의 원초적 감정과 유대감을 다루기 때문에 관객들에게 공감과 감동을 전달하는 데 효과적이다. 이러한 감정 요소는 작품 내에 공감할 수 있는 캐릭터나 상황을 만들어 내어 관객들의 감정적인 참여와 몰입을 높일 수 있다. 이는 작품과 관객 간의 강력한 연결고리를 형성하며, 작품의 가치와 의미를 공유할 수 있도록 돕는다.

중국의 신화와 전설은 현실을 중시하는 중국인의 민족적 성향과 괴력난신(怪力亂神)을 배격하는 유가 사상의 영향으로 인해, 서양의 신화처럼 체계적이고 풍부하게 발전하지는 못했다. 그러나 중국의 수많은 문헌 속에는 반고개천(盤古開天), 여와보천(女媧補天), 과보축일(夸父逐日), 곤우치수(鯀禹治水) 등 단편적이나마 적지 않은 신화와 전설이 전해지고 있다.

중국의 신화와 전설은 사상, 역사, 예술, 문학 등 모든 측면에서 중요한 역할을 하며, 중국 문화산업에서도 큰 영향을 미치고 있다. 다시 말해 신화와 전설은 중국 문화의 깊은 뿌리 중 하나이며, 문화원형의 출발점으로서 문화적 가치는 더욱 높아졌다. 최근 세계적으로 자국의 신화전설 찾기에 심혈을 기울고 있는데, 중국 역시 이러한 흐름에 맞춰 드라마와 웹소설 그리고 영화 등에 중국의 신화와 전설을 많이 발굴하고 적용하고 있다. 여기서는 『산해경』, 삼황오제, 4대 민간전설 (양축, 백사전, 우랑직녀, 맹강녀 전설)에 대해 살펴본다.

1) 산해경

(1) 『산해경』이란

『산해경』은 선진(先秦)시대 저술로 추정되는 지리서로서, 고대 사람들의 독특한 사유체계를 기초로 한 신화집이기도 하다. 『산해경』은 중국 및 중국 밖의 지리와 문물을 다루고 있다. 『산해경』은 「산경(山經)」 5권, 「해경(海經)」 13권으로 모두 18권으로 되어 있다. 「산경」은 특정 지역의 산과 강의 형세, 그곳에서 산출되는 광물 및 동식물, 그리고 독특한 괴물을 이야기하고 있다. 「해경」은 해당 지역의 풍속, 영웅의 활약, 신들의 계보 등을 이야기하고 있다.

『산해경』은 전설 속의 우임금 때부터 만들어지기 시작하였다고 전해진다. 하지만, 실제로는 춘추시대부터 한나라 초기까지 여러 사람의 손을 거치면서 『산해경』이 완성된 것으로 보인다. 한나라 때 유흠(劉歆)이 새로운 내용을 추가하여 편찬하였고, 동진(東晉)의 곽박(郭璞)이 최초로 주석을 달았다. 그 이후 명청 대까지 다양한 판본의 『산해경』이 나왔으나 대부분 곽박의 판본을 기본으로 하여 주석과 화보를 덧붙이고 있다.

한국에는 삼국시대에 『산해경』이 전해진 것으로 보인다. 그리고 고려와 조선시대의 적지 않은 문인의 작품에서 인용되고 있다. 하지만 괴력난신을 멀리한 유가적 전통 때문에 그렇게 널리 알려지지는 않았다.

『산해경』은 21세기에 들어 여러 형태의 문화콘텐츠로 제작되면서 조명받고 있다. 고대의 지리와 신화전설을 기록한『산해경』은 많은 주목을 받고 있는데, 그 이유를 두 가지 측면에서 살펴볼 수 있다.

첫째,『산해경』은 사람들의 상상력을 자극한다.『산해경』은 생성연대가 비교적 이르고 신비하고 괴이한 내용이 풍부하여 동아시아 판타지의 원류라고 평가할 수 있다.『산해경』세계 속에 존재하고 있는 괴인과 괴수들의 모습은 사람들이 생각하는 세계상을 초월하고 있으며, 어떠한 합리적 이유나 설명을 요구하지 않는다.『산해경』에서 제시하고 있는 낯선 세계는 사람들이 상상을 통해서 창조해낼 수 있는 신기하고 다양한 존재를 모두 담아낼 수 있는 열린 공간이다.『산해경』은 단조로운 현실 세계에서 꿈과 호기심이 넘쳐나는 판타지의 세계로 인도한다.

'붉은 악마' 치우기

둘째,『산해경』은 동아시아라는 관점에서 고대 역사를 사유할 수 있는 상상의 공간을 제시하고 있다.『산해경』의 배경은 시간적으로는 선사시대를 아우르고, 공간적으로는 중국 지역을 초월하고 있어서 한국 고대사와 관련된 기록도 적지 않다. 대표적인 예로써『산해경』속「대황북경」편에 나오는 치우(蚩尤)를 들 수 있다. 치우는 구리로 된 머리와 철로 된 이마를 가진 전설 속 전쟁의 신인 치우천황이다. 치우천황은 2002년 한일월드컵을 통해 널리 알려졌는데, 한국 축구 국가대표팀의 응원단인 '붉은악마'의 상징물로 활용되고 있다. 치우는 동이족의 공동 조상으로서 한국 민족과 관련이 있다. 이밖에『산해경』에는 조선, 청구국, 발해, 불함산 등과 같은 한국 역사와 관련된 나라 이름과 지명이 등장한다. 따라서『산해경』은 한국 상고사를 동아시아라는 큰 시야로 넓힐 수 있게 도와주는 중요한 자료이기도 하다.

(2)『산해경』관련 문화콘텐츠

『산해경』에는 특이한 괴물, 신들의 계보 등이 언급되어 있어, 신화를 기록한 책으로도 알려져 있다. 특히 명나라와 청나라 시기 몇 차례의 개작 과정에서 신,

괴인, 괴수 등과 관련된 삽화가 첨부되어 『산해경』의 신화적 이미지가 더욱 강화되었다. 『산해경』에 적혀 있는 기이한 세계와 이야기는 다양한 문화콘텐츠의 소재가 되고 있다. 2000년대 이후 촬영기술과 컴퓨터그래픽의 발전으로 상상의 세계를 자유롭게 구현할 수 있게 되자 『산해경』의 신기한 세계를 배경으로 하는 드라마와 영화가 만들어지기 시작하였다.

드라마로는 「산해경지산하도(山海經之山河圖)」(20집, 2015), 「산해경지적영전설(山海經之赤影傳說)」(2016), 「삼생삼세십리도화(三生三世十里桃花)」(2017), 「상고밀약(上古密約)」(2020) 등이 있다. 이 중 「삼생삼세십리도화」는 국내 케이블 텔레비전을 통해 여러 차례 방영되었으며, 중국 내에서도 인기가 좋아 2018년 영화화되기도 하였다.

영화로는 「산해경: 정위전해(山海經: 精衛塡海)」(2021)와 애니메이션 「산해경지소인국(山海經之小人國)」(2021), 「산해경지재견괴수(山海經之再見怪獸)」(2022) 등이 있다. 이 중 2022년

삼생삼세십리도화

에 개봉한 애니메이션 「산해경지재견괴수」는 2017년부터 시작하여 5년이라는 시간을 거쳐 준비된 대작으로 유명하다.

『산해경』은 게임산업으로의 확장성이 매우 크다고 볼 수 있다. 미지의 세계를 여행하면서 기상천외한 새로운 생명체를 조우하고 대결한다는 내용은 게임적 요소를 충분히 가지고 있기 때문이다. 중국 게임 사이트를 살펴보면 '산해경'이라는 이름을 가진 게임 프로그램이 50여 개다. 대표적인 게임은 「산해경 Go」 (2016년 첫 출시), 「산해경만수도수유관방판(山海經萬獸圖手遊官方版)」(2022년 버전 업, rpg게임), 「산해경지문정봉신(山海經之問鼎封神)」(2022년 버전 업, rpg게임) 등이다.

『산해경』의 신기한 상상의 세계, 기이한 동식물 등은 판타지적 요소가 강하여 일찍이 판타지 소설의 주요 제재가 되었다. 특히 평론의 비평에서 비교적 자유로운 웹소설에서 이러한 경향이 두드러졌는데, 중국의 다양한 사이트에는 『산해

경』을 제재로 한 웹소설이 매우 많다. 대표적 웹소설로는『불가사의적산해(不可思議的山海)』(油炸咸魚),『공포도시(恐怖都市)』(猛虎道長),『산해요기담(山海妖奇談)』(招財喵),『맹맹산해경(萌萌山海經)』(肥面包),『아체내유본산해경(我體內有本山海經)』(暴力快遞員),『산해화요사(山海畫妖師)』(蒼知) 등이 있다.

장르	제목
드라마	「산해경, 태고의 전설」(46집, 2016)
	「삼생삼세 십리도화」(58집, 2017)
	「산해경지산하도」(20집, 2018)
	「산해경」(50집, 2018)
	「상고밀약」(45집, 2020)
	「대몽귀리(大夢歸離)」(34집, 2024)
영화	「산해복마·추월(山海伏魔·追月)」(2018)
	「삼생삼세 십리도화」(2018)
	「민간기이지(民間奇異志)」(2020)
	「산해경: 정위전해」(2021)
	「산해경지현천용음(山海經之玄天龍吟)」(2022)
애니메이션	「천안전기(天眼傳奇)」(2015)
	「산해경지소인국」(2021)
	「산해경지재견괴수」(2022)
게임	「산해경 Go」(2016)
	「산해경지문정봉신」(2022)
	「산해경만수도수유관방판」(2022)
웹소설	「불가사의적산해」(油炸咸魚)
	「공포도시」(猛虎道長)
	「산해요기담」(招財喵)
	「맹맹산해경」(肥面包)
	「아체내유본산해경」(暴力快遞員)
	「산해화요사」(蒼知)
국내 콘텐츠	『산해경 - 동양 최고의 기서』(2004)
	『산해경: 중국 최고의 지리 의학 역술 보물 신화의 판타지』(2008)
	『산해경 괴물첩』(2019)
	『산해경 캐릭터 도감 산의 요괴, 바다의 괴물』(2019)

(3) 『산해경』 관련 대표 문화콘텐츠, 게임 「산해경 Go」

「포켓몬 Go」가 세계적으로 선풍적인 인기를 끌자, 2016년 중국에서도 이와 유사한 형식의 「산해경 Go」를 출시했다. 중국에서는 보안 문제 때문에 구글 지도 접속이 차단돼 「포켓몬 Go」 출시가 불허되자 이를 대체하여 나온 것이 바로 「산해경 Go」이다. 「산해경 Go」는 출시와 동시에 중국 모바일 게임 앱 다운로드 순위 1위에 올랐다.

「산해경 Go」는 「포켓몬 Go」와 유사한 부분이 매우 많다. 사용자 인터페이스뿐만 아니라 '몬스터를 잡아 레벨 업을 한다'는 게임의 주요 진행방식도 「포켓몬 Go」와 거의 동일하다. 사용자는 모바일 디바이스의 화면을 통해 근처에 발생한 요괴를 확인하고, 『서유기』에서 삼장법사가 손오공

산해경 Go

의 머리에 씌웠던 '금고아'를 날려 요괴를 포획한다. 포켓볼을 던져 포켓몬을 잡는 것과 매우 닮았다. 차이가 있다면 게임 속에서 사용자가 잡아야 할 것이 귀여운 포켓 몬스터가 아닌 『산해경』에 나오는 기상천외한 요괴들로 바뀌었다는 것이다. 위치기반서비스(GPS)와 증강현실을 이용하는 방식도 「포켓몬 Go」와 똑같다. 중국의 IT매체인 「환구과기(環球科技)」에 따르면 이 게임은 「포켓몬 Go」와 비교했을 때 80% 정도 유사하다고 한다.

「산해경 Go」을 두고 일부는 "창피하다"며 "다른 나라에 공개되지 않았으면 좋겠다"라는 의견을 남겼다. 하지만 단순히 요괴의 특성을 차용한 것이 아니라 『산해경』이 구축한 요괴의 체계를 분석하고 이를 게임 체계에 효과적으로 응용했다는 점은 눈여겨 볼 만하다. 그리고 포켓몬의 다양한 '몬'은 『산해경』에서 가져온 것들이기도 하다. 일본도 요괴의 천국이기는 하지만, 「포켓몬 Go」 캐릭터 디자인은 전체적으로 『산해경』에서 가져왔다.

2) 삼황오제

(1) 삼황오제에 대한 기록

삼황오제(三皇五帝)는 『사기』, 『십팔사략』 등에 나오는 3명의 '황(皇)'과 5명의 '제(帝)'를 말한다. '황'과 '제'는 모두 '임금'이나 '제왕'을 뜻하는 말이나, '왕'이라기보다는 고대 부족이나 집단의 '우두머리'로 볼 수 있다.

삼황오제 신화의 기본 틀은 춘추전국시대 제자백가가 제후들에게 각종 사상을 유세하는 과정에서 갖추어졌고 위진남북조 시대에 이르는 기간 동안 계속 변화하였다. 이는 음양오행설이 유행한 이후에 5명의 제왕에 대한 신화가 정립되었던 것을 통해 알 수 있다. 춘추전국시대 이래로 수많은 사상가에 의해 첨삭되었던 신화이기 때문에 '삼황'과 '오제'가 정확히 누구를 가리키는지 알 수 없다. 삼황으로는 '천황, 지황, 인황(태황)', 그리고 복희(伏羲), 여와(女媧), 수인(燧人), 신농(神農), 축융(祝融) 등이 언급된다. 삼황과 오제를 기록하고 있는 책에 따라 삼황과 오제는 약간 차이가 있다. 이 책에서는 『상서대전(尙書大傳)』에서 언급한 삼황인 '복희, 수인, 신농'과 『사기』에서 언급한 오제인 '황제(黃帝), 전욱(顓頊), 제곡(帝嚳), 당요(唐堯), 우순(虞舜)'을 소개한다.

복희 여와

삼황 중 복희는 태호(太昊, 큰 하늘)라 불렸으며, 뱀의 몸에 사람 머리를 하고 있다. 사람들에게 처음으로 '사냥법'을 가르쳤다고 한다. 수인은 불을 발견하여 인간에게 불씨를 가져다주었다고 알려져 있다. 이는 '부싯돌 수(燧)'라는 이름에서 알 수 있다. 염제(炎帝, 불꽃 임금)라고도 불린 신농은 사람 몸에 소의 머리를 가졌다. 염제는 태양신이자 농업의 신으로 인류에게 농경을 처음으로 가르쳤다고 한다.

오제 중 '황제 헌원(軒轅)'은 염제 신농의 자리를 이었다. 헌원은 사람들에게 집 짓는 법과 옷 짜는 법을 가르쳤으며 수레를 발명한 것으로 전해진다. '전욱 고양(高陽)'은 엄격한 법을 세워 하늘과 땅의 구별을 확실히 하고, 인간 세상에서도 주종관계와 남녀관계 등을 세웠다. '제곡 고신(高辛)'은 각종 악기와 음악을 만들어 백성들을 즐겁게 하였다. '제요(帝堯) 도당(陶唐)'은 '요'임금으로 많이 알려져 있다. 요는 20살에 왕위에 올라 덕으로 나라를 다스렸다고 전해진다. 요의 치세에는 가족들이 화합하고 백관의 직분이 공명정대하여 모든 제후국이 화목하였다고 한다. '제순(帝舜) 유우(有虞)'는 '순'임금으로 많이 알려져 있다. 순은 전문적인 직분에 따라 신하를 임용하여 나라를 부강하게 하였는데, 황하의 범람을 막기 위해 우(禹)를 등용한 것으로 유명하다.

『삼국사기』나 『삼국유사』 같은 한국 역사서에도 삼황오제에 관한 기록이 나온다. 위서로 의심을 받는 『환단고기』에는 삼황오제 시기를 동이족의 역사로 보기도 한다. 한국에서는 조선시대 이후 "요임금과 순임금의 도를 근본으로 삼아 전한(祖述堯舜)"이라는 공자의 가르침을 중시하였기 때문에, 요와 순을 가장 이상적인 군주로 보았다. 그리고 요순시대를 태평성대로 칭송하는 구절이 문학작품이나 역사서에 많이 등장하였다.

최근, 삼황오제 신화는 새로운 조명을 받고 있으며, 관련 문화콘텐츠 또한 활발히 만들어지고 있다. 삼황오제 신화가 주목받는 이유는 크게 두 가지 관점에서 살펴볼 수 있다.

첫째, 삼황오제 신화는 중국 전통문화와 중국의 정체성을 이해하는 데 중요한 역할을 한다. 신화 속 이야기를 통해 드러나는 위민사상과 덕치주의는 중국 역사와 문화의 근간을 이루는 요소 중 하나이며, 중국인들이 가지고 있는 가족, 사회, 정치적 가치관과도 관련이 있다.

둘째, 국가 주도의 애국주의 역사교육에 중요한 위치를 차지하고 있다. 1990년대와 2000년대의 중국은 중국의 역사 기원을 상향 조정하고 삼황오제와 같은 신화 속 인물들을 실존 인물이라 주장하는 각종 프로젝트를 진행하였다. 프로젝트의 목적은 '뿌리 깊은 역사를 가진 중화문명'을 규명함으로써 대내적으로는 중국인들의 민족적 응집력을 향상시키고, 대외적으로는 중국 문명의 유구성과 우월성을 널리 전파하는 데 있다. 중국의 애국주의 역사교육이 진행될수록 삼황오제와 관련된 문화콘텐츠도 계속 확장될 것이라 예상할 수 있다.

(2) 삼황오제 관련 문화콘텐츠

전통문화를 이용하여 중화민족의 단결을 꾀하려는 중국 정부의 의도가 강조되면서, 삼황오제와 관련된 문화콘텐츠도 갈수록 다양하게 만들어지고 있다. 하지만 신화시대의 이야기라 역사적 근거가 부족하고, 관련 기록 또한 아주 짧은 언급에 불과하여 대부분 상상에 의존하는 한계를 지니고 있다. 따라서 아직은 판타지 성격이 짙은 드라마나 웹소설에 치중되어 있고 콘텐츠의 종류나 수량 또한 많지 않다. 하지만 삼황오제 관련 신화를 관광 상품화하여 신화를 역사화하려는 시도가 있다는 점을 주목할 필요가 있다. 중국 정부는 많은 투자를 통해 황하 일대에 염제와 황제 관련 대형 유적공원을 정비하는 등 역사 만들기에 심혈을 기울이고 있다.

드라마로는 「염황이제(炎黃二帝)」(20집, 1996), 「원고적전설: 화하연의(遠古的傳說: 華夏演義)」(44집, 2010), 「영웅시대(英雄時代)」(40집, 2013) 등이 있으며, 웹소설로는 「삼황오제전기(三皇五帝傳奇)」(集大成智), 「통어구주(統御九洲)」(王寶丁), 「래자황고(來自荒古)」(隨波奔流), 「만고지쟁(萬古之爭)」(第一書) 등이 있다.

장르	제목
드라마	「염황이제」(20집, 1996)
	「원고적전설: 화하연의」(44집, 2010)
	「영웅시대」(40집, 2013)
	「대순(大舜)」(35집, 2015)
	「산해경의 적영전설(山海經之赤影傳說)」(46집, 2014)
영화	「헌원대제(軒轅大帝)」(2016)
	「원고대제·대순전기(遠古大帝·大舜傳奇)」(2015)
	「봉신·주멸(封神·紂滅)」(2023)
애니메이션	「황제사시육부합(黃帝史詩六部合)」全集 (2019)
게임	「무회화하(無悔華夏)」「화하삼황오제(華夏三皇五帝)」
	「무회화하 삼황오제: 무변흑야(無悔華夏 三皇五帝: 無邊黑夜)」(2024)
웹소설	「삼황오제전기」(集大成智)
	「통어구주」(王寶丁)
	「래자황고」(隨波奔流)
	「만고지쟁」(第一書)

(3) 삼황오제 관련 대표 문화콘텐츠, 관광산업

베이징 역대제왕묘박물관(北京歷代帝王廟博物館)

베이징시 시청(西城)구에 위치한 역대제왕묘박물관은 2007년에 설립된 국립박물관으로서 국가AAA급 관광지구이다. 명나라 가정(嘉靖) 9년(1503)에 건설되기 시작하였던 역대 제왕 종묘에서 시작되었다. 명청 시기에 삼황오제 및 역대 제왕과 문무 신하들의 제사를 모시는 곳이다. 1996년 중국 정부는 국가중점문물단위로 공포하였다. 역대제왕묘에서는 시종일관 삼황오제를 제사의 중심으로 둠으로써 삼황오제가 지니는 역사적 지위를 공고히 하였다.

정전인 경덕숭성전(景德崇聖殿)에는 삼황오제를 비롯한 역대 제왕들의 위패 188위가 봉안되어 있다. 그리고 동서로 전각이 배치되어 역대 문무 신하 79명의 위패가 봉안되어 있다. 베이징시에서는 매년 청명절이 되면 삼황오제 제사의식을 지내고 있다. 이는 중국인들에게 중국의 역대 왕조들이 삼황오제로부터 시작됨을 강조하기 위함으로 보인다.

정저우시 염황이제소상경구(炎黃二帝塑像景區)

황하 유역에 설치된 거대 조각상 염황이제(炎黃二帝)는 허난성 정저우시에 있다. 염황이제는 '염제 신농'과 '황제 헌원'을 가리킨다. 중국 인구의 92% 이상을 차지하고 있는 한족은 자신들을 '염황의 자손'이라 여기고 있다.

염황이제소상경구(炎黃二帝塑像景區)

염황이제 조각상은 향양산(向陽山) 위에 조성되었는데 산을 몸체로 삼고 있어 산과 사람이 하나인 것으로 묘사되고 있다. 산의 높이가 55m이고 조각상의 높이가 51m여서 총 높이는 106m에 이른다. 망산(邙山)을 뒤로 하고 황하를 바라보고 있다. 조각상 앞에 조성된 광장은 폭이 300m 길이가 500m에 이른다. 정저우시 관광 업무를 담당하고 있던 왕런민(王仁民)이 발의하였고, 1987년부터 조성하기 시작해 2007년 9월에 준공됐다. AAA급 관광명소이자 국가 핵심 문화유물 보호구역으로 지정되었다.

쥐루(涿鹿)현 중화삼조당(中華三祖堂)

허베이성 쥐루현에 위치한 중화삼조당은 원래 있던 황제 사당을 기반으로 조성되었는데, 32만 명에 달하는 국내외 중국인들의 헌금으로 만들어졌다. 중화삼조당은 1994년에 착공하여 1998년에 정식으로 문을 열었다. 정문, 제단, 본당 세 구역으로 나누어져 있으며, 본당 건물은 당나라 시기 건물을 참조하였다. 정문에는 '중화삼조성지(中華三祖聖地)'라고 적혀 있는데, '중화삼조'는 '황제, 염제, 치우'를 가리킨다.

중화삼조당 본당의 동, 서 양측에는 전각이 있는데, 이곳에는 홍콩, 마카오, 타이완의 화교들도 중화삼조당 건설에 일조하였음을 기념하는 비석이 세워져 있다. 이는 화교들도 중화민족임을 강조하기 위함이다. 삼조당 맞은편에는 중화합부단(中華合符壇)이 있는데, 중국의 웅비를 상징하는 용의 조형물을 중심으로 56개 민족을 상징하는 돌기둥이 에워싸고 있다. 매년 청명절이 되면 황제에게 제사를 지낸다.

화하(華夏) 혹은 중화(中華)라는 말은 원래 한족이 자신들의 문화적 우월성을 강조하는 차원에서 즐겨 사용하였던 용어였다. 그러나 '다민족통일국가론'이 강조되면서 '중화'의 의미는 바뀌었다. 현재 중국에 거주하는 56개의 민족을 모두 아우르는 '중화민족'이라는 새로운 개념으로 재탄생하게 되었다. 중국은 2023년 12월에 『중화민족공동체개론』을 출판하면서, 중화민족이 신화전설 시대부터 존재하였음을 주장하고 있다. 적대세력이었던 치우까지 중국의 시조임을 강조하는 중화삼조당의 건설은 55개 소수민족을 정신적·역사적으로 화합할 수 있는 기초를 다지기 위해 공을 들이고 있음을 보여 준다.

3) 양산백과 축영대

(1) 양축전설

중국의 4대 민간전설 중의 하나인 양축전설은 축영대와 양산백의 슬픈 사랑 이야기로서 '중국판 로미오와 줄리엣'으로 유명하다. 당나라 양재언(梁裁言)이 저술한 『십도사번지(十道四蕃志)』에 처음 등장하며, 지역에 따라 조금씩 다른 판본이 10여 개나 된다. 양축전설은 중국 역사상 가장 혼란한 시기 중의 하나인 동진(東晉) 시기를 배경으로 하고 있는데, 그 내용을 간단히 소개하면 다음과 같다.

세도가인 축씨 집안에 영대라는 똑똑하고 예쁜 딸이 하나 있었다. 축영대는 어릴 때부터 글을 읽기 좋아하여 계속 공부를 하고 싶어 했다. 결국, 아버지의 반대를 무릅쓰고 남장을 하고 항저우로 떠나게 된다. 항저우로 가는 길에 축영대는 공부하러 온 서생인 양산백을 만나게 되고, 첫 만남에서 의기투합하여 의형제를 맺고는 항저우에 있는 서원에서 함께 기숙하며 공부를 하였다. 3년이 지난 후 축영대는 자신이 여자라 밝히고 마음을 고백한다. 얼마 후, 어쩔 수 없이 집으로 돌아가게 된 축영대는 헤어질 때, 양산백에게 청혼하러 오라고 당부한다. 양산백은 이후 축영대를 찾아갔지만 이미 부잣집 아들과의 혼사가 진행되는 중이었다. 결국, 양산백은 상사병으로 죽고 남산에 묻히게 된다. 한편 축영대는 신부 행렬이 반드시 남산을 지나야 한다는 조건으로 혼인을 승낙한다. 혼례식 날 신부 행렬이 남산을 통과하던 중, 축영대는 가마에서 내려 양산백의 묘 앞에서 제사를 올린다. 이때 갑자기 양산백의 무덤이 갈라지고 축영대는 무덤 속으로 뛰어든다. 축영대가 들어가자 무덤이 닫히고 나중에 무덤주위에 한 쌍의 나비가 날아올랐다.

양축전설은 중국 전통극, 영화, 드라마, 연극, 음악 등 다양한 장르로 재탄생되어 전해지고 있다. 양축전설이 많은 사람으로부터 사랑받는 이유를 다음과 같은 측면에서 살펴볼 수 있다.

첫째, 사회적 관습과 신분적 차이를 극복하고 진정한 사랑을 추구하는 이야기이다. 이는 동서고금을 통틀어 가장 인기 있는 주제라 할 수 있다. 특히 아름답고도 슬픈 주인공들의 이야기는 깊은 공감과 감동으로써 진정한 사랑의 의미를 다시 한번 되새길 수 있게 하는 힘을 가지고 있다.

둘째, 남녀 간 사랑의 감정을 잘 표현하고 있어 오늘날에도 공감되는 부분이 많다. 예를 들어 양산백과 축영대는 서호(西湖)의 장교에서 이별하는데 서로 헤어지지 못하여 무려 18번이나 다리를 왔다 갔다 하며 밤새워 서로를 배웅한다. 이러한 장면은 사랑에 빠진 남녀의 애틋한 감정을 잘 표현한 것이라 할 수 있다.

셋째, 양산백과 축영대의 비극적인 사랑 이야기를 놀라운 상상력으로써 감동적으로 전달하고 있다. 양산백의 무덤이 열리고 그 속으로 축영대가 들어가자 무덤이 닫혀버렸다는 다소 엽기적이기까지 한 상상은 죽음으로써라도 사랑을 완성하려는 두 사람의 의지를 잘 보여준다. 그리고 무덤가에 한 쌍의 나비가 날아다니는 장면은 양산백과 축영대의 사랑이 영원히 잊혀지지 않을 것임을 상징적으로 보여준다.

(2) 양축 관련 문화콘텐츠

리한샹 감독의 「양산백과 축영대」

민간전설은 한 국가의 문화유산으로서 국민의 정서에 깊이 녹아 있고 시간을 초월하는 보편적 가치를 지니고 있다. 2006년 6월, 중국 정부는 양축전설을 국가급 무형문화유산 목록에 올렸다. 이에 힘입어 양축전설은 영화와 드라마뿐만 아니라 뮤지컬이나 오페라 등의 여러 장르에서 재탄생하고 있다.

드라마로는 「소년 양축」(42집, 2000), 「양산백과 축영대(梁山伯與祝英臺)」(41집, 2007), 「양산백과 축영대」(웹드라마, 2017) 등이 있다. 영화로는 중국 건국 후 최초의 컬러 영화인 「양산백과 축영대」(1953)가 제작된 이래, 수많은 작품이 제작되었다. 이 중, 1962년에 제작된 리한샹(李翰祥) 감독의 「양산백과 축영대」가 유명하며, 1994년에 제작된 쉬커 감독의 「양축」은 한국에서 정식으로 개봉되었다. 그리고 2008년에는 「양산백여축영대: 검접(梁山伯與祝英臺: 劍蝶)」

이름의 무협영화로 만들어지기도 했다.

양축전설은 역사가 오래되었기 때문에 일찍이 민간에서 희극형식으로 공연되었다. 대표적인 것이 '후베이(湖北)-안후이(安徽)-장시(江西)' 지방에서 성행한 가극 '황매조(黃梅調)'이다.

양축전설은 2007년에 뮤지컬「디에(蝶)」로 재탄생하기도 하였다.「디에(蝶)」는 10년간의 구상과 약 4년이라는 제작 기간을 거쳐 제작된 초대형 창작 뮤지컬이다. 2007년 9월 베이징 바오리쥐위안(保利劇院)에서 초연되어 현재까지 하얼빈, 상하이 등 6개 도시에서 170회 이상 공연되었다. 2008년「디에」는 '세계 제2대 뮤지컬 페스티벌'인 한국 대구 뮤지컬 페스티벌에 초대되어 최고상을 받았다. 2010년에는 제13회 '문화상(文華獎)'을 받았다.

양축전설은 관광산업으로 발전하고 있다. 양축전설의 배경이 되는 항저우시에서는 양축전설을 관광문화상품으로 적극 활용하고 있다. 양축전설을 내용으로 한「송성가무극(宋城歌舞劇)」은 화려한 의상, 배경, 조명, 나비쇼 등으로 많은 관광객의 찬사를 자아내고 있다. 그리고 닝보시에는 '양축문화공원(梁祝文化公園)'이 조성되어 있는데, 중국 신혼부부들이 결혼사진 촬영을 위해 많이 방문한다. 양산백 사당과 묘, 그리고 만송서원(萬松書院) 등을 새로이 조성하였고, 양축의 상징인 나비로 다양한 작품들을 전시하여 많은 관광객을 불러 모으고 있다.

장르	제목
드라마	「소년 양축」(42집, 2000)
	「양산백과 축영대」(41집, 2007)
	「양산백과 축영대」(웹드라마, 2017)
	「양산백과 축영대 신전(梁山伯與祝英臺新傳)」(29집, 2017)
뮤지컬	「디에(蝶)」(2009)
영화	「양산백과 축영대」(1953)
	「양산백과 축영대」(1962)
	「양축」(1994)
	「신양산백과 축영대(新梁山伯與祝英臺)」(1995)
	「양산백과 축영대: 검접(梁山伯與祝英臺: 劍蝶)」(2008)

애니메이션	「호접몽: 양산백과 축영대(蝴蝶夢: 梁山伯與祝英臺)」(2003) 대만
	「양산백과 축영대」(2004)
	「월극: 양산백과 축영대(越劇: 梁山伯與祝英臺)」(2015)
	「신양산백과 축영대」(2018)
국내 콘텐츠	『양산백과 축영대』(이나무, 2014) 도서
	이지아·지진희 주연 「설련화」(2015) sbs 드라마

(3) 「양축」 관련 대표 문화콘텐츠, 쉬커(徐克)의 「양축(Butterfly Lovers)」

양축

쉬커가 감독한 영화 「양축」은 양차이니(楊采妮)와 우치룽(吳奇隆)이 주연을 맡았다. 홍콩 금상장(金像獎) 4개 부문에서 노미네이트 되었으며, 음악상을 받았다. 1995년 11월 4일 한국에서도 개봉되었다. 쉬커는 원작의 이야기를 그대로 따라감으로써 새로운 해석을 가하기보다는 관객의 기대를 배반하지 않는 안정적 구조를 취하였다. 하지만 감독의 영화적 상상력 덕분에 옛 술병에 새로운 술을 담았다는 평가를 받았다. 쉬커의 「양축」은 원작의 비극적 감동을 잘 살리면서 영화의 재미를 더한 것으로 평가를 받았다. 쉬커의 「양축」은 양축을 영화화한 작품 중에서 가장 현대화에 성공한 작품으로 평가받고 있다. 쉬커의 「양축」이 거둔 영화적 성공은 3가지 측면에서 거론된다.

첫째, 남녀 주인공의 뛰어난 연기가 인상적이었다. 양산백 역을 맡은 우치룽은 순박하고 진실한 서생의 역할을 잘 소화하였으며, 축영대 역을 맡은 양차이니는 밝고 귀여운 말괄량이 소녀의 모습을 잘 연기하여 좋은 평가를 받았다.

둘째, 영화에서는 원작에 없는 이야기를 추가하여 극적 요소를 부각하였다. 예를 들면, 축영대의 아버지가 축영대를 시집보내려 한 이유는 조정에서 자신의 지위를 공고히 하기 위함이었음이 드러난다. 그리고 축영대가 집안의 반대에도 불구하고 결국 서당에서 공부할 수 있었던 것은 축영대 어머니의 과거 이루지 못했던 꿈이 바로 공부였었다는 점이 밝혀진다.

셋째, 작품의 영상미를 높이기 위해 흰색, 붉은색의 대비, 수평과 사선의 대비 등을 사용하여 눈에 띄는 효과를 만들어 내었다. 그리고 1958년 상하이 음악대학 학생이 작곡하고 연주한 바이올린 협주곡 「양축」을 편곡하여 작품의 배경 음악으로 사용하여 감동적인 분위기를 만들어 내고 있다.

4) 백사전, 우랑직녀, 맹강녀

(1) '백사전, 우랑직녀, 맹강녀' 전설

백사전

중국의 4대 민간전설의 하나인 백사전은 뱀 요괴 백소정과 인간 허선의 사랑 이야기로서 소설, 경극, 영화 등으로 각색되어 중국인들의 많은 사랑을 받아 왔다. 당나라 때 처음 등장한 것으로 알려진 백사전은 이후 시간이 흐르면서 점차 살이 붙고 여러 가지 형태로 변형되어 전해왔다. 대표적인 작품은 청나라의 희극 작가 방성배(方成培)가 지은 『뇌봉탑전기(雷峰塔傳奇)』(1771)이다.

매우 유명한 전설이라 여러 가지 판본이 있고 저마다 내용이 약간씩 다르다. 하지만 백소정과 허선의 만남으로 시작되는 이야기의 전개, 허선과 백소정의 갈등, 백사가 뇌봉탑에서 풀려나는 결말 등과 같은 큰 뼈대는 같다.

백사전은 경극, 곤극 등 전통극의 주제가 되고 수많은 영화와 드라마로 만들어졌다. 그리고 백사전의 배경이 된 항저우 서호에서는 장이머우 감독이 백사전을 주제로 연출 공연한 「인상 서호」를 볼 수 있다. 한편 한국에서는 쉬커 감독의 1993년 작품인 영화 「청사」로 소개된 적이 있는데, 당대 홍콩 영화계를 풍미했던 왕주셴(왕조현)과 장만위(장만옥)이 각각 백사와 청사로 분했다.

우랑직녀

우랑직녀는 BC 5세기 경의 시집인 『시경(詩經)』에 등장하는 이야기이다. 이 이야기는 한국의 민간전설인 견우와 직녀 이야기로도 잘 알려져 있으며, 한나라 말 「고시」 19수에도 등장한다. 이야기는 판본이나 시대에 따라 조금씩 다르지만, 기본적인 이야기는 다음과 같다.

은하수 동쪽에 사는 천제의 딸 직녀는 매일 부지런하게 베를 짜고 하늘의 옷을 만드는 일을 했다. 어느 날, 천제는 그녀가 혼자인 것을 마음 아파하며 은하수 서쪽에 있는 목동인 견우랑과 혼인시켰다. 그러나 결혼 후 직녀가 베 짜는 일을 소홀히 하게 되자 천제는 크게 분노하여 그녀를 다시 은하수 동쪽으로 돌려보냈다. 그리고 매년 7월 7일에만 만날 수 있도록 허락했다. 그러나 은하수에 가로막혀 만날 수 없었다. 이에 까마귀와 까치들이 안타까워하여 하늘로 올라가 머리를 이어 다리를 놓아 주었다. 이 다리를 지나서 두 사람이 만날 수 있게 되었고, 이를 '오작교'라고 부르게 되었다.

맹강녀

'맹강녀'는 원래 '강(姜)씨 성을 가진 집안의 맏딸'을 가리키는 말이었다. 이후 좋은 가문의 훌륭한 여성의 대명사로 쓰이게 되었다. 『시경』에도 여러 번 등장할 정도로 역사가 오래되었다. 하지만 진(秦)나라 이후 맹강녀는 '맹강녀곡장성(孟姜女哭長城)'이라는 전설의 여주인공을 가리키는 말로 굳어지게 되었다. 전설의 내용은 다음과 같다.

진의 시황제는 장성을 건설하기 위해 인부 동원령을 내렸다. 맹강녀의 남편도 결혼한 지 사흘 만에 징용되어 갔다. 맹강녀는 그녀의 남편을 잊지 못하고 눈물로 날마다 지새웠다. 몇 년이 흐른 후, 추운 겨울이 다가오자 맹강녀는 남편을 생각하여 집을 떠났다. 그녀는 솜옷을 손수 만들어서 남편을 찾아 장성에 도착했지만, 이미 남편은 숨을 거두었다는 소식을 듣게 된다. 맹강녀는 대성통곡하며 울었고, 그녀의 울음에 응답이라도 하듯 장성은 무너져 내렸다.

(2) '백사전, 우랑직녀, 맹강녀' 관련 문화콘텐츠

백사전의 경우 청나라 시기에 이미 전설을 활용한 가극이나 고전소설이 창작되어 있었다. 따라서 이에 기반하여 다양한 문화콘텐츠를 만들기가 어렵지 않다.

하지만 우랑직녀나 맹강녀의 경우 짤막한 이야기로만 전해질 뿐이어서 문화콘텐츠를 만들기에 다소 어려운 점이 많다고 할 수 있다.

백사전은 판타지 요소가 풍부하고, 남녀 간의 사랑이나 인과응보 등과 같은 보편적인 내용을 담고 있어 일찍이 다양한 콘텐츠로 창작되었다. 최근 것만 최소 60여 편에 이른다. 드라마로는 「신백낭자전기(新白娘子傳奇)」(50집, 1992), 「천계지백사전설(天乩之白蛇傳說)」(61집, 2018), 「신백사전(新白蛇傳)」(32집, 2021) 등이 있다. 영화로는 1952년 「백사전」을 출발하여 전통 가극 형식의 영화 「백사전·정(白蛇傳·情)」(2021)이 주목을 끌었다. 애니메이션으로는 「백사: 연기(白蛇: 緣起)」(2019) 1부와 「백사2: 청사겁기(白蛇2: 青蛇劫起)」(2021) 2부가 있다.

백사전·정(白蛇傳·情)

「우랑직녀」와 맹강녀는 중국인이라면 모두가 익히 알고 있는 유명한 전설이다. 그러나 편폭이 짧고 현실에 기반한 이야기가 아니라서 이를 콘텐츠화한 작품이 많지 않았다. 하지만 은하수로 가로막힌 견우와 직녀의 애절한 사랑, 맹강녀의 통곡으로 대표되는 지배계층을 향한 민초들의 원한 등과 같은 주제 의식은 다양한 작품의 창작에 영감을 주고 동기를 부여하고 있다. 우랑직녀 이야기는 드라마 「우랑직녀」(38집, 2009)와 영화 「우랑직녀」(2008) 제작에 직간접적으로 영향을 주었으며, 「맹강녀」는 2007년 '문학동네'에서 『눈물』이라는 이름으로 번역 출판된 쑤퉁(蘇童)의 장편소설 『벽노(碧奴)』(2006) 창작의 주요 배경이 되었다.

장르	제목
드라마	「신백낭자전기(新白娘子傳奇)」(50집, 1992)
	「천계지백사전설(天乩之白蛇傳說)」(61집, 2018)
	「신백사전(新白蛇傳)」(32집, 2021)
	「우랑직녀」(38집, 2009)
	「맹강녀」(4집)

영화	「백사전」(1952)
	「백사전·정(白蛇傳·情)」(2021)
	「우랑직녀」(2008)
	「청사」(1994, 홍콩)
	「맹강녀」(1986)
	「맹강녀곡장성(孟姜女哭長城)」(2014)
	「맹강녀」(2015)
애니메이션	「백사: 연기(白蛇: 緣起)」(2019)
	「백사2: 청사겁기(白蛇2: 青蛇劫起)」(2021)
	「백사3: 부생(白蛇3: 浮生)」(2024)
	「맹강녀」(2013)
게임	「H3」(2008) 서유기, 수호전, 삼국지, 봉신연의, 보연등, 백사전, 수당영웅전 등이 합쳐진 하나의 큰 세계관을 배경

(3) '백사전, 우랑직녀, 맹강녀' 관련 대표 문화콘텐츠, 『뇌봉탑』

당나라 시기부터 형성되었던 백사전 전설은 일찍이 다양한 서사 형식의 소설로 재탄생했다. 송나라 때는 『서호삼탑기(西湖三塔記)』라는 화본소설로, 명나라 때는 『백낭자영진뇌봉탑(白娘子永鎭雷峰塔)』이라는 문언소설로 탄생하였다. 이중 현대로 들어와 백사전과 관련된 문화콘텐츠 창작에 가장 많은 영향을 준 판본은 청나라 때 방성배(方成培)가 지은 전기(傳奇) 『뇌봉탑』이다. 이야기의 줄거리는 다음과 같다.

쓰촨성 아미산에서는 백사 백소정과 소청이라는 두 요괴가 살고 있었다. 백소정은 1000년, 소청은 500년을 수행하였으나, 서호의 아름다운 절경에 빠져 수행을 그만두고 인간으로 변신하여 즐겁게 놀고 있었다. 어느 날, 성묘를 다녀오던 허선이 이들을 만나 우산을 빌려주고 집으로 돌려보낸다. 백소정은 허선에게 연정을 품게 되어 결혼한다. 이후, 백소정과 허선은 약방을 차려 많은 사람의 병을 치료하며 함께 행복한 일상을 보낸다. 그러나 진강 금산사의 승려 법해선사는 백소정이 천년 묵은 요괴인 줄 알고 허선에게 경고한다. 결국 백소정과 소청의 정체가 드러나고 이 과정에 허선은 목숨을 잃게 된다. 백소정은 허선을 구하기 위해 선산으로 영지를 구하러 간다. 하지만 도력이 높은 신선 남극선옹과 격렬히 싸우게 되며 이후 허선을 구하기 위해 다시 뇌봉탑으로 돌아간다. 백소정은 법해와의 싸움에서 패배하고, 법해에 의해 봉인 당하게 된다.

방성배의 『뇌봉탑』은 독특하고 매혹적인 판타지적 세계관을 제공한다. 그리고 백소정과 허선의 사랑 이야기와 가족 간의 희생과 헌신이 주요 주제로 다뤄지기 때문에, 보편적이면서도 감동적인 메시지를 전달할 수 있는 장점이 있다. 이러한 특징으로 인해 『뇌봉탑』은 영화, 드라마, 만화 등 다양한 형태의 문화콘텐츠로 끊임없이 새로이 태어나고 있다. 메이란팡(梅蘭芳)의 극본 「단교(斷橋)」, 텐한(田漢)의 극본 「백사전」, 1990년에 제작된 드라마 「신백낭자전기(新白娘子傳奇)」, 1990년대 홍콩에서 제작된 영화 「청사」는 그 이야기의 플롯이 방성배의 『뇌봉탑』을 따르고 있다.

뇌봉탑 이야기

3. 역사 인물

역사 인물은 그들이 살았던 시대에서 미래를 개척하거나, 사회와 문화, 정치 등을 크게 바꿔놓는 역할을 하였다. 그리고 그들의 업적과 사상은 현재까지 이어져 정치, 경제, 사회, 문화 등 다양한 분야에서 영향력을 미치고 있다.

이러한 역사 인물은 문화콘텐츠 창작의 중요한 소재가 되어 영화, 드라마, 만화, 게임, 소설 등 다양한 장르 속에서 새롭게 태어나고 있다. 문화콘텐츠 창작에서 역사 인물은 다음과 같은 역할을 하고 있다.

첫째, 역사 인물은 그들의 삶과 업적을 통해 다양한 이야기와 소재를 제공한다. 관련된 이야기와 소재는 소설, 영화, 드라마, 그림, 음악 등 다양한 예술 형태로 창작될 수 있다. 이렇게 창작된 작품들은 대중들에게 새로운 지식과 경험을 제공하며, 역사적 사건과 인물에 대한 관심을 높인다. 그리고 역사 인물의 이야기는 그들이 겪은 인간적인 감정과 경험을 담고 있어 대중들의 공감과 이해를 유도하며, 현대 사회에서 공감할 수 있는 내용으로 전달될 수 있다.

둘째, 역사 인물의 이야기는 그들이 살았던 시대와 문화, 사회적 배경 등을 반영한다. 이를 통해 작품은 특정 시대의 사회적 변화와 문화적 특징을 재현하거나 비추어내는 역할을 한다. 이는 역사적 맥락을 이해하고 현재와 연결 짓는 데 도움을 줄 뿐만 아니라, 다양한 문화 현상을 이해하는 데에도 도움이 된다. 역사적 인물의 삶과 업적을 이해하는 과정에서 사람들의 역사적 관심과 인식을 높일 수 있으며, 이를 통해 인간과 세계를 더 폭넓게 이해하고 세상을 바라보는 시야를 확장할 수 있다.

중국은 광대한 영토와 오래된 역사 속에서 잦은 정치적 변동과 빈번한 왕조의 교체를 겪었다. 이로 인해 시대별로 수많은 역사 인물이 등장했다. 문화콘텐츠에 자주 등장하는 대표적인 역사 인물로는 진시황제, 한 고조, 한 무제, 당 태종, 명 홍무제, 청의 강희제, 옹정제, 건륭제 등과 같은 역대 제왕들이 있다. 그리고 이들과 함께 여태후, 측천무후, 양귀비, 서태후 등과 같은 여성 권력자들도 자주 등장한다. 이 밖에 노자, 공자, 손자, 귀곡자, 상앙, 여불위, 제갈량, 적인걸, 이백, 포증, 포송령, 악비, 정화, 황비홍, 엽문 등과 같은 철학가, 사상가, 장수와 관료 및 무술인 등도 자주 등장한다. 여기서는 황제로는 진나라의 진시황, 여성으로는 당나라의 양귀비, 관료로는 송나라의 포증, 무술인으로는 청말민초의 황비홍을 소개한다.

1) 진시황

(1) 진시황은 누구인가?

진나라의 31번째 왕이자 첫 번째 황제인 영정(嬴政, BC259~BC210)은 중국을 최초로 통일하였고 황제라는 직위명을 최초로 사용한 인물이다. 진시황은 BC247년 13세의 나이로 즉위하였고, BC221년에 천하 통일을 달성하였다. 통일을 이룬 뒤 제후국에서 실시되었던 군현제를 전국적으로 확대실시하였고 나라마다 조금씩 달랐던 문자를 진나라의 문자로 통일하였으며 도량형, 도로 등도 새롭게 재정비하였다. 전국을 순행하면서 자신의 공적을 기념하기 위해 처음으로 봉선(封禪) 의식을 행하였는데, 태산

진시황 영정

(泰山)에서 하늘에 제사 지내고 양보산(梁父山)에서 땅에 제사를 지냈다. 또한 추역산(鄒嶧山)과 낭야산(琅邪山)에 비석을 세워 공적을 기록하였다. BC210년 음력 7월, 진시황은 전국을 순회하다가 함양으로 돌아가는 도중에 사구(沙丘)에서 50세의 나이로 병에 걸려 죽고 말았다.

진시황의 통일은 중국 역사상 큰 의미가 있으며, 최근에 이러한 의미가 더욱 강조되고 있다. 이는 중화민족 정체성을 확대하기 위해 중국 정부가 강조하고 있는 중화민족공동체 의식 강화와 맞닿아 있기 때문이다.

폭군의 대명사로만 알려졌던 진시황이 역사상 중요한 인물 중 하나로 새롭게 평가받고 있다. 따라서 진시황과 관련이 있는 문화콘텐츠는 중국에서 계속해서

만들어질 것이라 예상할 수 있다. 그리고 진시황과 관련된 이야기는 문화콘텐츠로 창작하기에 다음과 같은 장점이 있다.

첫째, 진시황의 출생과 관련된 의문이 많다는 점을 들 수 있다. 사마천은 『사기』「진시황 본기」에 "진시황제는 진 장양왕(莊襄王)의 아들이다. 장양왕이 진나라의 인질로 조(趙)나라에 있을 때 여불위(呂不韋)의 첩을 보고 반해 그녀를 아내로 맞이해 시황(始皇)을 낳았다."라고 되어 있다. 하지만 「진시황 본기」가 아닌, 「여불위열전」에는 여불위가 장양왕에게 첩을 보낼 때 이미 여불위의 아이를 가지고 있었다고 기록하고 있어, 진시황의 친부가 여불위임을 암시하고 있다. 즉, 출생의 비밀과 관련된 다양한 스토리텔링이 창작될 수 있다.

둘째, 진시황의 역사적 업적과 실정, 그리고 불로불사의 추구는 일찍이 다양한 전설을 탄생시켰다. 예를 들어, 장성의 축조는 맹강녀전설을 만들어 내었고, 황릉의 조성은 지하궁전과 관련된 신기한 이야기가 만들어진 계기가 되었다. 그리고 진시황의 영생에 대한 추구는 서복(徐福)과 관련된 다양한 전설을 탄생시켰다. 이러한 고대 전설은 다양한 장르의 문화콘텐츠 창작의 소재를 제공하고 있다.

(2) 진시황 관련 문화콘텐츠

중국에는 진시황과 관련된 역사적 사료와 전설이 풍부하다. 게다가 중국 정부는 최초로 중국을 통일하여 거대 제국을 건설한 진시황을 강력한 중국의 상징으로 부각하고자 한다. 이러한 이유로 진시황을 제재로 한 영화, 드라마, 도서 및 다큐멘터리가 수없이 제작되었다.

드라마로는 「파청전(巴清傳)」(66집, 2017), 「대진제국지굴기(大秦帝國之崛起)」(40집, 2017), 「진시황」(32집, 2007)(홍콩, 32집, 1986) 「심진기(尋秦記)」(40집, 2001), 「대진부(大秦賦)」(78집, 2020) 등이 있다. 이 중 원제목이 「대진제국지천하(大秦帝國之天下)」인 「대진부」와 「대진제국지굴기」는 역사학자 쑨하오후이(孫皓暉)의 소설 『대진제국』을 바탕으로 제작된 대하사극 드라마이다.

대진부

영화로는 「고금대전진용정(古今大戰秦俑情)」(일명 「진용(秦俑)」, 1990), 「진송(秦頌)」(1996), 「영웅(英雄)」(2002), 「신화(神話)」(2005) 등이 있다. 이 중 「진용」은 홍콩 소설가 리비화(李碧華)의 웹소설을 바탕으로 한 것으로, 공리(巩俐), 장이머우(張藝謀), 위롱광(于榮光)이 주연을 맡았다. 애니메이션으로는 「진시명월(秦時明月)」(2007)이 있다.

진시황과 관련된 도서로는 장펀톈(張分田)의 『진시황전(秦始皇傳)』(2003), 왕리췬(王立群)의 『왕립군독「사기」지진시황(王立群讀「史記」之秦始皇)』(2008), 스징(石靜)의 『진시황전』(2013), 탕하오밍(唐浩明)의 『진시황전』(2013), 리천양(李辰楊)의 『진시황전』(2013) 등이 있다.

장르	제목
드라마	「파청전(巴清傳)」(2017)
	「대진제국지굴기(大秦帝國之崛起)」(2017)
	「진시황」(2007)(홍콩 1986)
	「심진기(尋秦記)」(2001)
	「대진부(大秦賦)」(2020)
	「삼체(三體)」(2023)
영화	「진송(秦頌)」(1996)
	「영웅」(2002)
	「신화」(2005)
	「고금대전진용정(古今大戰秦俑情)」(「진용(秦俑)」, 1990)
	「왕자천하(王者天下)」(2018)
애니메이션	「진시명월(秦時明月)」(2007)
	「진시명월지창해횡류(秦時明月之滄海橫流)」(2020)
	「진협(秦俠)」(2020)

게임	「진시황 온라인(秦始皇Online)」(2009)
	「진시황OL(秦始皇OL)」(2018)
	「진조패업(秦朝霸業)」(2020)
웹소설	『대진제사(大秦帝師)』(2008)
	『대진: 아, 진시황(大秦: 我, 秦始皇)』(2021)
	『대진해귀(大秦海歸)』(2024)
국내 콘텐츠	다큐멘터리「백세의 품격 진시황」(2016)
	도서『진시황 프로젝트』(2008)
	도서『이중텐 중국사 7: 진시황의 천하』(2015)
	도서『진시황의 비밀』(2010)

(3) 진시황 관련 대표 문화콘텐츠, 영화「진용(秦俑, A Terra-Cotta Warrior)」

진용

영화「진용」은 리비화가 쓴 소설 『진용』을 극본으로 한 작품이다. 1990년 4월 1일 홍콩에서 개봉하였는데, 영화「영웅본색」을 제작한 쉬커가 제작하였고, 청샤오둥(程小東)이 감독하였으며, 장이머우와 궁리가 주연을 맡았다. 중국에서의 영화 제목은「고금대전진용정(古今大戰秦俑情)」이다. 동일한 제목의 드라마도 2011년에 중국에서 방영되었다. 한국에서는「진용」이라는 영화 제목으로 1990년 12월에 명보극장에서 처음 개봉되었다. 줄거리는 다음과 같다.

진시황의 무자비한 통치로 백성들은 괴로움을 겪고 있었다. 방사 서복은 진시황의 신임을 얻어내어 동남동녀 500쌍과 함께 동해에 있는 봉래(蓬萊)로 불로장생의 영약을 찾아 떠날 준비를 한다. 한편 진시황을 위험에서 구해낸 적이 있는 무사 몽천방(蒙天放)은 동녀 중의 하나인 한동아(韓冬兒)에게 첫눈에 반하여 사랑하게 된다. 하지만 두 사람은 발각되어 왕을 속인 죄로 처형을 받게 된다. 죽기 전, 동아는 서복이 만든 불로장생의 금단을 몽천방의 입에 넣어주고, 자신은 불에 뛰어들어 죽음을 맞이한다. 몽천방은 온몸에 진흙을 덮어쓴 토용(土俑)으로 만들어져 황릉 속에 갇히게 된다.

　이야기는 갑자기 1930년대로 이동한다. 불에 타 죽었던 동아는 주리리(朱莉莉)라는 삼류 여배우로 환생하게 된다. 주리리는 영화 촬영 중 진시황릉을 도굴하려는 대스타 배우 백운비(白雲飛) 일당과 엮이게 되고, 비행기 사고로 진시황릉에 떨어지게 된다. 이때 불사약을 먹고 지하무덤에서 2000년간 잠들어 있던 몽천방은 부활하게 되고 동아의 환생인 주리리를 만나게 된다. 이후 몽천방은 진시황릉을 도굴하려는 백운비 일당과 싸우게 되며, 이 과정에서 다시 동아를 잃게 된다. 그리고 영화는 다시 1990년대로 이동한다. 일본인으로 환생한 동아가 관광객으로 병마용박물관을 찾게 되고, 영원히 사는 몽천방은 병마용박물관 직원이 되어 계속 진시황릉을 지키고 있다가 동아를 발견하는 것으로 영화는 끝이 난다.

　영화「진용」은 진나라와 중화민국이라는 두 시대를 오가며 주인공들 간의 사랑 이야기를 흥미롭게 그려내고 있다. 진나라가 배경인 영화의 전반부는, 무덤과 궁궐, 밤과 낮, 물과 불 등과 같은 상반되는 속성을 환상적으로 대비하면서 주인공의 충성심, 의리, 사랑, 희생정신 등을 잘 드러내고 있다. 반면, 중화민국 시기가 배경인 영화 후반부는 마치 고증이나 하듯 1930년대를 현실적으로 그려내면서 이 속에서 살아가는 인간들의 세속적 욕망과 이기심, 배신, 회한, 고독의 정서를 강렬하게 담아내고 있다. 영화는 두 역사 시간대의 대비를 통해 2000년을 초월하는 사랑과 희생의 정신을 아름답게 전달하고 있다.

2) 양귀비

(1) 양귀비는 누구인가?

　양귀비(719~756)는 고대 중국의 4대 미녀 중 한 사람으로, 본명은 옥환(玉環)이다. 귀비는 후궁의 순위를 나타내는 칭호이다. 양옥환은 원래 당 현종(685~762)의 며느리였다. 양옥환의 미모에 반한 당 현종은 반인륜적이라는 비난을 무릅쓰고 다양한 방법을 사용하여 며느리를 자신의 후궁으로 삼았다.

　현종은 양옥환을 후궁으로 삼기 위해 우선 아들과 이혼을 시킨 후 그녀를 화산의 도사로 출가시켰다. 그 후 궁 내 도교 사원인 태진궁(太眞宮)을 건설하고 양옥환을 이곳을 관리하는 여관(女冠)으로 불러들였다. 당시 현종은 57세, 양옥환은 22세였다. 양옥환이 27세(745)가 되었을 때 현종의 귀비가 되었다. 현종은 양옥환의 세 오빠에게 높은 벼슬을 주었고 양옥환의 세 자매에게도 한국(韓國), 괵국(虢國), 진국부인(秦國夫人)으로 봉하였다. 현종은 29년간 어진 정치를 펼쳐 '개원의 치(開元之治)'를 이룩한 칭송받는 군주였지만, 양옥환을 귀비로 맞이한 후부터는 정사를 돌보지 않고 방탕한 생활을 하기 시작했다.

756년 7월 15일, '안사의 난'이 일어난 뒤, 난을 피해 도망치던 현종이 마외파(馬嵬坡)에 이르렀을 때, 호위하던 병사들이 소동을 일으켰다. 병사들은 양귀비의 사촌오빠인 양국충을 증오하여 양국충과 국부인들을 처형하였고, 현종에게 양옥환을 죽이라고 요구했다. 현종은 양귀비를 지키려 노력했지만, 결국 그녀에게 자살을 명령했다. 양귀비는 마외파 인근 불당 앞의 배나무에 비단천으로 목을 매어 자결했다. 당시 그녀의 나이는 38세였다.

중국, 대만, 홍콩 등지에서는 양귀비를 소재로 한 영화나 드라마가 많이 제작되었다. 그렇다면 당나라의 국운을 기울게 하는 데 일조하였던 양귀비를 중국인들은 왜 이처럼 좋아하는가. 양귀비를 소재로 한 문화콘텐츠가 많은 이유를 다음과 같은 측면에서 살펴볼 수 있다.

첫째, 당나라 시인 이백과 백거이의 영향이 컸다. 이백은 「청평조(淸平調)」에서 양귀비를 중국 역사상 최고의 미인이라 알려진 조비연보다 아름답다고 칭송하였고, 백거이는 「장한가(長恨歌)」에서 당 현종과 양귀비의 비극적 결말을 지고지순한 비극적 사랑 이야기로 바꿔놓았다. 그 결과 당나라 이후 많은 중국인은 양귀비를 중국 역대 최고 미인으로, 당 현종과 양귀비의 로맨스를 중국의 역사와 문화 속에서 가장 애절한 사랑 이야기로 여기게 되었다.

둘째, 양귀비와 관련하여 다양한 시각이 존재하기 때문이다. 역사는 양귀비로 인해 현종이 정치적인 문제를 겪게 되어 나라를 망친 것처럼 기록하고 있지만, 적지 않은 문헌에서는 그렇지 않은 면도 보여준다. 따라서 양귀비는 요녀로서 나라를 망친 인물인가 아니면 권력투쟁의 희생양인가에 대한 서로 다른 시각이 존재하며, 바로 이러한 점이 후대 문인들의 상상력을 자극하였다.

(2) 양귀비 관련 문화콘텐츠

양귀비는 중국 4대 미인 중에서 생몰연대가 비교적 정확하고 관련 사료가 풍부한 역사 인물이다. 그리고 경국지색으로 당대 최고의 미인이나 결국 비극적 결말을 맞이하는 미인박명의 대명사이기도 하다. 이 때문에 이백과 백거이 같은 당나라 시인은 물론 역대 문인들은 양귀비를 제재로 한 수많은 작품을 남겼다. 그리고 이러한 경향은 지금 이 시대에도 계속 이어지고 있다.

왕조의 여인 · 양귀비

드라마는 「양귀비」라는 제목으로 1976년과 2000년에 각각 20집으로 제작되었으며, 이밖에 「대당가비(大唐歌飛)」(36집, 2003), 「대당부용원(大唐芙蓉園)」(30집, 2007), 「양귀비비사(楊貴妃秘史)」(49집, 2010) 등이 만들어졌다. 영화로는 톈좡좡(田壯壯)과 장이머우 등이 공동 감독한 「왕조의 여인·양귀비(王朝的女人·楊貴妃)」(2013)와 천카이거(陳凱歌)가 감독한 「요묘전(妖猫傳)」(2017) 등이 있다.

양귀비 관련 이야기는 극적인 요소가 많아 일찍이 공연예술로 만들어졌는데, 1956년에 제작된 메이란팡 주연의 경극 「귀비취주(貴妃醉酒)」가 대표적이다. 그리고 시안(西安)의 관광과 결합한 공연예술이 대거 제작되었다. 예를 들어 역사가무극 「장한가(長恨歌)」(2006년부터 공연), 「꿈속의 대당(夢回大唐)」(2019년부터 공연) 등이 있다.

양귀비는 중국 청년 작가들의 창작에 영감을 주는 뮤즈로서의 역할을 하고 있다. 이는 양귀비를 소재로 한 웹소설이 많다는 것에서 잘 드러난다. 유명한 웹소설로 『신판양귀비(新版楊貴妃)』(妖嬈默舞), 『천보풍류(天寶風流)』(水葉子), 『양귀비외전(楊貴妃外傳)』(珞噬心), 『귀비선도(貴妃仙道)』(凰鸞) 등이 있다.

장르	제목
드라마	「양귀비」(1976, 2000)
	「대당가비(大唐歌飛)」(2003)
	「대당부용원(大唐芙蓉園)」(2007)
	「양귀비비사(楊貴妃秘史)」(2010)
	「장안십이시진(長安十二時辰)」(2019)
영화	「양귀비후전(楊貴妃后傳)」(1996)
	「대명궁(大明宮)」(2009)
	「왕조의 여인·양귀비(王朝的女人·楊貴妃)」(2013)
	「요묘전(妖猫傳)」(2017)
애니메이션	「양귀비」(2011)
	「장한가(長恨歌)」(2019)
	「장한가」(2024)
게임	「삼국지 14」 본명 양옥환으로 나옴
	「왕자영요」(2015) 법사 영웅으로 등장
공연예술	경극 「귀비취주(貴妃醉酒)」(1956)
	가무극 「장한가」(2006년부터 공연)
	「꿈속의 대당(夢回大唐)」(2019년부터 공연)
웹소설	『신판양귀비(新版楊貴妃)』(妖嬈默舞)
	『천보풍류(天寶風流)』(水葉子)
	『양귀비외전(楊貴妃外傳)』(珞噬心)
	『귀선도(貴妃仙道)』(凰鷺)
국내 콘텐츠	영화 「양귀비」(1962)
	영화 「천하일색 양귀비」(1962)
	도서 『양귀비』(2020)

(3) 양귀비 관련 대표 문화콘텐츠, 「장한가」와 「꿈속의 대당」

양귀비 관련 다양한 문화콘텐츠 중 관광산업과 연계한 창작 가무극은 눈여겨 볼 필요가 있다. 2007년부터 공연되고 있는 「장한가」와 2019년부터 공연되고 있는 「꿈속의 대당(夢回大唐)」이 바로 그것이다.

역사 가무극 「장한가」는 2006년 산시관광그룹(陝西旅遊集團)이 기획했고 리한중(李捍忠)이 총감독을 맡았다. 원래 「장한가」는 백거이의 장편 서사시이며, 가무극 「장한가」는 이를 기반으로 창작되었다. 「장한가」는 시안의 려산(驪山)에 있는 화청지(華淸池)를 무대로 하고 있는데, 화청지는 양귀비가 온천을 즐기던 곳으로 유명하며, 매년 300만 명의 관광객이 찾는 중국 5A급 관광명소이다.

가무극「장한가」는 당 현종과 양귀비의 사랑 이야기가 주된 내용이어서, 이들의 사랑 이야기를 압축하여 상징하는「장한가」의 한 구절이 특별히 강조된다. 바로 "하늘에서는 비익조가 되기를 원하고 땅에서는 연리지가 되기를 원한다."라는 구절이다. '비익조'는 암수가 한 몸이 되어야만 날 수 있다는 전설상의 새로 사이가 좋은 부부를 상징하고, '연리지'는 뿌리와 가지가 서로 연결되어 있다는 전설상의 나무로 부부의 깊은 애정을 상징한다. 가무극「장한가」는 2007년 4월 7일 첫 공연 있은 이래, 엄청난 규모와 높은 완성도를 자랑하면서 '낮에는 병마용, 밤에는「장한가」공연'이라는 말이 나올 정도로 시안은 물론 중국을 대표하는 문화상품이 되었다.

꿈속의 대당

「꿈속의 대당」은 시안 대당부용원(大唐芙蓉園)의 봉명구천극원(鳳鳴九天劇院)에서 펼쳐지는 대형 가무극이다.「꿈속의 대당(몽회대당)」이란 '꿈속의 당나라로' 즉, "당나라를 다시 한번 꿈에서 되돌아본다."라는 뜻이다. 몽환적인 시와 음악 그리고 무용으로써 당나라 전성기 때의 여러 궁중 모습과 태평성세를 재현하고 있다. 작품은 총 7막으로 구성되어 있다. 서막은 유원경몽(游園驚夢), 제1막 몽환예상(夢幻霓裳), 제2막 몽요진왕(夢邀秦王), 제3막 몽욕화청(夢浴華清), 제4막 몽영서역(夢榮西域), 제5막 몽유곡강(夢游曲江), 제6막 몽회대당(夢回大唐)이다. 시안에 있는 대당부용원은 원래 당나라 시기 황가어원(皇家御院)이었는데, 당나라의 풍모를 전시하는 대형 역사 테마파크로 바뀌었다. 2011년 1월 17일 중국 5A급 관광명소로 지정되었으며 2020년 8월 1일부터 예약 입장은 무료가 되었다. 매년 춘절을 전후해 40여 일간 '중국 꿈'을 주제로 한 등축제를 비롯해서 각종 문화예술행사가 열린다.

3) 포청천

(1) 포청천은 누구인가?

포청천(包靑天, 999~1062)은 청천(靑天)이라는 호칭으로도 알려져 있는데 원래 이름은 증(拯)이다. 중국에서는 청렴한 관리를 대표하는 인물이며, 중국인들은 그를 존경하여 '포공(包公)'이라고 부르고 있다. 포증은 999년에 송나라 여주부(廬州府) 합비현(合肥縣)에서 태어났다. 그는 송나라 시대 진사과에 급제하여 건창현(建昌縣) 관리로 임명되었지만, 부모를 공양하기 위해 사임하였다. 부모가 돌아가신 후에 그는 관직으로 복귀하였는데 정직하고 청렴한 관리가 되기 위해 친척이나 친구들과도 거리를 두고 소박한 생활을 하였다.

송나라의 수도 카이펑에서 "청탁이 통하지 않는 것은 염라대왕 포공이 있어서다."라는 말이 있을 정도로 포증은 남녀노소와 빈부귀천에 구애받지 않고 공평하게 일을 처리하였다고 한다. 그리고 개인적으로도 청렴한 생활을 하였기에 백성들은 그를 '포공' 또는 '포청천'이라 불렀다. 1062년에 포증은 질병으로 세상을 떠났는데, "앞으로 나의 후손 중에서 탐관오리가 나온다면 살아서는 고향으로 돌아오지 못하게 하고, 그들이 죽어서도 포씨 집안의 선산에 묘를 쓰지 못하게 하라."라는 유언을 남겼다고 한다. 중국에서 포증은 문곡성의 현신이라는 설화가 전해진다. 원나라 이후 포증은 민간과 무속의 신으로 숭배되었다. 포증이 죽은 후 5번째 지옥을 주관하는 심판관이 되었다는 전설도 생겨났다.

포증은 생전에 청렴한 관리로 백성들로부터 칭송을 받았으며, 그가 죽은 뒤에도 그 칭송은 계속되었다. 이는 송대 이후 현재에 이르기까지 그를 소재로 한 다양한 문화콘텐츠가 많이 만들어지고 있는 것에서 알 수 있다. 포증을 주인공으로 한 작품으로 명나라 때에는 『포룡도판백가공안(包龍圖判百家公案)』과 『용도공안(龍圖公案)』 등이 있고, 청나라 때에는 『삼협오의(三俠五義)』와 『칠협오의(七俠五義)』 등이 있다. 현대에 들어서는 주로 영화나 드라마로 많이 제작되었다.

이 중 1993년 대만에서 제작한 「판관 포청천」은 1994년 KBS를 통해 인기리에 방영되어 한국에서도 판관 포청천을 누구나 알게 한 계기가 되었다. 포증을 소재로 한 문화콘텐츠가 많이 제작되는 이유는 다음과 같이 몇 가지로 정리할 수 있다.

첫째, 포증의 이야기는 권선징악이라는 뚜렷한 주제 의식 아래 정의와 공정을 전면에 내세우고 있다. 정의와 공정은 오늘날 현대 사회에서도 여전히 중요하게 여겨지는 가치이며, 많은 사람이 이에 공감하고 지지한다. 포증을 다룬 콘텐츠는 이러한 가치를 전달하고 사회적 문제를 탐구하는 데에도 도움을 준다.

둘째, 포증은 중요한 역사적 인물 중 하나로 그의 이야기에는 고대 중국의 정치, 법률, 사회적 문제 등과 관련된 흥미로운 역사 일화가 나온다. 이러한 역사를 배경으로 한 흥미진진한 이야기는 시청자와 독자들에게 매력적인 소재가 되어 콘텐츠 제작에 활용될 수 있다.

셋째, 포증을 둘러싼 여러 인물을 제재로 하여 다양한 이야기를 전개할 수 있다. 포증을 보좌하는 책사 공손책, 그리고 포증을 호위하는 전조를 비롯하여 왕조·마한·장룡·조호 등 개성 있는 인물들이 많아 다양한 스토리텔링을 전개할 수 있다. 특히 어묘(御猫, 황제의 고양이)라 불리는 전조와 오서(五鼠) 백옥당의 이야기는 영화나 드라마로도 많이 제작되었다.

(2) 포증과 관련된 문화콘텐츠

포증은 송나라 이래 중국 민중이 가장 사랑하였던 역사 인물 중의 하나이다. 이는 남송과 금나라 때부터 포증을 주인공으로 한 대중적 경향의 문학작품이 등장하였다는 것에서 알 수 있다. 명나라 때는 수백 권으로 된 화본 소설 『포공안(包公案)』, 『포룡도판백가공안』 등이 나왔으며, 청나라 때는 장편소설 『용도공안』, 『삼협오의』, 『칠협오의』 등이 출판되었다. 현대에 들어서는 전통 시기에 창작됐던 희곡과 소설을 바탕으로 영화, 드라마 등 각종 문화콘텐츠가 셀 수 없을 정도로 많이 만들어지고 있다.

　포청천을 제재로 한 드라마는 타이완, 중국, 홍콩 등 중화권에서 시리즈물로 여러 편 제작되었고, 그때마다 좋은 반응을 얻었다. 예를 들어 「신포청천(新包青天)」(중국, 61집, 2009), 「소년포청천(少年包青天) 1부」(중국, 40집, 2000), 「소년포청천 2부」(중국, 40집, 2001), 「포청천지칠협오의(包青天之七俠五義)」(중국, 40집, 2009), 「포청천지개봉기안(包青天之開封奇案)」(중국, 40집, 2012), 「포청천지벽혈단심(包青天之碧血丹心)」(중국, 40집, 2010), 「신탐포청천(神探包青天)」(중국, 41집, 2015), 「소희골: 소년포청천(小戲骨: 少年包青天)」(중국, 6집, 2020) 등이 있다. 한국에서는 1993년 타이완 중화TV에서 제작한 「판관 포청천」이 1994년 KBS 2TV에서 방영돼 크게 인기를 끌었다.

　포증을 제재로 한 영화는 지금까지 약 500여 편 이상 제작되었다. 가장 이른 작품은 1927년 장둬성(張鐸聲)이 출연한 「이묘환태자(狸猫換太子)」이다. 최근의 작품으로는 쫑칭제(曾慶傑) 감독이 제작한 영화 「신포청천: 혈수고(新包青天之血酬蛊, 2019)」가 있다. 이밖에 「포청천」(1980), 「구품지마관(九品芝麻官)」(1994), 「포청천지오서투어묘(包青天之五鼠鬪御猫)」(2004) 등이 있다.

장르	제목
드라마	「신포청천(新包青天)」(2009)
	「소년포청천(少年包青天) 1부」(2000)
	「소년포청천 2부」(2001)
	「포청천지칠협오의(包青天之七俠五義)」(2009)
	「신탐포청천(神探包青天)」(2015)
	「백미대협지안길이(白眉大俠之安吉爾)」(2024)
영화	「이묘환태자(狸猫換太子)」(1927)
	「포청천」(1980)
	「구품지마관(九品芝麻官)」(1994)
	「포청천지오서투어묘(包青天之五鼠鬪御猫)」(2004)
	「신포청천: 혈수고(新包青天之血酬蛊)」(2019)
애니메이션	「개봉기담(開封奇談)」(2017)
	「소년포청천」(2021)
게임	「포청천지칠협오의(包青天之七俠五義)」(2001)
	「소년포청천」(2023)
	「FC포청천수기판(FC包青天手機版)」(2021)

웹소설	『대송포청천외전(大宋包青天外傳)』(2021)
	『기인진화: 아시신포청천(基因進化: 我是新包青天)』(2023)
국내 콘텐츠	「TV 포청천 1」(1995)
	「판관 포청천 1」(1995)
	『포청천과 청렴정직 문화』(2018)
	연극 「회란기-중국판 솔로몬의 지혜, 포청천」(2023)

(3) 포증 관련 대표 문화콘텐츠, 「판관 포청천」

1994년 10월, KBS 2TV에서 처음 방영되었던 「판관 포청천」은 한국 사람들이 가장 익숙한 '포청천' 관련 문화콘텐츠 중의 하나이다. 「판관 포청천」은 1993년 타이완 중화TV에서 제작한 것으로서 원제목은 「포청천」이다. 이 드라마는 41편 즉, 41개의 주제로 236집으로 제작되었다. 1996년 10월까지 만 2년 동안 방영되었는데, 방영 기간 그야말로 선풍적 인기를 끌었다.

판관포청천 역의 타이완 배우 진차오췬(金超群)

포증은 많은 백성이 존경해마지 않았던 실제 역사 인물이어서 후대로 갈수록 그와 관련된 사건이나 미담은 확대 재생산되었다. 이 때문에 후세 사람들은 포증과 관련이 없는 역사적 사건이나 일화라도 포증을 끌어들여 재미있는 이야기로 재탄생 시켰다. 가장 대표적인 내용이 '이묘환태자' 이야기이다. 이야기는 원래 송 인종이 독살 여부를 확인하기 위해 친모의 관을 다시 열었다는 역사적 사실에서 출발하고 있다. 하지만 이 사건은 포증과는 아무런 관련이 없는 것이었다. 후세 사람들은 음모론에 입각한 재미있는 이야기를 만들었고 이야기의 진실성을 보태기 위해 유명한 역사 인물 포증을 끌어들인 것이다.

이묘환태자 이야기는 궁중에서의 권력 갈등과 선악의 대립을 흥미롭게 다루고 있어 일찍이 중국 문화에 깊은 영향을 끼쳤고, 다양한 예술 작품으로 재해석되었다. 원나라 잡극「금수교진림포장함(金水橋陳琳抱妝盒)」, 명대 소설『포공안(包公案)』, 청대 소설『삼협오의』등에 수록되었다. 그리고 청말 이후에 경극으로 만들어져 공연되었는데, 중화민국 시대에도 큰 인기를 끌었다. 당시 총통 장제스(蔣介石)도 이묘환태자 이야기를 주제로 한 경극을 좋아하였기 때문에, 국민당이 대만으로 철수한 후에 대만의 전통극으로 개작되어 공연되었다고 한다.

「판관 포청천」 제3편 '이묘환태자(12집~18집)'의 줄거리는 다음과 같다.

북송 진종의 황후가 후사가 없이 죽은 후, 유비(劉妃)와 이비(李妃)라는 후궁 간에는 서로 황후가 되려는 권력 투쟁이 일어나게 된다. 유비는 이비의 아들이 황태자가 될까 봐 내감과 공모하여 이비가 아이를 출산할 때 껍질을 벗긴 살쾡이와 바꿔버린다. 괴물을 낳았다고 이비는 쫓겨나고 그녀의 막 태어난 아들은 강에 버려지게 된다. 유비의 아들이 황태자가 되고 유비도 황후로 승격하게 된다. 하지만 우여곡절 끝에 유비 소생의 황태자는 일찍 죽어 버리고, 강에 버려졌다가 궁녀의 도움으로 살아남았던 이비의 아들이 새로운 황태자가 된다. 시간이 흘러 황태자는 황제가 되고, 천주(泉州)로 파견되었던 포증이 이비가 처한 상황을 알아차리고 여러 조사를 통해 이비의 무고를 입증하고 황제의 친모임을 밝혀낸다.

4) 황비홍

(1) 황비홍은 누구인가?

황비홍(黃飛鴻, 1847~1924)은 19세기 후반부터 20세기 초반에 중국에서 활동한 무술가, 한의사, 사자춤 명인, 그리고 항일 운동가이다. 그의 아버지 황기영은 광둥 지역에서 명성을 떨친 10명의 무림 고수들 중 한 사람이었으며, 황비홍은 아버지로부터 홍가권(洪家拳)과 의술을 물려받았다. 홍가권은 속칭 홍권(洪拳)으로 불리기도 하는데 홍희관(洪熙官)이라는 소림의 제자가 창안한 소림권을 기초로 창안한 권법이다. 황비홍은 광둥 포산(佛山) 4대 명인 중 한 사람으로 불리며, 사자춤에도 뛰어나서 '광저우의 사자왕'이라는 별명을 가졌다.

황비홍은 17세 때 광저우에 무관을 세우고 제자들을 가르치기 시작했고, 26세 때 광저우 인안리(仁安里)에 보지림(寶芝林)을 세우고 의술을 베풀어 사람들을 구했다고 한다. 그의 대표적인 제자들로는 양관(梁寬), 임세영(林世榮), 능운계(凌雲

階), 등세경(鄧世瓊), 막계란(莫桂蘭), 임가곤(林家坤) 등이 있다. 능운계와 막계란은 여제자였으며, 막계란은 황비홍의 마지막 아내이기도 하다.

황비홍은 다재다능한 실제 역사적 인물로서, 문화콘텐츠 제작자들에게 많은 영감과 소재를 제공하였다. 이를 구체적으로 살펴보면 다음과 같다.

황비홍

첫째, 황비홍은 무술가, 한의사, 사자춤 명인, 그리고 항일 운동가로서 다양한 면모를 지니고 있다. 이러한 다채로운 이력은 관객들에게 흥미와 호기심을 자극하여 캐릭터의 매력을 높인다.

둘째, 황비홍은 중국의 독립과 자주를 위해 노력한 용맹한 영웅으로 기억되고 있다. 황비홍은 제국주의 국가들에 의해 중국이 식민지화되는 근대 시기에 주로 활동하였다. 이러한 역사적 활동 배경은 스토리텔링에 유리한 조건을 제공할 뿐 아니라 자연스럽게 애국심에 호소하여 관객의 호응을 이끌어 낼 수 있는 장점이 있다.

셋째, 황비홍은 뛰어난 무술가이자 사자춤 명인으로서, 그의 놀라운 무술과 매력적인 사자춤은 시각적으로 매우 흥미로운 장면들을 구성할 수 있다. 이는 액션 요소와 예술적인 요소를 결합함으로써 관객들에게 흥미로운 시각적 경험을 제공할 수 있는 장점이 있는 것이라 할 수 있다.

(2) 황비홍 관련 문화콘텐츠

황비홍은 중국뿐 아니라 타이완에서도 힘없는 민중들을 구한 민족 영웅으로 인식되고 있다. 황비홍과 관련된 수많은 일화는 다양한 문화콘텐츠를 만들 수 있는 제재가 되었고, 21세기에 들어와서도 황비홍의 일대기를 다룬 TV 드라마, 영화 등이 활발히 제작되고 있다.

황비홍에 관한 전설적 이야기는 홍콩의 신문『공상만보(工商晚報)』에『황비홍별전(黃飛鴻別傳)』이 연재되면서 시작되었다.『황비홍별전』이후 황비홍을 제재로 한 창작물에는 『황비홍행각진록(黃飛鴻行脚眞錄)』, 『황비홍강호별기(黃飛鴻江湖別記)』, 『황비홍재전(黃飛鴻再傳)』 등이 있다. 『황비홍재전』은 1947년 5월 1일부터 『성보(成報)』에 4년간 총 1,300집을 연재하였다.

황비홍을 제재로 한 드라마는 「소년황비홍」(30집, 2002), 「인자황비홍(仁者黃飛鴻)」(33집, 2008), 「무적철교삼(無敵鐵橋三)」(40집, 2014), 「황비홍여십삼이(黃飛鴻與十三姨)」(33집, 2005), 「대협황비홍(大俠黃飛鴻)」(15집, 2015), 「황비홍여십삼이」(30집, 1994), 「소년황비홍」(30집, 2002), 「대화황비홍(大話黃飛鴻)」(20집, 2008), 「아계황비홍(我系黃飛鴻)」(20집, 1991), 「황비홍신전(黃飛鴻新傳)」(22집, 1996) 등이 있다.

황비홍을 제재로 한 영화는 1949년 「황비홍전상집지편풍멸촉(黃飛鴻傳上集之鞭風滅燭)」을 필두로 약 100편이 넘는다. 이 중 리롄제(李連杰)가 주연한 「황비홍1: 장지능운(壯志凌雲)」(1991)과 「황비홍2: 남아당자강(男兒當自强)」(1992)이 유명하다. 황비홍을 제재로 한 애니메이션으로는 「신소년황비홍(新少年黃飛鴻)」(36집, 2000)이 있다.

장르	제목
드라마	「황비홍여십삼이(黃飛鴻與十三姨)」(1994)
	「황비홍신전(黃飛鴻新傳)」(1996)
	「소년황비홍」(2002)
	「인자황비홍(仁者黃飛鴻)」(2008)
	「대협황비홍(大俠黃飛鴻)」(2015)
	「소희골: 황비홍(小戲骨: 黃飛鴻)」(2019)
영화	「황비홍전상집지편풍멸촉(黃飛鴻傳上集之鞭風滅燭)」(1949)
	「황비홍1: 장지능운(壯志凌雲)」(1991)
	「황비홍2: 남아당자강(男兒當自强)」(1992)
	「황비홍: 철계투오공(黃飛鴻: 鐵鷄鬪蜈蚣)」(1993)
	「황비홍: 무신임세영(武神林世榮)」(2021)
	「황비홍: 철혈십삼이(鐵血十三姨)」(2024)
애니메이션	「신소년황비홍지용틈편(新少年黃飛鴻之勇闖篇)」(1990)
	「신소년황비홍(新少年黃飛鴻)」(1999)
	「신소년황비홍」(2000)

게임	「황비홍: 철계투오공(黃飛鴻: 鐵鷄鬪蜈蚣)」(1995)
	「황비홍공략(黃飛鴻攻略)」(2023)
웹소설	『무협세계협객행(武俠世界俠客行)』(2021)
국내 콘텐츠	『황비홍 1』(1991)
	『황비홍 2』(1993)

(3) 황비홍 관련 대표 문화콘텐츠, 「황비홍6: 서역웅사(西域雄獅, Once Upon A Time In China And America)」(1997)

황비홍을 주인공으로 한 영화는 일찍이 한국에 소개된 적이 있다. 예를 들어 1979년 큰 사랑을 받았던 성룡 주연의 「취권」이 바로 그러하다. 하지만 작중 주인공의 이름이 황비홍임을 기억하고 있는 사람은 많지 않다. 역사 인물 황비홍을 사람들에게 각인시킨 작품은 아무래도 1991년부터 1997년 사이에 시작된 영화 '황비홍' 시리즈라 할 수 있다. 이 시리즈는 「황비홍1: 장지릉운(壯志凌雲)」(1991), 「황비홍2: 남아당자강」(1992), 「황비홍3: 사왕쟁패(獅王爭霸)」(1993), 「황비홍4: 왕

황비홍6: 서역웅사

자지풍(王者之風)」(1994), 「황비홍5: 용성섬패(龍城殲霸)」(1995), 「황비홍6: 서역웅사(西域雄獅)」(1997) 등으로 이어진다. 1, 2, 3편은 쉬커 감독과 리렌제가 함께한 작품이며, 4편은 위안빈(元彬) 감독과 자오원줘(趙文卓)가 함께한 작품이다. 5편은 쉬커 감독과 자오원줘가 함께했으며, 6편은 홍진바오(洪金寶) 감독과 리렌제가 주연을 했다. 1993년에 왕정 감독과 리렌제가 주연한 「황비홍: 철계투오공(黃飛鴻之鐵鷄鬪蜈蚣, Last Hero in China)」이 있으나 영화의 풍격이 기존의 것과 달라 일반적으로 6편의 시리즈에서 제외한다.

시리즈 영화가 그러하듯 후기에 제작되는 작품은 초기에 제작된 작품보다 참신성이나 완성도가 떨어지는 경향을 보이기도 한다. 1997년 개봉한 「황비홍6:

서역웅사」는 이러한 것을 타파하기 위해 배경을 미국으로 바꾸었고, 이러한 새로운 시도는 나름의 성공을 거둔 것으로 보인다. 영화의 내용은 다음과 같다.

황비홍은 십삼이(十三姨)와 제자 아칠과 함께 보지림 분원 창립 1주년을 기념하기 위해 미국으로 여행을 떠난다. 여행 도중에 황비홍은 죽을 위기에 처한 청년 빌리를 구하게 된다. 하지만 인디언 습격으로 사고가 발생하고 십삼이가 물에 빠진다. 십삼이를 구하려던 황비홍은 사고로 실종되고 기억을 잃게 된다. 황비홍은 인디언에 의해 목숨을 건졌으나 자신이 누군지 알지 못한다. 한편, 십삼이는 황비홍을 찾아가지만, 황비홍이 그녀를 알아보지 못하고 약혼반지를 다른 여성에게 주는 것을 보고는 변심한 것으로 오해한다. 십삼이와 아칠은 인디언들의 권유로 중국으로 돌아가는 마차를 타려고 한다. 이때, 황비홍이 나타나 아칠과 격투를 벌여 기억을 되찾는다.

미국 개척 1주년 기념식에 참가한 십삼이 일행들은 은행 강도 일당을 만난다. 시장은 은행 강도가 훔친 돈을 빼돌리고는 중국인들을 범인으로 몰아 황비홍을 교수형에 처하게 만든다. 강도 일당은 훔친 돈 중 일부를 시장이 빼돌린 것을 알게 되고, 돈을 되찾기 위해 돌아온다. 혼란 속에서 교수형에서 벗어난 황비홍은 아칠, 빌리와 힘을 합쳐 강도 일당을 물리치고 은행 강도 사건의 주범을 잡아낸다. 빌리는 시장을 대신하여 도시의 한 구역을 차이나타운으로 명명하여 중국인과의 친선을 도모한다.

「황비홍 6: 서역웅사」는 화려한 액션과 격투 장면을 보여주고 있다. 특히 황비홍 시리즈에서 잠시 떠나 있었던 리렌제가 황비홍 역으로 다시 출연하여 액션 영화로서의 재미를 한층 더 높여 준다. 그리고 이 영화는 기존의 배경과 주제에서 벗어나 미국으로 눈을 돌림으로써 당시 북아메리카에서 일하는 중국인 노동자들의 삶을 다루고 있는데, 이러한 주제와 배경의 변화를 통해 근대 시기 피식민지 국가로 전락한 중국 국민이 해외에서 겪어야 했던 삶을 이해할 수 있게 된다. 영화는 탄광이나 철도 건설 현장에서 노동 착취와 인종 차별로 고통받는 중국인 노동자의 삶을 상세히 다루고 있다. 그리고 중국인들이 어려운 환경 속에서 어떻게 적응하고 또 성공을 이루어 차이나타운을 형성하게 되었는지를 보여주고 있다.

4. 문학

문학은 언어를 사용하여 인간의 경험과 감정, 사상 등을 표현하는 언어 예술의 한 분야이다. 문학에는 소설, 시, 극, 에세이 등 다양한 장르가 있으며, 인간의 삶과 사회 문제에 관련된 모든 주제를 다룬다. 그리고 문학은 작가의 개인적인 시각과 경험을 반영하여 독자들에게 다양한 감정과 생각을 불러일으키는 역할을 한다. 이러한 문학은 그 자체가 대표적인 문화콘텐츠라 할 수 있으며, 여타 다른 문화콘텐츠 창작의 출발점이 되기도 한다. 문화콘텐츠 창작에 있어 문학의 역할은 크게 두 가지로 개괄할 수 있다.

첫째, 문학은 문화콘텐츠의 세계관과 이야기 창조에 기반을 제공한다. 문학은 작가들이 독특한 차원의 사유와 경험을 언어와 문학 기법을 활용하여 상상력 넘치는 이야기로 창조한 결과물이다. 문학 속 이야기는 영화, 드라마, 게임과 같은 문학 외 기타 문화콘텐츠가 다양한 세계관과 서사구조를 창조하는 데 토대를 제공한다.

둘째, 문학은 다양한 창작수법을 활용하여 문화콘텐츠가 전달하고자 하는 메시지나 감성을 더 깊고 강렬하게 전달하는 역할을 한다. 문학은 텍스트의 구조와 스타일, 인물·사건·배경의 상징성, 인물의 내면 생각과 감정 등을 중시하며, 이를 통해 복잡한 주제와 감정을 미묘하게 표현한다. 영화, 드라마, 게임과 같은 문화콘텐츠는 다양한 문학적 요소를 활용하여 대중들에게 감정적 공감을 유도하고, 콘텐츠 자체의 완성도와 품질을 높일 수 있다.

문학은 편의상 서정문학과 서사문학으로 나누어 살펴볼 수 있다. 중국의 서정문학은 주나라 시대 『시경』의 시, 한나라 때의 악부시(樂府詩), 위진남북조 시기의 고시(古詩), 당나라 시기의 근체시(近體詩), 송나라 시기의 사(詞), 원나라 시기의 곡(曲) 등으로 이어진다. 서사문학은 한나라 시기 역사서인 사마천의 『사기』부터 시작하여, 위진남북조 시기의 지인·지괴소설, 당나라 시기의 전기소설, 송나라 시기의 화본소설, 명청시대의 장회소설 등으로 이어진다. 현재 창작되고 있는 중국의 문화콘텐츠는 상당 부분 이러한 중국 전통 고전문학과 관련이 있다. 중국은 문학에 기반을 둔 문화콘텐츠를 그 어느 나라보다 많이 보유하고 있는 나라이다. 여기서는 지금도 끊임없이 새로운 모습으로 재탄생하고 있는 『삼국지』, 『수호전』, 『서유기』, 무협소설을 중심으로 살펴보고자 한다.

1) 삼국지

(1) 『삼국지』란

통상 '삼국지'라 불리는 『삼국지통속연의』는 184년부터 280년까지 약 100년 동안 일어난 실제 사건을 배경으로 한 대하 역사소설이다. 후한 말 동탁과 십상시(十常侍)들의 농간에 빠져 망해가는 나라를 구하고 한 왕실의 권위를 회복한다는 명분 아래, 각지에서 떨쳐 일어난 영웅들의 이야기이다.

이들 영웅 서사는 촉한을 세운 유비를 중심으로 전개된다. 유비는 관우, 장비, 제갈량, 조자룡 등의 영웅들과 함께 천하를 통일하려 했지만 뜻을 이루지 못했다. 그리고 통일의 대업을 놓고 유비와 경쟁했던 조조와 손권 또한 꿈을 이루지 못한 채 죽음을 맞이한다. 『삼국지통속연의』는 이러한 역사적 내용을 다루면서, 한편으로는 문학적 상상을 통해 살아 있는 듯한 수많은 영웅 형상을 창조하고 있다.

『삼국지』는 명대 나관중의 작품으로 알려져 있으나, 한 개인의 순수 창작물이 아니라 오랜 기간 몇 단계를 거치면서 오늘날의 모습을 갖추게 되었다. 첫 출발은 서진(西晉)의 진수가 집필한 역사서 『삼국지』이다. 역사서 『삼국지』는 너무 간략하여 위진남북조 시기 배송지(裴松之)가 다양한 역사서와 야사 및 잡기를 보충하여 『삼국지주(三國志註)』를 편찬하였다. 이 『삼국지주』에는 일반 백성들이 좋아할 야사와 일화가 많았기 때문에 송나라 때부터 등장한 전문 이야기꾼 설화인(說話人)들이 풀어내는 이야기의 주요 원천이 되었다. 그리고 원나라 때에 이르러 설화인의 이야기 대본을 정리한 『전상삼국지평화(全相三國志平話)』가 출간되기에 이른다.

삼국지

즉, 삼국지 이야기는 『삼국지』(역사서), 『삼국지주(三國志註)』(역사 주), 『전상삼국지평화(全相三國志平話)』(설화인의 대본)이라는 오랜 시간 몇 단계 과정을 거쳐 오늘날 소설 『삼국지통속연의』의 모습으로 탄생하게 되었던 것이다. 청나라 학자 장학성(章學誠)은 대략 7할의 사실과 3할의 허구라는 평을 내리기도 했다.

『삼국지연의』가 한국에 들어온 시기는 16세기 초, 중엽쯤으로 추정된다. 판소리 「적벽가」 등에서 살펴지듯 조선 시대에 한국만의 독자적인 『삼국지』관이 형성되었던 듯하다. 『삼국지』 한국어판은 알려진 것만 20여 종에 이른다. 이 중 정비석, 이문열, 장정일, 황석영이 번역 혹은 번안한 『삼국지』가 유명하다. 『삼국지』는 2018년 한국 교수 405명이 뽑은 추천하는 책 6위, 다시 읽고 싶은 책 2위에 선정되기도 했다.

『삼국지』는 "세 번 이상 읽지 않은 이와는 상대를 하지 말라"는 말이 만들어졌을 정도로 동양 최고의 고전이자 필독 도서로 인정받는 소설이다. 그리고 『삼국지』는 소설 외에 다양한 문화콘텐츠로 끊임없이 재탄생되고 있다. 이처럼 『삼국지』가 사랑받는 이유는 다음과 같이 정리할 수 있다.

첫째, 『삼국지』는 인생 교과서로 독특한 가치를 지니고 있다. 『삼국지』에는 1,233명에 이르는 다양한 인물이 등장하고 있으며, 사람 사는 원리의 모든 예를 담고 있다. 그중에서도 의리, 정치, 권모술수, 지략 등 다양한 요소들이 흥미로운 방식으로 전개되어 갖가지 인간사를 생생하게 보여준다. 즉, 『삼국지』는 다양한 인간 유형과 세상사를 펼쳐 보여줌으로써 사람들에게 인생의 교훈을 전달해 준다. 『삼국지』의 이러한 특징은 다른 문화콘텐츠로 확장 가능성을 열어두고 있다.

둘째, 『삼국지』는 분열과 혼란의 시대를 극복하고자 하는 영웅들의 이야기를 담고 있다. 각자 나라를 세운 유비, 조조, 손권과 같은 인물은 물론이고, 관우, 장비, 조자룡 등과 같은 인물들은 나라를 구하고 천하를 안정시키려는 대의를 위해 전장에서 영웅적인 행동을 한다. 이들이 싸움터에서 출중한 무예를 뽐낼 때, 대중들은 환호하며 관련된 영웅담을 확대 재생산한다. 즉, 『삼국지』는 전쟁, 무예, 영웅, 지략 등과 같은 대중들이 좋아하는 요소를 갖춘 전형적인 문화콘텐츠 원형이라 할 수 있다.

셋째, 『삼국지』는 충과 효, 그리고 인의예지신과 같은 동양적 가치관을 재미와 감동으로 전달하고 있다. 춘추시대의 공자에 의해 정립된 유가사상은 한나라를 거치며 통치 이데올로기로 자리 잡았으며, 송과 명대를 거치면서 동양적 철학 세계관으로 진화해왔다. 『삼국지』에는 한나라 이후 민간으로 전파된 유가적 가치관이 깊이 투영되어 있는데, 제갈량이나 관우와 같은 인물들이 오늘날에도 충신의 모범상으로 여겨진 것은 이와 같은 맥락에서 이해할 수 있다. 다시 말해, 유가 사상으로 대표되는 동양적 가치관이 사회적 효용성과 가치를 지니는 한, 『삼국지』의 이야기는 앞으로도 계속 모든 계층에서 사랑받을 수 있을 것이라 예상할 수 있다.

(2) 『삼국지』 관련 문화콘텐츠

중국 고전문학 중에서 문화콘텐츠로 가장 많이 활용되고 있는 작품이 바로 『삼국지』이다. 『삼국지』를 기본내용으로 하는 영화, 드라마, 게임 등은 셀 수 없을 정도로 많으며 앞으로도 계속 만들어질 것이라 예상된다.

『삼국지』는 드라마의 경우 50~100부작에 이르는 대하 장편드라마가 제작되는 경우가 많았다. 드라마는 『삼국지』라는 원작의 방대함을 표현하기에 적절하다 할 수 있다. 하지만 『삼국지』의 내용이 너무 방대하여 드라마라 할지라도 모든 등장인물과 사건을 다루면 내용이 산만해지는 경향이 있었다. 최근 제작되는 드라마는 과거처럼 『삼국지』 전체를 재현하려는 욕심을 버리고, 영화처럼 특정 사건이나 인물에 집중하는 경향을 보이고 있다. 대표작으로는 「삼국연의(三國演義)」(84집, 1994), 「무성관공(武聖關公)」(28집, 2004), 「신삼국(新三國)」(95집, 2010), 「조조(曹操)」(42집, 2015), 「무신조자룡(武神趙子龍)」(49집, 2015), 「일통삼국(一統三國)」(40집, 2016), 「대군사사마의지군사연맹(大軍師司馬懿之軍師聯盟)」(42집, 2017), 「대군사사마의지호소용음(大軍師司馬懿之虎嘯龍吟)」(44집, 2017), 「삼국기밀지잠룡재연(三國機密之潛龍在淵)」(54집, 2018) 등이 있다.

1905년 상영된 중국 최초의 영화 「정군산(定軍山)」은 『삼국지』의 황충(黃忠)과 하후연(夏候淵)이 전투를 벌인 정군산 전투를 배경으로 하고 있다. 중국 영화의 출발은 바로 『삼국지』로부터 시작되었던 것이다. 「정군산」 이래, 『삼국지』가 원작인 수많은 영화가 제작되었다. 최근의 영화 작품 중 사람들에게 익숙한 영화는 오우삼 감독의 「적벽대전」이라 할 수 있다. 그런데 『삼국지』의 내용이 방대하고, 영화의 경우 시간제한이 있어, 『삼국지』를 배경으로 하는 영화는 특정 사건이나 인물에 집중하는 경향을 보이고 있다. 대표작으로는 「삼국지견룡사갑(三國之見龍卸甲)」(2008), 「관운장(關雲長)」(2011), 「동작대(銅雀臺)」(2012), 「진삼국무쌍(眞·三國無雙)」(2021), 「삼국지신해(三國志新解)」(일본, 2020) 등이 있다.

삼국지견룡사갑

『삼국지』는 개성이 넘치는 난세의 영웅들이 중국의 각 지역에서 할거하여 자웅을 겨루는 것을 주된 내용으로 삼고 있다. 따라서 『삼국지』는 그 속성상 게임적 요소를 다분히 지닌 문화콘텐츠라 할 수 있다. 이는 한 달에 1~2개씩 새로운 게임이 나오거나 새로운 버전이 나오고 있다는 것에서 알 수 있다. pc게임/아케이드 게임으로는 진삼국무쌍 시리즈, 삼국지 무장쟁패 시리즈가 있으며, 모바일 게임으로는 「그랑삼국」이 있다.

이 밖에 일찍이 출판계에서도 『삼국지』를 주목하고 있었다. 경영학, 정치학, 심리학, 처세학 등 다양한 방면에서 불었던 『삼국지』 관련 출판 붐이다. 예를 들어 『삼국지 경영학』, 『심리학으로 읽는 삼국지』, 『삼국지 처세학』, 『만화 삼국지 처세술』, 『삼국지 인간력』, 『삼국지 인물통치학』, 『판세를 읽는 승부사 조조』, 『공자에게 사람됨을 배우고 조조에게 일하는 법을 배우다』, 『조조처럼 대담하라』, 『사람을 품는 능굴능신의 귀재 유비』, 『마음을 움직이는 승부사 제갈량』 등이 있다.

장르	제목
드라마	「삼국기밀지잠룡재연(三國機密之潛龍在淵)」(2018)
	「대군사사마의지호소용음(大軍師司馬懿之虎嘯龍吟)」(2017)
	「대군사사마의지군사연맹(大軍師司馬懿之軍師聯盟)」(2017)
	「일통삼국(一統三國)」(2016)
	「조조」(2015)
	「무신조자룡(武神趙子龍)」(2015)
	「회도삼국(回到三國)」(2015)
	「무성관공(武聖關公)」(2004)

영화	「진삼국무쌍(眞·三國無雙)」(2021)
	「삼국지신해(三國志新解)」(일본, 2020)
	「조조-황제의 반란: 동작대(銅雀臺)」(2012)
	「관운장(關雲長)」(2011)
	「적벽대전」(2008)
애니메이션	「삼국연의」(2009)(중일합작)
게임	코에이 테크모 삼국지 시리즈
	진삼국무쌍 시리즈
	「그랑삼국」
	「킹덤스토리」
	난「세삼국지」(亂「世三國志」)
	「구대삼국지Online(口袋三國志Online)」
웹소설	『삼국지촉한재래(三國之蜀漢再來)』
	『장간지기략삼국(蔣干之棋略三國)』
국내 콘텐츠	고우영 삼국지 세트(2판, 전10권, 고우영, 애니북스, 2019)
	『삼국지 경영학』
	『심리학으로 읽는 삼국지』
	『삼국지 처세학』
	『만화 삼국지 처세술』
	『삼국지 인물통치학』
	『판세를 읽는 승부사 조조』
	『공자에게 사람됨을 배우고 조조에게 일하는 법을 배우다』
	『조조처럼 대담하라』
	『사람을 품는 능굴능신의 귀재 유비』
	『마음을 움직이는 승부사 제갈량』

　『삼국지』는 개성이 넘치는 난세의 영웅들이 중국의 각 지역에서 할거하여 자웅을 겨루는 것을 주된 내용으로 삼고 있다. 이러한 줄거리는 제작된 게임에서의 중요한 요소가 된다. 게임은 매체, 도구, 방법 등에 따라 PC 게임, 모바일 게임, 콘솔 게임, 아케이드 게임 등으로 나뉘는데, 『삼국지』는 이 모든 장르의 게임에서 가장 많이 활용되고 있는 문화원형 콘텐츠라 할 수 있다.

　『삼국지』 관련 게임은 중국, 일본, 한국, 대만 등 동아시아 모든 국가에 유행하고 있는데, 이는 『삼국지』라는 고전소설의 문화적 영향력이 얼마나 대단한 것인지 잘 보여주는 일례라 할 수 있다. 한 가지 특이한 점은 원조국 중국보다 일본에서 주로 제작되고 출시되었다는 것이다. 이는 2000년대 전까지만 해도 중국에는 정치와 경제는 물론, 사회문화적으로 사회주의적 요소가 많이 남아 있었던 것과 관련이 있다. 2001년 중국이 세계무역기구(WTO) 가입 이후 중국 사회가 전반적으로 자본주의화하면서 게임산업 또한 본격적으로 태동하였던 것으로 보인다.

(3)『삼국지』관련 대표 문화콘텐츠, 게임산업

『삼국지』를 제제로 한 게임은 오래전부터 제작되었다. 『삼국지』관련 주요 게임을 간단히 소개하면 다음과 같다.

코에이 테크모 삼국지 시리즈

일본의 '코에이 테크모'에서 개발하고 발매하는 역사 전략 시뮬레이션 게임이다. '삼국지'는 코에이 테크모의 가장 오래된 주력 타이틀이며, 1985년 「삼국지 1」이 출시되었고, 2020년 「삼국지 14」가 출시되었다. 『삼국지』관련 게임 중 가장 역사가 오래되고 대표적인 게임 상품이라 할 수 있다. 「삼국지 1」부터 「삼국지 4」까지는 MS-DOS 플랫폼 기반으로 운용되었고, 「삼국지 5」부터는 플랫폼을 윈도우로 바꾸어서 운용되고 있다. 「삼국지 4」부터 파워업키트(PK)라는 확장팩이 별도 패키지로 출시되고 있다.

코에이 테크모의 삼국지시리즈는 『삼국지』관련 대표 게임이기는 하지만, 가격이 비싸고 후반부 플레이가 지루하고 쉽다는 단점이 지적되곤 한다. 그리고 새로운 시리즈가 발매될 때 운영 시스템이 일관성 부재하다는 불평 또한 많다. 동북아 3국에서 모르는 사람이 없는 『삼국지』라는 고전이 지닌 명성과 코어 팬덤에 의지해 시리즈를 유지하고 있다는 비판을 받기도 했다.

진삼국무쌍 시리즈

코에이 테크모의 「전국무쌍」, 「건담무쌍」 등과 같은 무쌍 시리즈 중의 하나로 2000년 발매되었고, 2021년 12월 시리즈 8까지 나왔다. 『삼국지』관련 게임 중에선 2000년 이후 가장 많은 인기를 끈 콘텐츠라 할 수 있다. 진삼국무쌍은 처음에는 플레이스테이션 2(PS2)용으로 처음 발매되었고, 이후 가정용 게임기, 휴대

진삼국무쌍9

용 게임기, PC용 등으로도 다양하게 제작되고 있다. 2023년에는 모바일 수집형 액션 RPG 게임으로 발매되었다.

진삼국무쌍은 정교한 그래픽과 주인공 캐릭터들이 한 번에 수백 명의 적을 제압하는 과장된 액션으로 유명하다. 화려하고 호쾌한 액션으로 인해 진삼국무쌍은 액션을 좋아하는 유저들 사이에서 큰 사랑을 받았다. 한때 일본에서는 가장 많은 판매량을 기록하며, 한국과 중국에서도 광범위하게 알려졌다. 이러한 인기에 힘입어 2016년 10월에는 실사 영화화가 결정되었고, 2021년에는 왕카이(王凯), 한경, 구텐러(古天樂), 류자링(劉嘉玲) 등이 주연으로 출연하는 「진삼국무쌍」이라는 이름의 영화가 개봉되기도 했다.

그랑삼국과 킹덤 스토리

「그랑삼국」은 중국의 YOOZOO 게임즈에서 개발하고 배급하는 모바일 수집형 RPG 게임이다. 한국에서는 2020년 6월에 출시되었는데, 한때 유튜브, TV 광고에 도배될 정도로 광고가 거센 게임이었다. 캐릭터 생성 시 '남, 여' 2가지 종류의 캐릭터 생성이 가능하며, 캐릭터를 생성하면 중국 특유의 과장이 돋보이는 강력한 모습을 한 주인공이 등장한다. 「그랑삼국」은 공성전 시스템을 도입한 RPG 게임이며, 개성이 넘치는 영웅들을 수집하고 육성할 수 있다. 「그랑삼국」 공식카페는 가입 멤버 수만 10만 명이 넘는다고 한다.

「킹덤 스토리」는 한국의 피크네코(현재는 소프트닉스와 합병)에서 개발하고 소프트닉스에서 운영하는 모바일 RPG 게임으로서 2016년에 출시되었다. 자신이 선택한 세력 소속의 장수들을 육성하여 시나리오나 PVP 등의 전장에 출진시키는 것이 게임의 기본이다. 귀여운 캐릭터와 개그 코드를 기반으로 하여 30~40대 남성 유저들에게 인기를 얻고 있으며 전 세계 이용자가 200만을 넘는다고 한다.

2) 서유기

(1) 『서유기』란

『서유기』는 100회에 이르는 명나라 시기 장편소설로서, 당나라의 승려 삼장법사가 불경을 가지러 천축국까지 갔다 온 역사적 사실을 토대로 하고 있다. 소설은 삼장법사가 서역으로 가는 길에 제자 손오공, 저오능(저팔계), 사오정을 만나고, 그들과 함께 '81가지의 시련'을 거친 끝에 마침내 불경을 가지고 돌아온다는 이야기를 담고 있다. 『서유기』의 이야기는 크게 세 단락으로 구성되어 있다.

첫 번째 단락은 손오공의 탄생 배경에 관한 이야기로 이루어져 있다. 화과산 돌 알에서 태어난 손오공은 도술을 배워 72가지 변신술을 습득한다. 아무도 대적할 수 없는 도술로 용궁과 저승세계를 소란케 한 손오공은 천궁에서도 소란을 일으키다가 결국 부처님에게 제압당해 오행산 아래에 갇히게 된다.

두 번째 단락은 삼장법사와 관련된 이야기로 이루어져 있다. 삼장법사는 원래 진광예라는 선비의 아들이었다. 진광예는 과거에 급제 후 관리가 되어 부임 길에 올랐는데 도중에 강도를 만나 살해되고 그의 아내는 납치된다. 임신 중이었던 진광예의 아내는 아이를 살리기 위해 거짓으로 강도와 결혼하였고, 출산 후 갓난아이를 바로 강에 떠내려 보낸다. 강에 버려진 아이는 금산사 법명화상(法明和尙)의 도움을 받아 살아남게 되며, 18세가 되던 해에 현장이라는 법명을 받는다. 그 후 현장은 태종의 지시를 받아 '삼장'이라는 아호를 얻고 서천으로 불경을 구하러 떠나게 된다.

세 번째 단락은 서천 길에서 벌어지는 '81가지 난'에 관한 이야기로 이루어져 있다. 삼장법사는 손오공, 저팔계와 사오정을 제자로 삼아 함께 불경을 구하러 서역으로 나아간다. 이 과정에서 수많은 요괴를 만나게 되며, 결국 81가지의 난을 극복하고 마침내 서방정토에서 불경을 획득하여 태종에게 바친다. 마지막에는 석가여래의 도움으로 모두가 부처가 되는 것으로 끝맺게 된다.

소설 『서유기』의 작가는 오승은(吳承恩, 1500~1582)으로 알려져 있다. 하지만 소설 『삼국지』와 마찬가지로 한 개인의 순수 창작물이 아니라 오랜 기간 몇 단계를 거치면서 오늘날의 모습을 갖추게 되었던 것으로 보인다. 오승은이 당나라 시기의 『대당서역기(大唐西域記)』, 송나라 시기의 『대당삼장취경시화(大唐三藏取經詩話)』 등의 고사와 민간에 전해오던 각종 설화, 전설들을 집대성하여 소설 『서유기』를 완성하였던 것으로 보아야 할 것이다.

『서유기』의 이야기가 한국에 소개된 시기는 고려말로 추정된다. 이는 고려시대 역관들의 중국어 교과서인 『박통사언해(朴通事諺解)』에 『서유기평화(西遊記平話)』의 한 대목이 실려 있는 것을 통해 알 수 있다. 『서유기』 한국어판은 대부분 아동용의 다이제스트 버전이며, 10권 분량의 원전을 번역한 『서유기』는 몇 종류 되지 않는다. 1993년에 동반인출판사에서 『진본서유기』라는 제목으로 처음 출간하였으나 지금은 절판되었다. 2004년 서울대학교 서유기번역연구회에서 번역하고 솔출판사에서 출간한 『서유기』가 가장 많이 보급된 것으로 알려져 있다. 그리고 연변인민출판사 번역팀에서 번역하고 현암사에 출간한 『서유기』는 상당히 유려한 문체로 번역된 것으로 평가받고 있다.

『서유기』는 소설 외에 다양한 문화콘텐츠로 끊임없이 재탄생되면서 수많은 사람의 사랑을 받고 있다. 사람들이 『서유기』를 좋아하는 이유를 몇 가지 측면에서 살펴볼 수 있다.

첫째, 이야기 자체가 지니는 깊은 상징성을 들 수 있다. 삼장법사 일행이 겪는 다양한 고난들은 대부분 요괴로 인한 것인데, 이 요괴들은 바로 천상에 있을 당시 선한 존재들이었다. 조그만 실수나 욕심 때문에 지상에 내려와 인간을 해치는 존재로 바뀐 것이다. 그런데 이 요괴들은 많은 측면에서 인간 내면에 내재된 욕망이 투사된 것으로 이해된다. 따라서 이러한 요괴의 등장은 독자에게 익숙한 듯하면서도 새로운 재미를 안겨준다. 독자들은 요괴들이 개과천선하는 과정을 통해 자연스럽게 자신을 되돌아보는 경험을 하게 된다.

둘째, 삼장법사를 비롯한 손오공, 저팔계, 사오정과 같은 개성 넘치는 등장인물들이 만들어 내는 재미를 들 수 있다. 『서유기』 이야기 속 갈등은 단순히 삼장법사 일행과 이들을 막아서는 요괴들과의 관계 속에서만 발생하고 있지 않다. 고지식함과 욕심 때문에 요괴의 꾐에 쉽게 빠지는 삼장과 저팔계가 있고, 이를 간파하고 막으려는 지혜로운 손오공이 있다. 이들 사이에는 언제나 숨은 갈등이 존재하는데, 『서유기』의 이야기는 이들의 갈등을 풍자와 해학으로 풀고 있어 작품의 재미와 다채로움을 더하고 있다.

셋째, 『서유기』에서 나타나는 다양한 에피소드는 문화콘텐츠로서 확장될 가능성을 대거 포함하고 있다. 예를 들어 천궁을 어지럽히는 손오공의 이야기로 나타나는 '천상과 지상의 대결'은 운명과 자연의 폭력에 대항하여 승리하고자 하는 인간의 역사를 담고 있어 다양한 이야기로 변주될 수 있다. 그리고 손오공의 '변신술'과 '요괴와의 전투', '여행을 통한 성장' 등은 보다 나은 존재로 변화하고자 하는 인간의 욕망을 투영하고 있을 뿐 아니라 게임적 요소가 풍부하여 다양한 문화콘텐츠로 활용될 수 있다.

(2) 『서유기』 관련 문화콘텐츠

중국 사대기서 중 『삼국지』만큼 익숙한 것이 바로 『서유기』이다. 천축국으로 가는 길에 겪은 다양한 에피소드로 연결이 되어있는 『서유기』의 이야기 구조는 원래 연속극 형식으로 제작되기 쉬운 장점이 있다. 이 때문에 일찍이 장편 드라마로 많이 제작되었는데, 「서유기」라는 이름으로만 1982년, 1986년, 1996년, 2010년에 각각 25집, 41집, 30집, 52집으로 제작되었다. 그리고 이밖에 「신무협 서유기」(15집, 1997), 「손오공 새로운 전설」(10집, 2018, 뉴질랜드, 호주제작), 「서유기후전(西游記後傳)」(30집, 2000) 등이 있다.

풍부한 상상력, 개성 넘치는 주인공, 뚜렷한 선악의 대결 등과 같은 극적 요소로 인해 『서유기』는 일찍이 영화화되었다. 그런데 영화는 시간 제약으로 인해 대부분 『서유기』이야기 전체를 가져오지 않고 한 부분만을 취하거나 현대에 맞게 재구성하는 경우가 많다. 작품으로는 1966년 작 「서유기」를 필두로 「서유기지여아국(西游記之女兒國)」(2018), 「서유기지손오공삼타백골정(西游記之孫悟空三打白骨精)」(2016), 「서유기지대료천궁(西游記之大鬧天宮)」(2014), 「대화서유1: 월광보합(大話西游1: 月寶盒)」(1994), 「대화서유2: 선리기연(大話西游2仙履奇緣)」(1994), 「서유·항마편(西游·降魔篇)」(일명 「서유기 모험의 시작」)(2013) 등이 있다. 이 중 저우싱츠(周星馳)가 주연을 하거나 감독하였던 「서유쌍기(월광보합, 선리기연)」와 「서유항마(서유기 모험의 시작)」가 유명하다. 최근 중국에서는 컴퓨터그래픽의 발전에 힘입어 다양한 판타지 영화가 제작되고 있는데 이 중에는 「몽키킹」과 같은 『서유기』를 소재로 한 영화가 많다. 그러나 그래픽만 현란할 뿐 작품성은 떨어지는 경우가 많다.

손오공, 저팔계, 사오정과 같은 개성 넘치는 캐릭터, 초능력을 이용한 악당 소탕, 스승을 모시고 떠나는 모험 등은 일찍이 어린이용 애니메이션으로 제작되기에 적합하였던 것으로 보인다. 아시아 첫 장편 애니메이션 「철선공주」(1941)가 『서유기』의 이야기인 것이 이를 잘 증명해 준다. 『서유기』를 소재로 한 애니메이션은 아주 많으며, 이 중 대표적인 것으로 「대료천궁(大鬧天宮)」(1964, 3D 복원판 2012), 「서유기지대성귀래(西游記之大聖歸來)」(2015), 「화염산역험기(火焰山歷險記)」(2013), 「최후일부경서(最後一部經書)」(2014) 등이 있다. 그리고 한국의 「날아라 슈퍼보드」, 일본의 「드래곤볼」 등도 유명하다.

『서유기』는 판타지의 주요 소재가 되어 이를 배경으로 한 웹소설 또한 많다. 『아화대성시형제(我和大聖是兄弟)』(流笑笑), 『서유설(西游說)』(悲歌唐三藏), 『중생서유지만계요존(重生西游之萬界妖尊)』(會魔法的小猪), 『중생서유지최강천병(重生西游之最强天兵)』(三角田七), 『최종서유(最終西游)』(大話神精病) 등이 있다.

검은신화: 오공

게임으로는 2024년에 발매된 「검은신화: 오공」이 대표적이다. 「검은신화: 오공」은 2025년 1월 1일에 발표한 「2024 스팀 어워드」 '올해의 게임' 부문에서 최종수상작으로 선정되었다. 또 '내가 못하는 최고의 게임'과 '압도적인 스토리를 자랑하는 게임' 부문에서도 수상하였다.

장르	제목
드라마	「서유기후전(西游記後傳)」(30집, 2000)
	「서유기」(20/30집, 1996)
	「서유기」(25집, 1982)
영화	「서유기지여아국(西游記之女兒國)」(2018)
	「서유기지손오공삼타백골정(西游記之孫悟空三打白骨精)」(2016)
	「서유기지대료천궁(西游記之大鬧天宮)」(2014)
	「서유·항마편(西游·降魔篇)」(2013)
	「대화서유1: 월광보합(大話西游1: 月光寶盒)」(1994)
	「대화서유2: 선리기연(大話西游2: 仙履奇緣)」(1994)
애니메이션	「서유기지대성귀래(西游記之大聖歸來)」(2015)
	「최후일부경서(最後一部經書)」(2014)
	「화염산역험기(火焰山歷險記)」(2013)
게임	「검은신화: 오공」(2024, 중국, Game Science, 액션 RPG)
	차이나 게이트 서유기(오락실용). 에브리 서유기(모바일용) 「Enslaved: Odyssey to the West」 등
	「서유기」(1988, 일본)
	「대성귀래(大聖歸來)」(2019)
웹소설	『아화대성시형제(我和大聖是兄弟)』
	『서유설(西游說)』
	『중생서유지만계요존(重生西游之萬界妖尊)』
	『중생서유지최강천병(重生西游之最強天兵)』
국내 콘텐츠	『날아라 슈퍼보드』(허영만, 가디언, 2021)
	애니 「날아라 슈퍼보드」
	웹툰 「이말년 서유기」(2014, 애니북스)
	학습만화 『마법천자문』(북이십일, 2003)

(3) 『서유기』 관련 대표 문화콘텐츠, 「서유항마(서유기 모험의 시작)」

『서유기』는 손오공의 탄생 과정, 삼장이 서역으로 불경을 가지러 가게 된 연유가 밝혀진 것을 제외하면 대부분 서행 길에 만난 요괴를 퇴치하는 이야기들로 구성되어 있다. 대부분 『서유기』 문화콘텐츠는 손오공이 주인공으로 등장하는 데

서유항마

비해, 「서유항마」는 삼장이 주인공으로 등장하며, 손오공과 저팔계 그리고 사오정이 어떠한 인연으로 삼장의 제자가 되었는가에 집중되어 있다. 줄거리는 다음과 같다.

재가 불제자 현장은 요괴를 물리치는 퇴마사이다. 그런데 퇴마 방법이라 해봐야 겨우 '동요 300수'를 불러 요괴의 동심을 일깨워 악한 마음을 교화하는 것일 뿐이다. 그래서 현장은 퇴마 과정에서 번번이 실패하며 다양한 어려움에 부딪히게 된다. 한편 전문 퇴마사인 단소저는 현장의 진실한 마음에 이끌려 애정을 표현한다. 그러나 퇴마사로서 책임을 우선시하려는 현장은 단소저의 사랑을 거부한다. 퇴마에 실패한 현장은 자신의 무능함을 자책하며 낙심한다. 이때 현장의 스승은 오지산에 봉인된 손오공을 찾아가 도움을 청하라고 조언한다. 그러나 현장이 봉인 해제한 손오공은 교활하기 짝이 없었고, 단소저를 포함한 많은 퇴마사를 죽여버린 뒤 현장마저 죽이려 든다. 절체절명의 위기 상황에서 단소저가 찢어버렸던 '동요 300수'가 '대일여래진경'으로 재편집되어 현장을 각성시키게 된다. 현장은 '대일여래진경'의 힘으로 손오공을 제압한 뒤 제자로 거두게 된다.

「서유항마」는 지금까지의 『서유기』 이야기와 많은 차이점을 지니고 있다. 이 차이점이 「서유항마」만의 영화적 성공을 이끌어낸 핵심 동력이라 할 수 있다. 「서유항마」의 뛰어난 점을 요약하면 다음과 같다.

첫째, 『서유기』 원작의 이야기를 지금 이 시대에 맞게 창조적으로 파괴하여 재창조하였다. 삼장을 단순한 승려가 아닌 세상의 평화를 어지럽히는 요괴를 퇴치하는 퇴마사로 묘사함으로써 다소 수동적 인물로 묘사되던 삼장을 적극적 주인공으로 재탄생시켰다. 그리고 무엇보다 『서유기』 주제의 창조적 파괴가 눈에 띈다. 원작 소설 『서유기』의 주제는 주인공 손오공(孫悟空)의 이름에서 드러나듯, '공'의 깨달음이다. 그런데 「서유항마」는 이 공의 깨달음에 방해가 되는 중요한 집착 중의 하나인 '사랑의 감정'을 주된 주제로 내세우고 있다.

남녀 간 사랑의 진정한 깨달음을 통해 보편적 사랑으로 나아가는 것이 「서유항마」의 핵심 주제이다. 「서유항마」가 소설 원작의 주제를 그대로 답습하여 '공'의 깨달음을 강조하였다면, 흥행에 큰 성공을 거두지 못했을 뿐만 아니라 작품의 완성도 또한 기대에 미치지 못했을 가능성이 크다. 왜냐하면, 진정한 사랑의 깨달음이 공의 깨달음보다 더욱 대중적인 주제임이 분명하고, 영화의 높은 작품성은 많은 부분 새로운 것의 추구 여부에 달려 있기 때문이다.

둘째, 기존의 익숙한 유명 영화를 노골적이면서도 절묘하게 활용하여 영화적 재미를 배가시키고 있다. 다시 말해 영화적 클리셰를 잘 비틀면서, 동시에 패러디, 오마주 등을 잘 활용하고 있다. 감독 저우싱츠 본인의 영화는 물론 기타 홍콩 영화, 일본 영화, 서부 영화 등 유명한 영화 속 장면과 음악을 그대로 빌려 쓰고 있지만, 영화에 녹아들게 창조적으로 활용하고 있다.

예를 들어 영화 「중경삼림」 속에 등장하는 사랑의 유효기간에 관한 언급하고 있다. 영화에서 "사랑에 유효기간이 있다면 나는 만년으로 하고 싶다"라는 구절을 "만년은 너무 길어요. 지금 바로 사랑해 주세요."라는 말로 바꿔 단소저의 사랑을 위한 희생을 강조하고 있다. 그리고 영화의 주제 음악인 「일생소애(一生所愛)」는 저우싱츠의 앞선 「서유기」 영화 「서유쌍기(선리기연, 월광보합)」에 나온 주제곡을 그대로 사용하고 있으나 여주인공 단소저 역을 맡은 슈치(舒淇, 서기)가 독창함으로써 그 절절함을 배가시키고 있다. 이 밖에 손오공의 거대 고릴라 변신 장면은 만화 『드래곤볼』의 손오공이 거대 원숭이로 변하는 장면과 같으며, 영화의 말미에 나오는 석가모니 부처가 손오공을 제압하는 장면은 영화 「쿵푸허슬」에서 나오는 여래신장 장면과 유사하다. 「서유항마」는 이러한 패러디 장면을 적재적소에 활용하여 영화적 재미를 배가시키고 있다.

3) 수호전

(1) 수호전이란

『수호전』은 역사적으로 실제 있었던 송나라 말 화북지역에서 송강(宋江)이 주도한 농민반란과 강남지역에서 방랍(方臘)이 주도한 농민반란을 배경으로 한 소설로서 『삼국지』, 『서유기』, 『금병매』와 함께 중국 사대기서 중 하나이다. 흔히 사람들은 『수호전』을 '수호지(水滸志)' 혹은 '수호지(水滸誌)'라 일컫는데, 이는 『삼국지』, 『초한지』 등에 익숙한 결과 습관적으로 붙인 명칭이 굳어진 것이라 할 수 있다. 원래 '지(志)'는 역사 사건을 기록하는 문체를, '전(傳)'은 인물의 전기를 기록하는 문체를 가리키는 말이기 때문에 108명의 호걸의 일생을 다룬 수호는 『수호전』이라 하는 것이 맞다. 또 '지(誌)'는 기록을 의미하기도 하고 문학작품을 가리키기도 한다.

수호전

이야기의 도입부는 북송 인종 시대부터 시작된다. 역병이 창궐하자 인종은 태위 홍신에게 용호산에서 수도하고 있는 장진인을 찾아가 역병을 물리칠 기도를 올리라는 어명을 내린다. 그런데 홍신은 외출 중이었던 장진인을 조용히 기다리지 않고 이곳저곳을 구경하다가 '복마지전'이라는 현판이 걸린 전각을 발견한다. 그리고 호기심을 이기지 못하고 복마전에 봉인되어 있던 36천강과 72지살이라는 108 마성(魔星)을 풀어버린다. 장진인은 인종에게는 문곡성(文曲星)과 무곡성(武曲星)이 있어 인종 당대에는 108 마성이 발호하는 일은 없을 것이나 후세에 나타나게 될 것이라 경고한다.

『수호전』의 이야기는 이러한 108 마성이 봉인에서 풀려난 뒤, 북송 말기 휘종 때의 이야기로 본격적으로 전개된다. 황제는 무능하여 간신을 가까이하고 충신을 멀리하자 세상은 혼란해진다. 이때 과거 봉인이 해제되었던 108 마성들이 108 호걸들로 현세에 태어나고 양산박을 근거지로 삼아 지배계층의 폭정 대항하는 새로운 세력으로 성장하게 된다.

『수호전』의 전반부 이야기는 108 호걸 중 주요 인물인 무송, 노지심, 임충, 양지 등을 중심으로 한 영웅담으로 이어진다. 중반부 이야기는 108 호걸의 맏형 격이 되는 송강을 중심으로 108 호걸들이 양산박에 결집하고 조정에 대항하여 일어서는 내용으로 이루어져 있다. 후반부 이야기는 판본에 따라 조금씩 차이가 나지만 100회 본의 경우, 양산박 호걸들이 조정에 귀순하여 사면을 받은 뒤 요나라와 방랍의 난을 토벌하는 내용을 담고 있다.

『수호전』은 일반적으로 원나라 말 시내암이 원작을 쓰고, 명나라 초 나관중이 보완했다고 알려져 있다. 그러나 『수호전』도 『삼국지』, 『서유기』와 마찬가지로 한 개인의 순수 창작물이 아니다. 첫 출발은 『송사』 등에 기록이 남아 있는 실제로 일어났던 '송강의 난'이며, 이것이 전설화되어 남송·원의 2대를 통해서 강담(講談)이나 연극의 재료가 되었다. 이 과정에서 『대송선화유사(大宋宣和遺事)』라는 화본소설이 만들어졌고, 원말 시내암이 이를 기본으로 당시 각종 설화와 전설을 집대성하여 소설 『수호전』을 완성하였던 것이라 할 수 있다.

『수호전』이 언제 한국에 처음 소개되었는지는 정확히 알 수 없다. 유학을 숭상하던 조선시대는 소설을 잡학으로 치부했었고 특히나 반정부 세력을 미화한 『수호전』의 이야기는 공개적으로 소개될 수 없었음을 예측할 수 있다. 하지만 조선시대는 명나라와 활발한 문화교류가 있었기 때문에 당시 사대부 지식인 사회에 『수호전』 이야기가 많이 알려져 있었던 것으로 예상할 수 있다. 현재 국내에서 가장 많이 읽히는 『수호전』은 이문열이 편역을 해서 출판한 10권짜리 『이문열 평역 수호지』이다. 이밖에 2021년 문예춘추사에서 국내 최초 『수호전』 완역본인 김팔봉 역의 『수호지』를 38년 만에 재출간하였다. 2012년 10월에 글항아리에서 방영학과 송도진이 번역한 김성탄의 70회 판본을 6권짜리 『수호전』으로 번역해서 출간했다. 1990년 12월에 청년사에서 연변대학의 조선족 역자들이 번역한 120회본 『수호전』을 『신역 수호지』라는 제목으로 출판했으나, 판권이 소멸되어 현재 유통되지 않고 있다.

『수호전』이 세상이 나온 이래 역대 통치자들은 반란을 미화한 작품이라 금서로 지정하곤 했다. 하지만 아직도 많은 사람이 『수호전』의 이야기를 즐기며, 『수호전』은 다양한 문화콘텐츠로 재생산되고 있다. 『수호전』은 약 3가지 이유로 사람들로부터 사랑을 받고 있다.

먼저 『수호전』은 최초의 장편 무협소설이라 일컬어질 정도로 무협적 요소가 풍부하다. 108명의 영웅호걸들이 의형제를 맺고 조정의 폭정에 항거하여 자신의 목숨을 걸고 '하늘을 대신하여 도를 행하고(替天行道)' '충과 의를 온전히 온전하게(忠義雙全)' 하려는 협객행을 보여준다. 이러한 무협적 요소는 생나무를 뿌리째로 뽑아버리는 노지심과 호랑이를 맨손으로 때려잡는 무송의 이야기를 통해 더욱 재미를 더한다.

둘째, 『수호전』은 충과 의라는 동서양의 보편적 덕목을 상호 모순적 관계로 설정하여 흥미롭게 펼쳐 보여주고 있다. 『수호전』의 충과 의는 상황에 따라 서로 갈등을 일으킬 수 있다. 예를 들어 양산박의 영웅들이 의리를 지키기 위해서는 나라에 불충해야 되며, 나라에 충성하기 위해서는 양산박 형제들 간의 의리를 저버려야 하는 일이 생겨나는 것이다. 이 모순 간의 갈등이 수호전의 흥미를 불러 일으키고 오늘날 많은 사람이 사랑하게 된 주요 요인이라 할 수 있다.

셋째, 다양하고 매력적인 영웅 형상을 펼쳐 보여준다. 『삼국지』의 경우 귀족 출신 영웅호걸을 중심으로 전개되는 이야기인 것에 반해 『수호전』은 국가 권력에 반항하는 사람 특히 일반 백성 출신의 영웅들이 많이 등장한다는 특징이 있다. 『수호전』에는 108명의 다양한 영웅들이 등장하는데, 이들 영웅은 출신성분과 경력이 모두 달라 인물별로 다양한 에피소드를 간직하고 있다. 그리고 이들은 개성이 아주 풍부하여 캐릭터별로 다양한 문화콘텐츠를 만들 수 있다는 장점이 있다.

(2) 『수호전』 관련 문화콘텐츠

『수호전』은 권력의 불의에 무력으로 맞서는 영웅호걸들의 이야기를 담고 있어 무협적 요소가 많다. 이러한 이유로 『수호전』은 무협 영화의 성행과 함께 일찍이 드라마와 영화로 만들어졌다. 특히 『수호전』은 양산박에 모인 108 영웅들의 인물별 에피소드가 많아 장편의 드라마 시리즈로 제작하기 좋은 조건을 가지고 있다. 중앙방송판(央視版)이라 불리는 「수호전」(43집/80집, 1998)이 제일 유명하며, 이밖에 산둥판(山東版) 「수호전」(40집, 1983), 「무송(武松)」(50집, 2013), 「소희골수호전(小戲骨水滸傳)」(10집, 2018), 「낭자연청(浪子燕青)」(35집, 2005) 등이 있다.

영화의 경우 등장인물이 너무 많아 임충, 무송, 노지심 등과 같은 주요 인물의 이야기를 중심으로 제작되었다. 1950년 「표자두임충(豹子頭林冲)」을 필두로 수많은 영화가 제작되었다. 대표적인 작품으로 「청면수양지(青面獸楊志)」(2006), 「낭자연청」(1984), 「수호전지지취생진강(水滸傳之智取生辰綱)」(2017), 「소선풍시진지전세보장(小旋風柴進之傳世寶藏)」
(2017)「수호전지영웅본색(水滸傳之英雄
本色)」(1993), 「풍마노지심(瘋魔魯智深)」
(2018), 「표자두임충」(2019), 「임충지풍
설산신묘(林冲之風雪山神庙)」(2019), 「임
충지백호당(林冲之白虎堂)」(2019), 「무
송징간기(武松惩奸記)」(2019) 등이 있다.

수호지 for Kakao

『수호전』은 『삼국지』처럼 전투장면
이 많아 일찍이 게임의 소재가 되었다. 일본 코에이(koei)사의 시뮬레이션 게임
인「수호전: 천명의 맹세」와「수호전: 천도 108성」등이 1980년대 말에 발매
되었다. 이밖에「수호연무」, 「수호지 for Kakao」, 「환상수호전」시리즈 등이
있다.

『수호전』의 개성 넘치는 영웅들의 이야기는 상상력을 자극하기 때문에 웹소
설도 성행하였다. 인기가 많은 작품으로는『췌서(贅婿)』(憤怒的香蕉), 『수호구생
기(水滸求生記)』(他来自江湖), 『수호축록전(水滸逐鹿傳)』(任鳥飛), 『대송호도부(大
宋好屠夫)』(祝家大郎), 『대송적최강환고자제(大宋的最强紈絝子弟)』(灰頭小寶2) 등
이 있다.

장르	제목
드라마	「소희골수호전(小戲骨水滸傳)」(2018)
	「무송(武松)」(2013)
	「낭자연청(浪子燕青)」(2005)
	앙시판(央視版)「수호전」(1998)
	산둥판「수호전」(40집, 1983)
영화	「표자두임충(豹子頭林冲)」(2019)
	「임충지풍설산신묘(林冲之風雪山神廟)」(2019)
	「임충지백호당(林冲之白虎堂)」(2019)
	「무송징간기(武松惩奸記)」(2019)
	「수호전지지취생신강(水滸傳之智取生辰綱)」(2017)
	「소선풍시진지전세보장(小旋風柴進之傳世寶藏)」(2017)
	「청면수양지(青面獸楊志)」(2006)

애니메이션	「수호전」(2011)
게임	「수호난투(水滸亂鬪)」
	「전민수호란투판(全民水滸亂鬪版)」
	「수호Q전(水滸Q傳)」
웹소설	『췌서(贅婿)』
	『수호구생기(水滸求生記)』
	『수호축록전(水滸逐鹿傳)』
	『대송호도부(大宋好屠夫)』
국내 콘텐츠	고우영『수호지』(전 20권)
	이문열 평역『수호전』(전 10권)

(3)『수호전』관련 대표 문화콘텐츠,『고우영 수호지』(전 20권, 2007, 자음과모음)

만화『수호지』의 작가 고우영(1938~2005) 화백은『삼국지』,『열국지』,『십팔사략』,『초한지』등 중국 역사와 고전소설을 만화로 옮긴 작가로 유명하다. 고우영이 중국 역사와 고전소설을 만화로 옮긴 작품 중에서 가장 대표적인 것은『수호지』이다. 고우영의『십팔사략』과 함께 중국어로 번역되어 수출되었다. 고우영의『수호지』는 두 가지 판본이 있다. 하나는 1973년부터 1974년까지『일간스포츠』에 연재한 부분을 우석출판사에서 1979년에 5권으로, 1999년에는 전체 3권으로 출판한 것이다. 다른 하나는『스포츠 투데이』에서 1998년부터 2001년까지 연재한 부분을 자음과 모음 출판사에서 전체 20권으로 출판한 것이다. 자음과 모음 출판사 판은 1998년 작가가 새로이 연재를 시작하면서『수호지 2000』이라는 제목으로 다시 새롭게 그린 작품이다.

고우영 수호지

'우석출판사' 판이나 '자음과 모음 출판사' 판이나 모두『수호전』의 전부를 담고 있는 완성판이 아니다. 이는 연재가 중단되었기 때문이다.『일간스포츠』에서 연재가 중단된 것은 만화의 내용이 군인이나 정부 관료를 부정적으로 묘사했다는 이유로 군사독재 정권 시절의 심의를 통과하지 못했기 때문이었다. 『스포츠투데이』에서 연재한 것 또한 중단되었는데 이는 작가의 건강상의 문제 때문이었다. 자음과 모음 출판사 판 전체 20권은 원본 스토리 전체분량의 1/3에 해당한다.

고우영의 『수호지』가 완성본이 아님에도 지금까지 많은 사람이 기억하고 또 즐겨 읽는 작품이 된 것은 다음과 같은 이유 때문이다.

첫째, 원작에 충실하면서 원작 이야기의 핵심을 잡고 집중화시켜 재미를 증가시켰다. 보통은 원작에 충실하면 이야기가 늘어져 지루해지기 쉬운데, 고우영은 거시적 관점에서 이야기를 조망하여 흐름을 유지하면서 동시에 구체적이고 핵심적인 내용을 끄집어내어 흥미롭게 이야기를 이어나가고 있다. 고우영은 소설적 서사를 만화적 서사로 가장 완벽하게 옮긴 작가라 할 수 있다. 이러한 고우영의 능력 덕분에 『수호지』는 국내에서는 원작보다 훨씬 많은 독자를 확보할 수 있었다.

둘째, 『수호전』에 등장하는 108 영웅들의 개성이 잘 드러나는 캐릭터를 완성하였다. 이 캐릭터의 완성에는 고우영만의 날렵하면서 간결하나 강렬한 붓터치가 한몫을 했다. 그리고 고우영은 지역 사투리 혹은 특정 말투를 활용하여 각 캐릭터에 어울리는 대사를 부여하였고, 이를 통해 각 캐릭터의 특색을 부각시켰다. 등장인물들의 선명한 개성 덕분에 독자들은 2차원에 갇혀 있는 각각의 캐릭터를 쉽게 구별하고 이해할 수 있게 되며, 캐릭터들의 매력에 빠져들 수 있게 된다.

셋째, 작가의 원작에 대한 깊은 이해, 인간과 사회에 대한 깊은 통찰을 들 수 있다. 고우영 만화의 특징은 만화 컷에 인물의 대사만 있는 것이 아니라 작가의 해설이 많다는 점이다. 고우영의 해설은 마치 전지적 작가의 시점에서 캐릭터들의 심리를 해석하고 행동을 평가하고 있는데, 이는 원작 속 등장인물과 작품 속 배경을 깊이 있게 분석하고 연구한 결과라 할 수 있다.

넷째, 과거와 현재를 넘나드는 상상력과 풍자정신이 가득하다. 이야기 중간중간 오늘날 문물과 이야기가 등장하여 현실을 빗대어 풍자하기도 한다. 예를 들어 급히 말을 타고 달리는 장면을 경찰 싸이카를 타는 것으로 묘사하거나 탐관오리를 비판하는 장면에서는 오늘날 정치인들의 행태로 풍자하는 경우가 있다. 이 중술에 취해 반역의 마음을 담은 시를 적는 송강을 그린 컷에서는 "취흥이 도도하여 하늘이 돈짝만 하게 느껴진 거라"는 작가의 해석과 함께 하단에 별 두 개가 달린 군모를 쓴 박정희를 그려 놓았는데, 이후 이 장면은 박정희를 찬양하는 사람이나 미워하는 사람 모두의 구설수에 휩싸이기도 했다고 한다.

4) 현대 무협소설

(1) 무협소설의 역사와 주요 작가

중국 최초의 무협소설은 당나라 시기에 발전하였던 전기소설(傳奇小說)에서 비롯되었다. 『규염객(虯髥客)』, 『곤륜노(崑崙奴)』, 『섭은랑(攝隱娘)』 등과 같은 전기소설은 편폭이 짧고 독자가 귀족 사대부 계층에 한정되어 있었다는 점에서 본격적 무협소설이라 부르기에 부족하였지만 무협적 요소만은 풍부하였다. 그리고 무협소설은 명나라 시기『수호전』, 청나라 말 석옥곤(石玉昆)의 『삼협오의(三俠五義)』과 『칠협오의(七俠五義)』 등을 거치면서 이야기는 장편화되었고 독자층 또한 점차 일반 대중들로 확대되었다.

현대적 의미의 무협소설은 신해혁명 이후 중국이 근대화 과정에서 큰 내홍을 겪었던 시기에 탄생하였다. 무협소설의 본격적인 출발점은 1923년이다. 평강불초생(平江不肖生, 본명 향개연(向愷然) 샹카이란, 1890~1957)이 『강호기협전(江湖奇俠傳)』(1923)을, 조환정(趙煥亭, 자오환팅, 1877~1951)이 『기협정충전(奇俠精忠傳)』(1923)을 비슷한 시기에 각각 발표하여 시작되었다. 이후 수많은 작가의 작품이 세상에 선보였다. 중화인민공화국 성립 후 중국 내에서 금지되었던 무협소설은 이후 타이완이나 홍콩으로 옮겨가 새로운 발전을 이룩했다. 특히 1950~1970년대 워룽성(臥龍生), 진융(金庸), 량위성(梁羽生), 구롱(古龍) 등의 신파 무협 소설가의 등장과 함께 새로운 전성기를 맞이하였다. 신파 무협은 고전 무협소설의

진융

전통을 이어받았을 뿐만 아니라 서구문예 창작수법을 받아들여 무협소설의 문학성을 높였다.

국내 최초의 중국 무협소설은 1961년 김광주가 『경향신문』에 타이완 작가 웨이츠원(尉遲文)의 『검해고홍(劍海孤鴻)』이라는 소설을 『정협지』라는 이름으로 번역 연재한 것에서 시작되었다. 그리고 1966년 워룽성의 『옥차맹(玉釵盟)』이 『군협지』란 이름으로 번역되어 최고의 인기를 누렸다. 이후 워룽성의 모든 작품이 번역되어 소개되었고, 홍콩, 타이완의 인기 무협소설은 모두 워룽성 작품이라는 타이틀을 걸고 번역되었다.

무협소설이 성행하자 질 낮은 무협소설이 마구잡이로 번역되었고 함량 미달의 국내 모방작 또한 쏟아져 나왔으며, 이들 작품은 무협지란 이름으로 주로 만화 대본소용으로 공급되었다. 이 때문에 한때 무협소설은 수준 낮은 대중문화의 대명사로 인식되기도 하였다. 그러다 1986년 고려원 출판사에서 진융의 『사조영웅전』을 『영웅문』이라는 이름으로 번역 출판하였다. 이 작품의 선풍적인 인기로 대본소 무협지를 떠올리는 기존의 무협소설에 대한 선입관이 점차 사라지게 되었다.

1990년대 이후 영화, 게임 등과 같은 다양한 대중문화의 발달과 보급으로 무협소설은 이전처럼 그 전성기를 누릴 수 없게 되었다. 하지만 역설적으로 무협소설을 대체한 대중문화 장르 속에서 무협의 이야기는 더욱더 많은 인기를 누리고 있다. 진융, 량위성, 구룽 등의 무협소설은 해마다 영화, 드라마, 만화, 게임 등 다양한 장르로 재탄생하고 있다. 무협 이야기는 다음과 같은 몇 가지 이유로 대중으로부터 사랑을 받고 있다.

첫째, 무협소설은 현실에서 좀처럼 찾기 힘든 정의의 승리를 통쾌하게 보여준다. 무협소설 속의 협객은 자신이 지닌 출중한 무예로써 불의한 지배계층에 맞서며 악의 세력을 응징한다. 지배계층의 권력 남용으로 약탈당하고 고통을 받아 왔던 피지배계층의 관점에서 보자면 협객의 이러한 협객행은 모두가 간절히 바라는 것들이다. 즉, 무협소설은 단순하고 빠른 스토리 전개, 인과응보와 사필귀정의 명확한 주제, 명료한 결말 등을 통해 약자와 민중의 이상을 대변해주며 대리만족을 가져다준다.

둘째, 무협소설은 무술 수련 과정을 통해 육체적으로나 정신적으로 성장하는 주인공의 이야기를 보여줌으로써 육체와 생명에 대한 강한 긍정과 불굴의 의지에 대한 찬사를 녹여내고 있다. 독자는 육체와 정신이 이상적으로 만나는 상상의 공간에서 무협소설의 묘미를 느끼고 이에 몰두하게 된다. 뿐만 아니라 무협소설 속 수많은 문파의 다양하고 특색 있는 무예는 독특한 시각적 상상을 불러일으키며, 화려하고 통쾌한 액션은 예술적 쾌감을 선사한다.

셋째, 무협소설은 인간의 본능적 욕망과 동양의 전통사상인 유불도(儒佛道) 사상을 유기적으로 결합하여 정신적 만족을 자아낸다. 우선, 성, 폭력과 같은 인간의 원초적 본능을 윤리적 테두리 안에서 자극하고 만족시켜 준다. 사람들은 영웅호색이라는 미명 아래 미녀로 둘러싸인 협객을 비난하지 않으며, 오히려 낭만적이라 생각한다. 그리고 협객이 악당을 응징할 때 무자비할수록 더욱 박수를 보낸다. 그리고 동시에 무협소설은 유가의 이타적 사회관, 도가의 내면 중심적 가치, 불가의 초월 정신을 소박하게 해석함으로써, 동양의 전통적인 가치관을 현대 독자들에게 명료하게 제시하고 있다.

(2) 무협소설 관련 문화콘텐츠

최근 중국 정부의 문화검열이 심화되자 드라마나 영화 제작사는 무협소설을 다시 주목하고 있다. 무협소설은 강호라는 가상세계를 배경으로 하고 있어 검열에서 비교적 자유로울 수 있으며, 대중성이 검증된 무협소설 작품인 경우 최소 투자로도 손익분기점을 넘을 수 있기 때문이다. 예를 들어 대중성이 검증된 진융의 『사조영웅전』, 『신조협려』, 『의천도룡기』, 『천룡팔부』, 『소오강호』, 『벽혈검』, 『녹정기』 등과 량위성의 『백발마녀전(여도 옥나찰)』, 구롱의 『절대쌍교』와 『초류향』은 매년 드라마와 영화로 제작되고 있다. 진융의 몇몇 작품만 예를 들면 다음과 같다.

「사조영웅전」: 1983(59집), 1994(35집), 2003(42집), 2008(50집), 2017(52집) 2024(60집)

「신조협려」: 1976(59집), 1983(50집), 1984(18집), 1995(32집), 1998(23집), 2004(dvd 40, vcd 48, tvb 36집)

「신신조협려(新神雕俠侶)」(50집 2019)

「천룡팔부」: 1990(20집), 1997(45집), 2003(40집), 2013년(DVD 54집, 湖南衛視版38집, 浙江衛視版42집), 2021(50집)

「의천도룡기」: 1978(25집), 1984(34집), 1986(40집), 1994(64집), 2001(36집), 2003(40집), 2009(40집), 2019(50집)

장르	제목
드라마	「사조영웅전」(1983, 1994, 2003, 2008, 2017, 2024)
	「천룡팔부」(1982, 1990, 1997, 2003, 2013, 2021)
	「의천도룡기」(1984, 1994, 2001, 2003, 2009, 2019)
	「소오강호」(1985, 1996, 2000, 2001, 2013) 「신소오강호」(2018)
	「신조협려」(1984, 1995, 1998, 2004, 2019)
영화	「의천도룡기: 구양신공」(2022) 「천룡팔부: 교봉전(天龍八部之喬峰傳)」(2023) 「사조영웅전: 협지대자(射雕英雄傳: 俠之大者)」(2025) 「소오강호」(2025) 「신조협려: 문세간(神雕俠呂: 問世間)」(2025)
국내 콘텐츠	『사조영웅전』(세트 8권, 김용, 김용소설번역연구회, 김영사, 2020)
	『천룡팔부』(10권, 김용, 이정원 역, 김영사, 2020)
	『의천도룡기』(8권, 김용, 임홍빈 역, 김영사, 2007)
	『신조협려』(세트 8권, 김용, 이덕옥 역, 김영사, 2005)
	『신초류향』(3권, 고룡, 박영창 역, 시공사, 2001)
	『소오강호』(8권, 김용 원작, 전정은 역, 김영사, 2000)

(3) 무협소설 관련 대표 문화콘텐츠, 「소오강호」(1990)

영화 「소오강호」의 원작 『소오강호』는 진융의 장편 무협소설로, 1967년부터 『명보(明報)』에 연재되었으며, 1969년에 완성되었다. 소설은 화산파 수석제자인 영호충의 인생역정을 통해 무림 각파의 투쟁과 권력 쟁탈의 과정을 흥미롭게 묘사하고 있다. 작가는 작가의 다른 작품들과 달리 시대적 배경을 특정하여 설정하지 않았다. 이는 "어떤 시대에서도 비슷한 상황이 일어날 수 있다."라고 한 작가

소오강호

의 말에서 드러나듯 중국 역사에 항상 있었던 치열한 정치 투쟁을 반영하며, 동시에 이러한 정치 투쟁 속 인간의 보편적 욕망에 대한 작가의 통찰을 부각하기 위한 작가의 의도가 드러난 것이라 할 수 있다. 소설은 이야기가 복잡하고 예측할 수 없는 방향으로 전개되며, 인물들의 개성 또한 강렬하고 생생하다.

영화「소오강호」는「동방불패(소오강호2)」, 「동방불패: 풍운재기」등의 시리즈로 이어지는데, 모두 쉬커 감독이 소설『소오강호』에 의거해 시나리오 작업을 하였다. 따라서 시리즈의 세 작품은 주인공과 감독이 달라도 영화의 줄거리는 이어진다.

「소오강호」시리즈의 첫 번째 작품「소오강호」는 후진취안(胡金銓), 쉬커, 리후이민(李惠民), 청샤오둥(程小東) 등과 같은 유명 무협 영화감독들이 공동으로 참여하였고, 「동방불패(소오강호2)」는 청샤오둥이, 「동방불패: 풍운재기」는 리후이민과 청샤오둥이 공동으로 감독을 맡았다.

1990년대 초「동방불패」시리즈가 국내에 개봉되자 선풍적인 인기를 끌었다. 중국무술 대회를 석권하고 영화「소림사」와「황비홍」에서 주연을 맡은 리렌제(李連杰)의 수준 높고 화려한 액션, 중성적 매력을 관객들에게 각인시킨 린칭샤(林靑霞)의 연기 등은 홍콩 영화는 물론 한국 영화에도 많은 영향을 끼쳤다. 하지만「동방불패」가 정작「소오강호」시리즈 중의 하나임을 알고 영화「소오강호」를 기억하는 사람은 그다지 많지 않다. 사실 관객의 호불호를 떠나 시리즈 전체를 볼 때, 가장 중요한 작품은 바로「소오강호」이다. 「소오강호」는「동방불패」처럼 화려한 와이어액션은 볼 수 없지만「용문객잔(龍門客棧)」(1967)과「협녀(俠女)」(1971)를 감독한 후진취안 감독이 참여하면서 클래식한 무협영화의 진수를 볼 수 있다. 영화의 줄거리는 다음과 같다.

황실의 무공비급『규화보전(葵花寶典)』이 도난당하자 태감 구금복은 부하 구양전 등과 함께 사건을 조사하기 시작한다. 동시에 '오악맹주' 좌냉선을 고용하여 지원하게 한다. 한편 화산파 장문인 악불군은 은밀하게『규화보전』을 손에 넣기 위해 화산파 수석제자 영호충과 그의 딸 악령산을 파견하여『규화보전』을 훔친 임진남을 만나게 한다. 영호충은 순풍당 당주 류정풍과 일월신교 장로 곡양을 만나 「소오강호」 악보를 건네받고, 화산파 풍청양을 만나 '독고구검'을 전수받는다. 『규화보전』을 손에 넣기 위해 태감 일당과 화산파 그리고 일월신교 등의 각 세력이 한곳에 모이자, 권력을 위해서라면 자식도 제자도 언제든지 버릴 수 있는 악불군은 본색을 드러낸다. 화산파 형제들의 희생을 더는 두고 볼 수 없었던 영호충은 스승 악불군과 맞서게 되고, 이때 풍청양이 전수해 준 독고구검으로 악불군을 제압한다. 영호충은 『규화보전』을 둘러싸고 벌어지는 쟁탈전을 중심으로 드러난 인간의 추악한 욕망을 바라보면서 「소오강호」 악보가 지닌 참된 의미를 깨닫고 강호를 떠난다.

「소오강호」는 '정치 투쟁 속에 드러나는 인간의 추악한 욕망'과 권력을 향한 욕망의 도가니 속에서 홀연히 벗어나고자 하는 원작 『소오강호』의 주제 정신을 영화적 문법으로 잘 묘사해 내었다. 그리고 유머와 액션이 적절히 조합하여 영화적 재미를 높이고 있고, 주제가 「창해일성소(滄海一聲笑)」는 무협 영화의 상징과도 같이 자리 잡은 곡으로서 영화의 격을 높이고 있다. 주연 배우인 쉬관제(許冠杰), 예통(葉童), 장쉐유(張學友), 장민(張敏) 등은 홍콩에서 유명하고 한국에도 잘 알려진 배우이다.

5. 중국 문화원형의 현대적 의미

중국은 5천 년의 오랜 역사와 풍부한 문화유산을 바탕으로 신화와 전설, 역사 인물, 문학작품 등 다채로운 문화 자산을 보유하고 있다. 『산해경』 속 신화, 삼황오제 전설 및 4대 전설 등은 중국인의 정체성과 민족정신을 형성하는 상징적 문화원형이 되었다. 진시황, 양귀비, 포청천, 황비홍 등의 역사 인물은 시대별 사회·문화적 이상을 반영하는 대표 인물로 재조명되고 있다. 『삼국지』와 『서유기』 등과 같은 고전문학은 현대의 영화, 드라마, 게임, 애니메이션, 웹소설 등에서 창작의 중요한 원천으로 활용되고 있다. 이러한 문화원형들을 토대로 제작된 문화 콘텐츠는 유용한 현대적 의미를 지니고 있다.

1) 전통 신화와 전설의 현대적 재해석

신화와 전설은 한 시대의 세계관과 가치관을 집약한 문화적 토대다. 예를 들어 『산해경』은 기이한 생명체와 신비로운 지리를 통해 인간의 상상력을 자극하고, 판타지 세계를 구성하는 데 탁월한 소재가 된다. 이러한 상상력은 컴퓨터 그래픽(CG), 증강현실(AR) 등 디지털 기술과 결합해 생생한 체험형 콘텐츠로 재탄생하고 있다. 「산해경 Go」와 같은 위치 기반 콘텐츠는 전통 신화의 이미지를 기술과 융합해 새로운 형태의 엔터테인먼트를 제시하며, 전통 자산의 현대적 활용 가능성을 보여준다.

삼황오제 신화는 인류의 기원과 이상적 통치 질서를 상징하는 서사로, 중국의 역사 및 민족정체성을 이해하는 데 중요한 단서를 제공한다. 1990년대 이후, 중국 정부는 삼황오제를 단순한 전설이 아닌 실존 인물처럼 해석하며, 이를 민족통합과 국가 이미지 구축에 활용해 왔다. 이 신화는 교육, 박물관 전시, 관광 콘텐츠 등에서 문화적 자부심을 고취시키는 상징으로 기능하고 있다.

양축·백사전·우랑직녀·맹강녀와 같은 전설은 '사랑·희생·정의'라는 보편적 감정을 섬세하게 담아내며, 시대와 문화를 초월한 감동을 전달한다. 이들 전설은 현대에 이르러 로맨스나 사회적 메시지를 중심으로 콘텐츠화되며 재조명되고 있다. 예컨대 쉬커 감독의 영화 「양축」은 비극적 사랑의 감동을 현대적 영상미로 재구성하여 대중의 정서를 울리는 데 성공한 사례다.

2) 문화원형으로서 역사 인물의 역할과 현대적 의미

역사 인물은 단순한 과거의 기록이 아니라, 오늘날에도 살아 있는 문화적 상징으로 작용한다. 진시황은 중국 최초의 통일국가를 이룬 정치 지도자로서 질서와 권위의 상징으로, 양귀비는 미와 비극적 사랑을 동시에 품은 인물로, 포청천은 청렴과 정의의 화신으로, 황비홍은 민족정신과 무술의 상징으로 해석되고 있다. 이들은 사회·문화적 이상을 반영하며, 다양한 매체에서 극적인 서사와 감정의 깊이를 더하는 창작의 원천이 된다.

특히 이들 인물은 드라마와 영화 등에서 극적인 긴장감을 형성하며, 역사와 현재를 연결하는 장치로 활용된다. 예를 들어 「진용」과 같은 '타임슬립(Time Slip)' 작품은 과거와 현재를 오가며 인물의 정체성과 시대정신을 입체적으로 그려낸다. 이러한 서사는 단순한 역사 재현을 넘어, 인간 심리와 사회 갈등에 대한 통찰을 제공한다.

또한 웹소설, 모바일 게임, 시뮬레이션 콘텐츠 등에서는 인터랙티브한 서사 구조를 통해 젊은 세대와의 접점을 넓히고 있다. 전통 인물은 디지털 플랫폼을 통해 친근한 캐릭터로 변모하며, 새롭고 창의적인 문화 자산으로 재탄생하고 있다. 공연예술 분야에서도 이들은 지역 정체성과 경제적 가치 창출에 기여하고 있으며, 동아시아 전역에서 『판관 포청천』과 같은 콘텐츠가 문화산업의 중요한 축으로 자리 잡고 있다.

3) 창작의 원천으로서 문학 작품의 문화적 가치

고전문학은 중국인의 역사·사상·감정을 집약한 문화 자산으로, 현대 콘텐츠 창작에 깊이 있는 서사와 인물 구성을 제공한다. 『삼국지』, 『서유기』, 『수호전』 등은 '전쟁, 모험, 도전, 사랑, 희생' 등 다양한 주제를 포괄한다. 동시에 복잡한 인물 관계와 상징성을 통해 콘텐츠 제작자들에게 풍부한 영감을 준다. 이들 작품은 단지 과거의 기록이 아니라 인간 본성과 도덕적 가치에 대한 교훈을 전하는 '삶의 교과서'로 기능하며, 다양한 미디어 콘텐츠에서 재해석되고 있다. 은유와 상징, 심리 묘사 등은 캐릭터 중심의 서사와 정서적 몰입감을 구현하는 데 중요한 자산이 된다. 더 나아가 VR, AR, 웹소설, 게임 등 디지털 미디어 기술과 결합된 고전 콘텐츠는 오늘날에도 그 서사와 가치를 새롭게 구현하며, 전통과 현대를 연결하는 매개체로 작용한다.

　『삼국지』, 『서유기』, 『수호전』 등은 집단 기억과 문화 정체성을 유지하면서도 시대에 맞는 형식으로 변화하고 있다. 이러한 변화는 글로벌 시장에서도 지속적인 문화적 파급력을 보여준다.

　신화와 전설, 역사 인물, 고전문학 작품은 각기 고유의 상징성과 서사적 깊이를 지니며, 현대 문화콘텐츠 창작에서 중요한 창의 자산으로 작용하고 있다. 신화는 상상력의 원천으로서 최신 기술과 결합하여 몰입형 체험을 가능케 하고, 역사 인물은 복합적인 서사와 상징을 통해 사회적 메시지를 전달한다. 고전문학은 정서적 깊이와 인간 이해의 폭을 넓히며 창작자에게 지속적인 영감을 제공한다. 이들의 현대적 재해석과 융합은 전통과 현재가 조화를 이루며 새로운 문화적 가치를 창출하는 모델이 되고 있다. 이는 글로벌 문화시장에서 지속 가능한 창조 동력으로 작용할 것이다.

제5부
▶ 문화생활의 새로운 공간

2023년 중국에서 주목해야 할 키워드 중 하나는 '도시기억재생'이다. 중국 정부는 지역 활성화 사업으로 "도시의 기억을 재생한다"라는 것을 앞세우며 문화유산과 결합시키고 있다. 중국 정부는 도시의 문화적 특색, 건축 양식과 같은 고유의 유전자를 보존하고 이어갈 것을 강조하면서 문화유산을 안정적이고 효과적으로 보호하겠다는 것을 밝히고 있다.

2024년 2월『인민일보』는 "시진핑 총서기는 '문화산업과 관광산업은 불가분의 관계'라며 '문화와 관광의 융합발전을 촉진해 사람들이 자연의 아름다움을 감상하면서 문화의 아름다움을 감상하고 영혼의 아름다움을 함양할 수 있도록 하겠다.'라고 말했다"라고 보도하였다.

2024년 시진핑 정부가 '고품질발전'을 본격화하면서 중국 각 지역에서는 문화창의산업(文化創意産業)의 고품질발전을 추진하고 있다. 이때 각 지역은 도시재생과 역사 문화유산을 활용한 여행과 관광산업을 발전시키고자 한다.

중국에서는 도시재생을 문화산업에 연계해 왔다. 공장으로 활용되었던 공간을 리모델링하여 새로운 문화공간으로 활용하고 있다. 그리고 역사 고성(古城, 故城)과 고진(古鎭) 같은 문화유산을 활용하여 관광객을 유치해 왔다. 즉 '공업유산+예술+관광'의 융합, '문화와 자연유산+관광+공연'의 융합을 추진해 오고 있다. 대표적인 사례가 베이징의 '798 예술구', 상하이의 'M50 예술단지', 안칭(安慶)의 집현시공문창원(集賢時空文創園), 저장성 항저우 '사련166'문화창의산업단지('絲聯166'文化創意産業園) 등이 있다.

1. 도시재생과 관광의 결합

1) 세계의 도시재생 현황

세계의 많은 도시에서는 산업구조의 재편 및 제조업의 이전이 도심 지역의 침체를 야기하여 구시가지 및 기반시설의 노후화, 상업 기능의 쇠퇴, 도심 공동화 등을 유발하고 있다. 이에 도심 지역에서는 제조업이 빠져나간 빈 공간을 무엇으로 채울 것인가, 어떻게 새로운 활력을 찾을 것인가, 전체 도시의 발전을 위해 무슨 역할을 할 것인가 등이 관심의 대상으로 떠올랐다. 나아가 이들 도시는 도심 지역의 침체를 극복하고 발전의 새로운 모멘텀을 확보하기 위해 여러 가지 도시재생 정책을 적극적으로 추진하고 있다. 그리고 국가마다 문화적 요소를 활용하여 도시재생을 추진하려는 노력이 활발히 이루어지고 있다. 그중에서도 도시 내에 남아 있는 역사 자원 및 콘텐츠를 어떻게 활용할 것인가는 문화적 도시재생에 있어서 매우 중요한 과제가 되고 있다. 현재에 이르러 가동이 중단되어 원래의 기능을 상실한 채로 남아 있는 근대 시기에 건립된 각종 공장, 창고, 물류 운송 시설 및 기반시설 등은 산업유산이라 불리고 있는데, 이들을 그냥 해체하여 버리기보다는 다소의 변형을 통해 다시금 생명력을 불어넣으려는 노력이 전개되고 있다. 이는 산업유산들이 새로운 문화적인 공간으로 재탄생할 수 있게 하였을 뿐만 아니라, 때로는 더욱 현대적인 명소로 탈바꿈하여 새로운 문화를 선도하는 도시의 무형적인 자산이 될 수 있게 하였다.

이러한 의미에서 도시재생(urban regeneration)은 도시 공간의 무분별한 외부 확산을 억제하며, 도심 위치의 쇠퇴 현상을 방지함으로써 도심 지역으로의 인구 및 산업의 회귀를 추진하고 재활성화를 도모하기 위해 등장한 새로운 문화산업의 패러다임이다. 이것은 쇠퇴지역의 문제를 종합적인 차원에서 해결하려는 접근으로, 해당 지역의 경제적·환경적·사회적·문화적 상태를 향상시킴으로써 도심 지역의 재활성화를 도모하여 지역경제를 살리는 새로운 부의 창조를 이루는 하나의 산업이다.

영국의 경우 1980년대부터 규제를 통한 교외에서의 신규개발 억제보다는, 장려를 통한 구시가지 내에서의 도시재생을 촉진하는 내부 시가지 도시재생(inner-city regeneration) 정책을 추진하였다. 미국의 경우에는 1990년대 들어 도심 지역에 대한 투자를 확대하고 새로운 일자리를 창출하는 등 도시재생을 위한 정책을 재조명하게 되었다. 1990년대 후반부터는 도시 성장을 지속하되 환경을 파괴하지 않고 의사결정 방식에 있어서 상호 합의를 중요시하는 '스마트 성장(smart growth)' 개념이 도입되었다.

도시재생은 다음과 같은 문화 산업적인 잠재력을 지니고 있다. 첫째는 도시재생은 '다층성'을 지니고 있다. 도시재생은 대부분 해당 지역에서 번성했던 지역 산업과 맥을 같이하며 지역민의 생활양식과 깊은 연관성을 지닌다. 또한 도시재생은 근대의 기억과 현대적 삶의 공존을 함께 담는 지역문화의 전달매개체적 성격을 보유하고 있다.

둘째는 '활용성'이라는 잠재력을 지니고 있다. 도시재생은 어느 정도 과감한 변화를 도모할 수 있는 등록문화재이거나 비문화재인 경우가 대부분이다. 따라서 창의적인 아이디어에 따라 변형이 가능하며, 산업시설의 거친 인공미와 세련된 현대적 디자인이 결합되면서 다양한 형태를 갖춘 공간 창출이 가능한 문화산업의 장점이 있다.

셋째는 '재생성'이다. 크게 보면 도시재생은 기능이 쇠퇴한 후 버려진 땅을 칭하는 '브라운 필드(brownfield)'에 속한다. 특히 산업유산은 원도심이나 항만에 자리 잡는 경우가 많아 지역 재생의 새로운 가능성을 열 수 있는 무한한 잠재력을 보유하고 있다. 따라서 낙후되고 소외 대상이었던 옛 산업지대와 공간을 기회 자산으로 전환할 가능성을 보유하고 있는 도시의 문화적 자산이다.

도시재생 유형 중에서 도시화 문제와 도시매력, 도시경쟁력을 높일 수 있는 방안 중 하나가 문화·예술을 통한 도시재생의 유형이다. 문화·예술을 통한 도시재생은 쇠퇴한 기존도시를 대상으로 문화·예술 도시 이미지 구축을 통해 경제 활성화를 선순환 구조로 전환하는 것이다. 도시의 문화·예술자원의 보존과 활용을 바탕으로 다양한 시민 문화·예술 단체의 활동을 결합하여 문화기반의 창조적 도시재생을 추진하는 것이 바로 문화창의산업이며 이 문화산업은 부의 재창출로서 매우 가치가 있다고 볼 수 있다.

한편, 최근 들어서는 문화적 요소를 활용하여 도시재생을 추진하려는 노력이 활발히 이루어지고 있다. 그중에서도 도시 내에 잔존해 있는 역사자원 및 근현대 콘텐츠를 어떻게 활용할 것인가는 문화적 도시재생에 있어서 매우 중요한 과제가 되고 있다. 이는 그 도시가 걸어온 길과 변화상을 반영할 뿐만 아니라, 도시의 정체성과 상징성을 함축하고 있으며 주민의 가치관 및 지역의식에도 영향을 미치고 있기 때문이다. 역사유적지와 근현대 구도심은 도시 활성화를 저해하는 요인이 되기도 하지만 때로는 도시재생의 핵심적인 수단이 되기도 한다. 최근의 문화적 도시재생의 사례를 보면 이러한 역사자원 및 근현대 콘텐츠를 활용한 경우가 상당한 비중을 차지하고 있다.

2) 중국 도시재생의 역사

도시재생이란 사전상 의미로는 "도시 인구의 증가나 산업 기술의 발달로 이미 만들어진 도시 환경이 그 구실을 제대로 할 수 없게 되어 가는 것을 막고, 변화에 계속 적응할 수 있도록 계획적으로 개선하는 사업으로, 건축물이 전반적으로 낡은 지역이나 배치 상태가 아주 좋지 못한 지역의 기존 건물을 철거하고 시가지를 정리하여 토지 효용을 높이는 것을 목적으로 한다."이다.

1978년 개혁개방을 천명한 이후 중국은 중요 공업 거점을 중심으로 고도성장을 이루었다. 베이징, 상하이, 톈진, 광저우 등 대도시들은 도심 내 많은 공장을 운영하면서 경제성장을 이루었다. 그러나 이들 대도시의 공업지역들은 1990년대 이후 단순 공업기지의 역할에서 벗어나 경제, 금융, 무역 등 종합적인 기능을 발전시켜 현대화된 대도시로 도약하였다. 이에 대부분의 대도시는 산업구조 전환 및 공간구조 재편을 적극적으로 추진하기 시작하였다. 이를 위해 근대 이후 도심 지역에 자리 잡고 있던 대규모의 산업시설 중에서 저부가가치에 에너지 소모가 크며 환경오염을 유발하는 공업 부문을 대도시 외곽으로 이전하기 시작하였다.

도심 지역에서 공업시설이 이전되어 나간 자리에는 다수의 노후 공장, 창고 등 건축물들이 남게 되었다. 이들 중 일부는 철거되었으나 상당수는 그대로 방치되었다. 노후 건축물들은 중국의 근대 공업발전의 궤적을 그대로 반영하고 있다. 따라서 이들 대도시 시정부는 도심 지역에 남겨진 역사 건축물들을 보존하고 본연의 도시 풍격을 유지하는 것이 매우 중요하다는 것을 인식하게 되었다. 중국 대도시 내의 산업유산 보호 움직임은 때마침 도심 지역에 조성되기 시작한 창의 산업원구와 맞물려, 단순한 보존의 차원을 넘어 새로운 문화공간으로의 재탄생의 계기를 맞게 되었다.

2000년 이후 서부대개발과 중부굴기(中部崛起) 등을 통해 도시가 발전하기 시작하였고, 이 과정에서 도심의 양적 확대가 발생하였다. 이러한 시기에 가치가 상승한 구도심 핵심 지역에 대한 개조사업이 진행되었고, 이 사업을 통합한 '도시재생'이 동시에 진행되었다.

중국 도시재생 방향은 주로 옛 공업 단지 및 성중촌(城中村)의 개조, 대도시의 탈공업화와 제3의 산업화 그리고 도시 공동체의 이상적 생활 환경 건설로, 그에 수반되는 고용과 경제 가치 창출이 최종 목표이다. 최근 구도심 재생 사업이 더욱 빠르게 진행되고 있는데 "구도심의 낙후시설을 이전하고 대규모 복합시설과 주거시설을 건설하는 방안"과 "기존 시설을 문화공간 또는 공용공간으로 탈바꿈시켜서 상업과 문화가 접목되는 개발 방안"이 주를 이룬다.

중국에서의 도시재생은 2008년 베이징올림픽 특수를 경험하는 과정에서 본격화되었다. 2013년 '5+9+6 형태의 20개 도시군'이 정부 발전 계획에 포함되어 추진되었고, 「국가 신형 도시화 규획(2014~2020) 정책」에서는 도시를 '군' 체계로 설정하고 핵심 도시가 주변 도시를 견인하는 형태의 협조적 발전 계획을 진행하였다.

3) 중국 공업단지의 재생과 관광

2023년 10월 문화관광부는 베이징 798예술구를 포함해 69개 국가공업관광시범기지를 발표하였다. 중국 정부는 국가공업관광시범기지를 공업관광발전의 '모델'로 세웠다. 선정된 69개에는 각계각층의 우수한 기업뿐만 아니라 공업문화를 전시하는 박물관, 예술지구, 산업문화를 주제를 한 테마타운이 포함되었다. 또

변화와 재생을 거친 오랜 공업유적지도 포함되었다. 문화관광산업의 활성화는 차가운 공업유산에 문화와 생활의 분위기를 새롭게 불러일으키고, 도시에도 새로운 활력을 불어넣고 있다.

2023년 10월 23일 『광명일보』는 "베이징시 경제정보국은 「베이징 공업유산 관리방법(시행)」을 발표하였는데, 세대의 역사 기억을 유지하고 베이징의 '도시맥락'을 유지하며 베이징의 공업이야기를 잘 전달하는 데 큰 의미가 있다."라고 보도하였다.

중국 정부는 '도시의 기억'을 재생한다는 강령 아래, 역사 건축물 및 보호 가치가 있는 오래된 건축물을 다른 곳으로 이전하거나 함부로 철거하지 않고자 한다. 그리고 기존 건물을 안전하게 잘 보존하고 옛 도시 지역의 전통적인 거리와 골목을 파괴하지 않으면서 도시 기억을 보다 효과적으로 활성화하고자 하는 방식을 채택하고 있다. 이와 같은 중국 정부의 노력은 지역별 특색 있는 문화창의산업단지 조성과도 관련이 있다.

2. 중국 문화창의산업단지와 주요 사례

1) 문화창의산업단지

중국 문화창의산업단지는 정부 주도하에 문화산업의 응집력을 강화하고 문화산업의 가치를 증대하고자 하는 목적으로 중국 각지에서 형성되었다. 문화창의산업단지는 단순히 생산의 효율을 높이기 위해 구성된 기업, 기구, 시설, 정부 기관 및 개인 등의 기능을 응집한 개념을 넘어서 구성 주체 간의 상호 보완적 관계를 형성한다. 정부가 주도하는 형태 외에도 연구기관, 도시, 첨단기술단지가 주도하거나 예술가들이 자발적으로 유휴 공간을 활용하며 형성된 단지 등 다양한 형태가 존재한다. 그중 주로 문화산업의 결과물을 생산해내는 동시에 문화 관광 또한 가능한 장소들이 대중에게 잘 알려져 있다.

특정 주제 중심의 문화공간, 산업 클러스터, 연구소와 학교 등 기관 중심의 단지 등 다양한 형태로 이루어진 복합적인 문화산업 공동체들을 통틀어 '문화창의산업단지'라고 부르며, 기지, 센터, 단지, 클러스터 등이 문화창의산업단지와 관련된 주요 용어로 사용되었다. 중국 문화창의산업단지는 2004년부터 영국과 미국 등 선진국들을 중심으로 새롭게 나타난 '창의산업 클러스터(The Creative Industries Clusters)' 발전 모델의 영향을 강하게 받았다.

2006년 「제11차 5개년 규획」에서 중국 정부가 문화창의산업의 발전을 강조하면서, 문화창의산업단지 건설이 이루어지기 시작하였다. 이후 베이징, 상하이 등 주요 도시에서 개발이 이루어지기 시작하였다. 2009년 11월 「문화창의산업발전규획」을 발표하면서 베이징과 상하이 외 지역에서도 문화창의산업단지를 만들겠다고 선언하였다.

이후 중국 정부가 '문화강국'으로의 도약을 국가적 목표로 정하고 문화산업 내 핵심 기업과 전략 투자자를 키우는 등 문화 소프트파워 강화를 강조한 「12차 5개년 규획」을 발표한 이래로 문화창의산업단지 구축은 더욱 적극적으로 추진되었다. 2020년 기준으로 중국 전역의 문화창의 산업단지가 1997곳에 달하였다. 지역별로는 환발해 문화창의산업 클러스터, 장삼각(長三角, 장강삼각주) 문화창의산업 클러스터, 주삼각(珠三角, 주강삼각주) 문화창의산업 클러스터, 덴하이(滇海) 문화창의 산업클러스터, 촨산(川陝)시 문화창의산업클러스터, 중부 문화창의산업 클러스터 등 6개 지역에 주로 분포한다.

중국 정부의 정책 기조에 따라 각 지방 정부들은 해당 지역의 특색을 살린 문화산업단지 및 문화공간을 개발하거나 클러스터를 형성하면서 적극적으로 지역 문화산업 발전 전략을 수립해 왔다. 도시브랜드 강화, 문화 도시 개발 등 문화산업 육성과 도시 개발에 함께 초점을 맞춘 접근방식은 현재도 지속적으로 이루어지고 있다.

중국의 문화창의산업단지 개발 사례 중 상당수는 과거의 문화와 역사가 담긴 공간의 가치를 보존하고 있다. 동시에 현재에 적합한 공간으로 리노베이션을 거쳐 이루어졌다. 중국 문화창의산업단지는 시간성과 상징성을 동시에 지니는 특별한 컨버전스 공간이라고 할 수 있다. 중국 정부가 주도하는 문화창의산업단지 개발은 폐공장, 옛 도심 지역, 역사유적지 등 자국 문화와 역사를 기반으로 하고 있다.

문화창의산업은 「제8차 5개년 계획(1991~1995)」에서 「제14차 5개년 규획(2021~2025)」에 이르기까지 해마다 발전을 거듭하고 있다. 「제14차 5개년 규획」에는 핵심 문화기업 육성과 문화산업단지 건설 촉진에 대한 내용이 포함되어 있다. 2021년 3월에 발표된 「14차 5개년 계획」에서는 핵심 문화기업 육성, 문화산업단지 발전 표준화, 지역 문화산업 벨트 건설 촉진에 관한 내용이 명시되어 있다. 「제14차 5개년 규획」에는 해당 기간 안에 국가급 문화산업 시범단지 50개, 국가 문화산업 시범기지 500개 도달 목표를 제시하기도 하였다.

한편, 2020년 전국 중점문물보호단위에서 고대 건축 총수는 2,160개에 달한다. 중국 고대 건축 발전의 모든 단계를 포괄하고, 다양한 유형의 고대 건축을 포함해 중국 건축의 특징을 뚜렷이 나타내고 있다. 고대 건축에는 고성(古城, 故城)과 고진(古鎭)이 포함되어 있다. 고성은 일반적으로 100년 이상의 역사를 지니고 있고, 현대에도 여전히 보존이 잘 되어 있다. 고성은 기본적으로 원래의 모습으로 복원이 가능한 거대한 규모의 고대 건축을 보존하고 있는 도시촌락을 가리킨다. 이러한 중국의 많은 '고성'은 몇 가지 특징이 있다. 첫째는 옛 성벽(古城墻), 둘째는 성을 보호하는 천(川), 셋째는 적의 침입을 막기 위해 성 주위를 둘러서 판 못인 해자(垓字)이다. 그리고 가장 커다란 특징은 성 내부의 일부 고건축이 있다는 것이다.

중국의 가장 아름다운 10대 마을로 알려진 곳은 ① 안후이성 홍촌(安徽宏村) ② 충칭 허촨라이탄고진(合川淶灘古鎭), ③ 푸젠성 페이텐고촌(培田古村), ④ 저장성 우진(烏鎭) ⑤ 산시(山西)성 황청상푸(皇城相府) ⑥ 장시성 상라오즈위안고촌(上饒婺源古村), ⑦ 윈난성 허슌고진(和順古鎭) ⑧ 허난성 카이펑주셴진(開封朱仙鎭) ⑨ 장쑤성 광푸고진(光福古鎭) ⑩ 장쑤성 저우장고진(周壯古鎭)이다. 이들은 중국인들이 가장 선호하고 아름답다고 추천하는 마을과 고진들이다. 중국에서 현재 보존 상태가 양호하고 문화적 가치가 있는 고성으로는 안후이성 시셴고성(歙縣古城, 후이저우고성이라고도 함), 쓰촨성 랑중고성(閬中古城), 산시(山西)성 핑야오고성(平遙古城), 윈난성 리장고성과 다리고성(大理古城), 후난성 펑황고성(鳳凰古城) 등이 있다.

고진문화(古鎭文化) 관광개발과정은 "문화자원화(文化資源化)→문화상징화(文化符號化)→문화산품화(文化産品化)→문화상품화(文化商品化)→문화상업화(文化商業化)"로 발전하고 있다.

2021년 6월 2일 문화관광부는 「'14·5' 문화와 관광 발전규획」을 발표하였다. 「규획」'특별란7'의 '문화와 관광의 교류 확대'에 "'상하5천년(上下五千年)' 대외 확대"라는 내용이 있다. 여기에는 "중화문명의 탐원공정을 잘하여, 양저고성(良渚古城) 유적지 등의 고고학적 성과를 대외적으로 홍보를 잘하고, 고대문명 포럼 등의 국제플랫폼을 활용하여 비물질문화유산의 살아 있는 전시를 강화하고, 테마관광과 특허상품의 국제 확대를 강화하여, 중국 전통명절과 절기 문화교류 브랜드를 만든다."라는 내용을 담고 있다.

2023년 3월 시진핑이 후난성을 시찰하면서 "다양하고 다채로운 지방 특색의 전통문화는 공동으로 찬란한 중화문명을 구성한다. 또 경제사회발전을 촉진한다."라고 언급하였다. 동년 4월 문화관광부는 「국가급문화산업시범원구(기지)관리방법」을 발표하였다. 그리고 동년 11월에는 문화관광부, 자연자원부, 주택도농건설부가 공동으로 '국가문화산업과 관광산업융합발전 시범구 건설단위명단'을 발표하였다.

2024년에 들어와 고성과 고진 관광이 새로운 관광 트랜드로 자리 잡고 있다. 고성과 고진을 좋아하는 관광객들은 대부분은 수백 년 혹은 수천 년 동안 남아 있는 풍경, 주거지 및 건축뿐만 아니라 이러한 장소의 역사 유적과 문화를 경험하고 싶어 한다. 2024년 5.1노동절 연휴 때 관광객을 3억 명 정도로 추산하는데, 그중 많은 사람들이 고성과 고진을 방문하였다. 2024년 중국관광연구원의 설문 조사에 따르면, 응답자 중 93.4%가 고성과 고진 관광을 한 적이 있으며, 80% 이상은 최근 2년 내에 고성과 고진 관광을 1차례 혹은 2차례 정도 하였다고 답하였다.

2) 베이징, 상하이 등의 공업단지 도시재생

지역별 문화창의산업단지 대표적인 사례로는 베이징의 문화예술 랜드마크 '798 예술구', 오랜 전통을 자랑하는 '베이징 쑹좡 문화창의산업집적구(宋庄文化創意産業集聚區)', 상하이를 대표하는 'M50 예술단지', 도살장을 개조한 복합 문화공간 '1933 라오창팡(1933 老場坊)', 중일전쟁 당시 파괴된 운하 도시를 복원한 '타이얼좡 고성(臺兒庄古城)', 유화 시장을 중심으로 발달한 '선전 다펀춘(大芬村)' 등이 있다.

(1) 베이징 798예술구

798예술구는 베이징시 차오양구 다산쯔 지역에 위치한 예술 거리다. 이곳은 원래 구소련과 독일의 기술로 세운 무기공장으로 신중국 공업화 역사를 증언하고 있다. 냉전이 끝나고 무기생산이 활력을 잃으면서 공장들은 정부에 의해 외부로 옮겨지고 이 일대에 새로운 전자기기와 기술을 만드는 뉴타운이 조성될 계획이었다.

베이징 798예술구

그러다 2002년 많은 예술가들이 임대가격이 싼 이곳으로 예술공간을 조성하고 몇몇 예술가들과 함께 대외 예술행사를 개최하며 주목받기 시작하였다. 2006년 798예술구는 정부에 의해 최초 10개 문화창의산업 집중구로 지정되어 '창의지구(創意地區), 문화명원(文化名園)'의 슬로건과 함께 베이징의 문화아이콘으로 자리매김하였다.

이곳 역시 영국의 런던 템스강 남쪽에 위치하고 있는 테이트 모던(Tate Modern) 갤러리나 미국의 뉴욕 소호(SOHO) 지역과 마찬가지로 버려진 공장지대에 예술가들이 하나둘씩 모여들기 시작하면서 뒤따라 갤러리가 들어서고 카페와 음식점이 생겨났다. 특이한 점은 798예술지구는 1950년대 독일의 바로크 형식의 공장 건축물들을 보존하고 있다는 것이다.

2008년 베이징올림픽 준비 기간 동안, 이 지역을 당대 예술의 새로운 문화 아이콘으로 발전시키고자 한 베이징시 당국의 결정에 따라 대대적인 지원과 정비가 이루어졌다. 현재 베이징 798예술구에는 400여 개가 넘는 전문 화랑과 갤러리, 독특한 인테리어의 수많은 카페와 아트숍들이 몇몇 가동 중인 공장들과 함께 공존하며 중국의 현대미술을 세계에 알리고 있다. 이로 인해 하루에도 수천 명의 관광객, 세계적인 컬렉터와 딜러들이 이곳을 찾는 국제 미술시장의 메카로 부상하였다.

베이징 798예술구의 명성이 점점 더 커지면서 중국과 외국 자본의 유입이 갈수록 많아져, 많은 사람들이 짧은 기간 안에 큰 부자가 되는 기대를 가지게 되었다. 그러나 많은 사람들의 관심은 또 다른 경쟁을 불러일으키는 결과를 초래하여 결국 임대료 등의 인상으로 인해, 창작 예술가들은 798을 떠날 수밖에 없게 되었다.

(2) 상하이 M50예술구

'상하이 M50'은 '모간산루(莫干山路) 50번지'의 줄임말로, 이곳은 원래 1930년대에 건설된 춘밍(春明)방직 등 방직공장들이 모여 있던 공단이었다. 이후 상하이가 도시발전을 이루면서 이 지역은 점차 낙후되었다.

그러다 일부 예술가들이 쑤저우강 연안 지대에 위치해 있는 이 지역이 상하이의 옛 정취를 간직하고 있을 뿐만 아니라 1930년대부터 1990년대까지의 건축 양식을 그대로 보존하고 있음을 발견하게 되었다. 그리고 심미적인 가치뿐만 아니라, 이 낡고 오래된 공장들은 도심의 다른 지역들에 비해 상대적으로 저렴한 임대료에 공간을 넓게 활용할 수 있었다. 이에 예술가들은 2000년부터 이곳에 입주하여 이곳을 작업실로 활용하기 시작하였다. 2004년 상하이 시정부는 춘밍조 방직공장(春明粗紡廠)을 철거 또는 이전하지 않고 도심 지역 내 산업유산으로 계속 보호해 나가기로 결정하였다. 그리고 우선 모간산루 50호 일대를 '예술특색거리'로 지정하였으며, 2005년에는 이곳을 제1차로 지정된 18개의 창의산업원구 중의 하나로 선정하고 모간산루 50호의 첫머리 이니셜을 따 M50이라 명명하게 되었다.

상하이 M50예술구

그렇게 2000년부터 지금까지 버려진 공장건물에 차츰차츰 크고 작은 갤러리, 화실이 자리 잡았으며 지금은 140곳에 이른다. M50은 이제 상하이에서 가장 활력 넘치는 예술공간일 뿐만 아니라, 베이징 798과 함께 중국 현대미술을 대표하는 곳이 되었다.

모간산루 M50은 과거 낡은 공장 시설을 개조해 만든 것이 특징이다. 흉물스럽게 방치된 공장지대의 건물에 감각적이고 개성 넘치는 예술가들의 색채를 덧입혔다. 옛 공장건물의 굴뚝과 환풍구, 파이프 등은 그대로 보존하고 있다. 이러한 투박한 공장지대의 겉모습과 달리 내부는 예술가들의 톡톡 튀는 감성으로 가득하다. 상시로 전시되는 작품도 있지만, 시기에 따라 특별전이 열리는 경우도 많다.

M50예술단지 안에는 모두 25개의 건물이 있다. 건물 안 복도를 가로지르고, 계단을 오르내리다 보면 구석구석 수많은 갤러리를 만나게 된다. 대부분은 무료 관람이라 자유롭게 걸어 다니며 마음을 끄는 곳에 들어가면 된다. 작업실을 겸한 갤러리도 많아서 운이 좋으면 작업 중인 화가와 만나 이야기를 나눌 수도 있다.

(3) 상하이 신십강(新十鋼) 홍방(紅坊)

상하이시에 있는 홍방은 지하철 10호선을 타고 홍챠오루(虹橋路)역 4번 출구로 나오면 공장과 예술의 미묘한 조화가 느껴지는 곳, 모순되지만 조화로운 이 분위기를 내는 곳이다.

홍방은 1989년까지 철강을 생산하던 철강 산업단지가 2006년 예술단지로 변신을 한 곳으로, 면적은 5만 ㎡이다. 상하이에는 이런 예술단지가 많은데 기존 M50나 8호교(號橋) 같은 다른 예술단지와는 차별되게 조형 작품 위주로 전시하고 있다. 홍방 조각 공간은 20,000㎡의 부지를 덮고, 도시 조각 센터, 조각 플라자 그리고 관련된 지원 시설을 갖고 있다. 야외 공공 전시 공간은 10,000㎡이다. 센트럴 그린 랜드를 중심으로, 조각 공간과 창의적 사업 지역으로 조성되어 있다.

홍방

레드 타운 내 덩샤오핑 흉상

홍방은 자유로운 문화 교류로 대중과 열린 커뮤니티가 특징이다. 버려진 공장의 녹슨 철 구조와 얼룩덜룩한 빨간 벽돌에서 유래된 것만이 아니라, 중국과 세계의 재능 있는 예술가들의 문화 축적으로 형성되어 왔다. 생각의 상호작용과 교류는 수렴의 장소에서 커뮤니티의 장으로 바뀌어 패션과 레크리에이션과 같은 대중예술 그리고 문화 산업적 요충지의 요소를 조합하였다.

차분하고 고급스러운 분위기의 갤러리와 아이들이 좋아하는 조각 공원, 그리고 다양한 문화공간이 하나의 마을을 이루는 홍방이다. 다양하고 독특한 아이디어 상품을 살 수 있는 '레드 타운 살롱(Red Town Salon(A101))'에는 개인적으로도 소장하고 싶은 빈티지 아이템부터 똑똑한 아이디어 생활용품까지 다양한 종류의 상품들이 진열되어 있다.

(4) 광저우 Redtory

광저우는 중국 남부의 경제, 문화 중심지며 산업화 역사가 유구하다. 1950년대 현대 산업화가 시작되어 도심지에서 대량 공장건물을 건설하였다. 하지만 땅값과 인건비의 상승, 그리고 정부의 도시발전계획으로 인해 1990년대 말부터 공장은 점차 광저우 근교로 이전하였다. 또한, 2009년에 아시안게임을 맞이하기 위해 시작한 삼구개조(三舊改造)라는 구도심, 구공장, 구농촌 등 낙후된 지역이나 건축을 개조하는 운동이 전개되었다. 삼구개조를 통해 많은 공장지대는 주택가, 복합 쇼핑몰로 변신하고 일부 역사적 가치를 높은 공장건물은 도시재생을 통해 문화공간으로 새롭게 태어났다.

광저우 삼구개조의 대표적인 재생공간인 문화산업지구 Redtory이다. Redtory는 '붉은 벽돌로 지은 공장(紅專廠)'으로, 'red bricks factory'에서 이름을 따왔다. Redtory의 전신은 1958년에 설립된 아시아 최대의 통조림 공장이었던 광둥 통조림 공장이다. 광둥 통조림 공장은 구소련의 지원을 받아 설립된 공장으로

Redtory

소련 건축 양식으로 건설하였다. 소련의 영향을 받아 지구 내에는 붉은 벽돌로 지은 소련식 건물이 주를 이룬다. 광저우 도시화의 발전과 정부 정책의 영향을 받아서 2009년에 공장은 개조를 거쳐 문화산업 지구가 되었다. 재생한 Redtory 총면적은 17만㎡이며 수십 개의 소련 양식 건축을 보존하고 있다.

이러한 Redtory는 광저우의 대표적인 도시재생공간으로서 광저우의 성격을 담고 있다. 지구 내부는 아트 갤러리, 예술 스튜디오 등 예술 전문기구 그리고 레스토랑, 카페, 쇼핑가게 등 레저 장소로 변신하였다.

현재 Redtory는 알파벳순으로 여러 구역이 나누어져 있는데, 그중에는 디자인업무지구, 전시 공간, 유통구역 등이 포함된다. A구역에는 중건 동방 디자인 회사와 자향선 디자인 회사 그리고 전자 과학회사, 문화기획사, 에너지연구소, 관광회사가 주로 분포하고 있다. B구역에는 유명한 라이브 바와 중국요리집이 있다. C구역과 E구역은 대부분 높고 큰 건축물이라서 전시 공간 위주로 많이 사용되고 있으며 EMG 대석관 아트 센터 EMG, 916 문화관, 홍콩 당대미술관, 광저우 공중 문화교류관 등이 있다. D와 F구역은 세입자가 비교적 많고 기능도 비교적 종합적으로 잘 배치되었다.

3) 후퉁, 시주룽의 문화공간 재생

(1) 베이징 후퉁(胡同)

13세기 초 몽골족 칭기즈칸이 병사를 이끌고 당시 금나라 수도인 '중도(中都)'를 점령하여 폐허로 만들고 새로운 원 왕조의 수도를 건설하여 '대도(大都)'라 불렀다. 대도성 안에는 50개 거민구라는 작은 마을들을 설립하고 이를 '팡(坊)'이라 불렀다. 팡과 팡 사이에는 곧고 다양한 폭의 가로가 형성되었는데, 원나라 때의 수도 대도의 도로 건설에 관한 규정에 보면 폭 24보(약 37.2m)를 대가(大街), 12걸음(18.6m)을 소가(小街), 6보(약 9.3m)를 후퉁(胡同)으로 부르고 있다. 당시 대도의 후퉁 전체 수는 약 400개가 있었다고 전해진다.
명이 원을 멸망시키고 이 대도를 기초로 하여 도성을 재건하고 지금의 베이징이라고 불렀다. 이때 후퉁의 수는 약 1,170개로 늘어났다. 그리고 1960년경 중국이 해방한 이후 약 6,000개로 늘어났다.
또한 후퉁과 관련 있는 건축이 사합원이다. 베이징 서민생활을 가장 잘 볼 수 있는 방법은 옛 골목인 후퉁과 후퉁에 면한 전통 가옥인 사합원이 대표적이다. 이 사합원은 주로 동서 방향으로 매우 규칙적인 형태를 취한 후퉁이란 골목길에 남쪽을 보면서 건립된 'ㅁ'자 형태의 폐쇄적인 특징을 지니고 있으며 이는 원나라 시기부터 건립되었다. 이 'ㅁ'자 모양의 폐쇄적인 형태를 취하는 이유는 황사로 인한 먼지 유입을 차단하고 겨울의 찬바람을 극복하고자 하는 지리적 특징과 북방의 오랑캐들을 방어하기 위한 심리적 요인 때문이다.

그러나 중국의 경제발전에 따라 많은 후통이 사라지고 있는데, 베이징시 계획위원회의 조사결과에 따르면 후통의 보유량은 1990년의 2,257개로 줄었으며, 1980년대 말 90년대 초, 몇 차례 대폭적인 개혁 및 철거를 거쳐 2003년에 후통은 1,571개만 남았고, 2007년에는 1,243개 밖에 남지 않았으며, 이 당시 4년 동안 매년 평균 80여 개의 후통이 사라졌다.

중국이 2008년 올림픽을 개최하면서 흉물이라고 하여 정리를 하였지만, 현재 오히려 이곳이 베이징의 유명 관광지로 선호되고 있다, 후통은 베이징 중심부에 위치하고, 700년의 역사를 간직하고 있으며 베이징 고도의 얼굴을 다양하게 보여주고 있다. 첸먼(前門) 대가에서 자금성의 뒷골목으로, 구로우(鼓樓)와 스차하이(什利海)호수를 연결하고 다시 난루오구골목(南鑼鼓巷)에서 용허궁으로 이어지는 모든 골목이 후통이다. 이곳은 현재 관광지화되어 여행객들로 많이 찾는 곳인데 특히 스차하이는 국가 4A급 여행풍경구로서 옛 베이징의 모습이 가장 잘 온전하게 보존된 곳으로 평가받고 있다.

(2) 홍콩 시주룽(西九龍) 문화구(West Kowloon Cultural District)

홍콩은 쇼핑과 관광으로 유명한 도시이지만 사람들이 쉽게 접근해 문화적, 예술적 경험을 할 수 있는 공간은 그리 많지 않다. 이에 대한 다양한 논의가 이루어지던 중, 홍콩 정부에서는 홍콩의 정체성을 확립함과 동시에 도시의 문화예술이 발전할 수 있도록 하는 사업을 제시하게 되는데 이게 바로 홍콩의 대표적인 도시재생 사업인 '시주룽 문화구 조성 사업'이다. 쇼핑과 관광으로 유명한 홍콩에 문화예술을 경험할 수 있는 공간을 조성해 도시의 예술적 감성이 함께 발전할 수 있도록 하는 사업인 '시주룽 문화구 사업'은 1998년부터 시작하여 10여 년이 넘는 시간을 투자해 만든 장기 프로젝트였다.

시주룽 지역은 육로로는 중국, 해상으로는 홍콩과 가까운 곳에 위치해 있다는 지리적 특성이 있어서 중국 정부와 홍콩 정부에서는 이곳을 유럽과 아시아의 다리 역할을 할 수 있도록 만들었다. 또한, 문화예술을 이용해 지역의 브랜드를 강화하고, 관광도시로서 홍콩의 입지를 보다 강화하고 있다.

10년이라는 긴 시간 동안 진행된 '시주룽 문화구 사업'은 홍콩이 중국으로의 반환이 이루어진 직후인 1998년 처음 논의가 이루어졌다. 홍콩은 홍콩 본섬, 중국 본토와 연결된 주룽반도(九龍半島), 크고 작은 섬들이 홍콩특별행정구를 이루고 있다. 본섬은 뉴욕의 맨해튼에 비견될 만큼 성장했지만, 인구·경제·문화 등 모든 면에서 포화 상태였다.

홍콩 정부는 주룽반도 서쪽, 빅토리아 항 앞바다에 간척지 40만㎡를 매립하고, 그 위에 넓은 녹지를 조성해 문화예술 및 교육 시설 10개의 건립계획을 발표했다. 이것이 시주룽문화구의 핵심이다. 1998년 첫 구상을 시작했고, 2026년까지 단계적으로 개발, 국가와 민간이 공동 출자한 예산 300억 홍콩달러(한화 약 4.3조 원)를 투입하고 있다. 공연 분야 시취센터, 전시 분야 M+(엠플러스)미술관, 베이징 고궁박물관의 분관이 될 홍콩 고궁박물관 등 주요 시설의 건립 계획이 공개되면서 베일에 가려졌던 시주룽 문화구의 윤곽이 드러나고 있다.

홍콩 시주룽 지역은 문화예술을 향유할 수 있는 인프라가 가득한 도시일 뿐 아니라, 정부 주도로 시작된 10년 이상의 장기적 관점에서 바라본 도시재생 프로젝트의 성공 사례로도 주목받고 있다. 현재 다양한 현대미술관이 시주룽 문화지구에 들어올 예정인데 특히 중국 정부의 심의로부터 비교적 자유로운 편인 홍콩에 지어진 예술구인 만큼, 다양한 장르의 현대미술을 볼 수 있을 것으로 기대되며 중국 본토와는 다른, 홍콩만의 특성을 살린 공연예술을 볼 수 있는 공간에도 많은 투자가 이루어질 전망이다.

아시아 최초 현대 비주얼 컬처 박물관인 M+는 20세기와 21세기 비주얼 아트, 디자인, 건축, 동영상 등 홍콩 비주얼 컬처의 주제 영역을 아우른다. 17,000㎡(약 5,143평)의 거대한 공간에 전시 공간, 3개의 영화관, 강의 시설, 박물관 상점, 카페, 미디어 자료관, 루프탑 테라스를 갖추었다. 박물관이 해안과 가장 좋은 자리에 위치해 홍콩의 가장 아름다운 풍경을 감상할 수 있다. 또한 시주룽 지구 동쪽 끝에 위치한 시취 센터(Xiqu Centre)는 세계적인 수준의 광둥 오페라 월극과 다른 형태의 중국 전통 연극(시취)을 선보인다. 두 개의 극장 중 대극장은 이 지역 최고의 극단 공연이 펼쳐진다. 홍콩의 20세기 초 찻집 스타일로 디자인된 좀 더 친밀한 티 하우스 극장(Tea House Theatre)은 '티 하우스 극장 체험'의 본거지다. 시취 센터는 영화, 워크숍, 토크쇼, 전시회 등을 정기적으로 열고 가이드 투어도 있다. 아트리움과 고급 레스토랑, 카페, 중국 전통 연극에 영감을 받아 제작한 상품을 파는 기프트 숍 등으로 시취 센터는 번잡한 도시를 벗어나기에 완벽한 곳으로 각광받고 있으며 문화를 즐기기에 충분한 공간을 제공한다.

3. 문화유산의 고품격 관광산업

1) 중국 문화유산의 관광자원화

중국 국무원은 2008년 7월 1일 「역사문화 명성·명진·명촌 보호조례」를 공포하였다. 이는 중국이 자신들만의 전통과 역사를 보유하고 있는 지역을 문화산업의 일환으로 성장시키겠다는 것을 표명한 것이다. 이후 중국 정부는 지속적으로 문화유적지를 보호하면서도 이를 관광자원화하는 정책을 펼치고 있다. 시진핑은 국가주석이 된 이후로 중국의 문화유산보호를 매우 중시하며, 문화에 대한 자신감 갖기를 강조하였다. 시진핑은 산시성(山西省)과 산시성(陝西省) 등의 문화유산이 많이 분포하고 있는 지역에 대한 조사와 연구를 여러 차례 강조하였으며, 문화유산보호에 대해 강하게 주장하였다. 특히 2017년 제19차 전국대표대회에서 시진핑은 「문물보호이용과 문화유산보호전승 강화」를 통하여 중국이 '문화자신감을 굳건히 가지자'라는 취지의 발언을 하였다.

2020년 5월 19일 『인민일보』 해외판을 살펴보면, 시진핑 국가주석은 2014년부터 매년 중국의 주요 문화유산과 관련된 곳을 시찰하면서 문화유산 보호와 전승을 강조하고 있다는 것을 알 수 있다. 시진핑은 "하나의 박물원은 하나의 대학교"라고 강조하였고, "중화민족의 전통문화를 응집하여 문물을 잘 보호하고 관리를 잘해야 한다."라고 강조하고 있다. 시진핑은 2014년 수도박물관(首都博物館)을 참관하며 베이징 역사문화를 관람하였다. 이후 시진핑은 매년 문화유적지를 돌아보고 있다. 2019년에는 막고굴(莫高窟), 2020년에는 윈난성 허슌고진과 다퉁(大同)시 윈강석굴(雲崗石窟)을 탐방하였다. 그리고 2025년 3월에는 윈난성 리장고성(麗江古城)을 방문하여, 현지 여건에 따른 특색 산업발전, 역사·문화 유산 보호 및 이용 강화, 중화민족 공동체 의식 강화 등을 강조하였다.

이러한 의미에서 볼 때 중국의 전통문화보존 지역은 매우 중요한 의미를 지니고 있으며, 중국의 향후 문화대국으로서의 추진과 이를 통한 문화산업의 확장을 유추해 볼 수 있다. 다시 말하면 중국은 문화유산을 또 다른 하나의 산업으로 인식하며 이를 통한 산업적 가치를 생산하고자 하는 의지를 표출하고 있다. 따라서 중국이 지니고 있는 전통 문화유산 중에서 특히, 문화산업으로서의 가치가 있는 중국의 고성과 고진을 살펴볼 필요가 있다.

2) 중국 고성의 주요 사례

(1) 산시성(山西省) 핑야오고성

산시성 중부 핑야오현 내에 위치하고 있는 핑야오고성은 주나라 선왕(BC 827~782) 시기에 처음 축조되었다. 핑야오고성은 원형 보존이 가장 잘된 4대 고성 중 하나이다. 현재의 성곽은 명 홍무 3년(1370)에 확장한 것으로 그 후 지속적으로 개보수를 진행하였고 약 2700여 년의 역사를 지니고 있다. 특이할 만한 것은 중일전쟁 당시 일본군에 의한 포탄 흔적이 그대로 남아 있다. 성곽의 모양은 네모 모양의 벽돌로 쌓은 성곽으로, 둘레 길이가 6,613m이고, 높이는 12m이다. 폭은 평균 5m인데 성 주위로는 동서로 각 2개, 남북으로 각 1개의 길이 만들어져 있다.

1997년 12월에 핑야오고성은 유네스코 세계유산 목록에 등재되었다. 당시 유네스코는 "핑야오고성은 명청 시기 한족 도시의 훌륭한 모범사례로, 모든 특징을 보존하고 있을 뿐만 아니라, 중국 역사 발전 속에서 사람들에게 범상치 않은 문화 사회 경제 및 종교 발전의 완전한 그림을 보여주었다"라고 평가하였다.

핑야오현이 속한 진중(晉中)은 진상(晉商)의 발상지로, 오래전부터 상업이 발달한 도시로 유명하다. 진상 즉 산시 상인들은 신용을 최고로 여겼는데, 관우가 중국의 재물신이 된 것도 이들 덕분이다. 산시 지역 진상들은 관우가 신의, 의리, 충성함을 대변한다고 여기고 전 지역을 돌아다니며 장사를 하면서 관우를 수호신으로 여기고 재물신으로 모셨다. 그래서 어디를 가든 중국인들이 장사하는 곳에는 언제나 관우상이 보이고 재신인 관우에게 제사를 지내는 것을 자주 볼 수 있다. 진상은 중국의 금융업까지 사업영역을 넓혔고 1824년 설립한 중국 최초의 금융기구인 일승창(日升昌)이 핑야오고성에 자리하고 있다.

핑야오고성은 청나라가 망하고 중일전쟁을 치르면서 도시가 쇠락하였다. 현대화를 이루지 못하고 그대로 전통적 모습만 유지하게 되었다. 그러나 쇠락한 과거의 모습이 현재에는 전통의 모습을 그대로 간직하고 있어 도리어 지금은 유명한 관광지역으로 명성을 얻게 되어 많은 사람들이 찾게 되는 중국의 5A명승지가 되었다.

핑야오고성은 완벽하게 전형적인 근대 이전의 중국 도시라고 할 수 있으며, 명청시대의 전통가옥을 그대로 유지하면서 시민들이 전통방식대로 살고 있다. 특히 각종 영화와 드라마의 촬영장소로 유명해지고 있으며, 2011년 드림웍스가 만든「쿵푸팬더2」의 도시 모델 공멘성의 도시이기도 하다. 이 외에 산시성은 관우를 모시고 있는 제저우(解州) 관제묘와 소금 도시인 윈청(運城), 그리고 도삭면과 일근면, 산시(산서) 지역의 유명한 분주와 식초, 황하 지역의 유명한 후커우 폭포 등으로 유명하다.

(2) 후난성 펑황고성

펑황고성은 후난성 샹시(湘西)의 토가족묘족자치주로 장자제에서 약 4시간 떨어진 서남부에 위치해 있다. 2001년에 국가 역사 문화 명성으로 선정되었다. 산시의 핑야오고성과 함께 "북 핑야오 남 펑황"으로 불릴 정도로 아름다운 곳이다.

펑황고성은 묘족과 토가족의 소수민족 집거지역으로, 국가역사문화명성으로 선정되었다. 성내에는 현재 문물 고건축이 68곳이 있고, 유적지가 116곳이 있다. 명청대의 특색이 있는 민가 건축물이 120여 채가 남아 있다. 펑황고성은 후난성 10대 문화유산과 국가 4A급 관광명소로 선정되었다.

펑황고성은 원나라 시기에는 토성이었으며 명나라 때는 벽돌로 만들어진 성이었다고 한다. 당시 고성의 둘레는 2,000m, 매 성루의 간격이 500m이며 동서남북 4개의 성류가 존재한다. 펑황고성은 타강을 이어놓은 고전, 현대식 교각들이 많은데 펑황고성의 가장 큰 매력은 교각에 있다.

명청 왕조는 자신들을 위협하는 묘족을 견제하였다. 명나라 조정은 정권을 유지하고 묘족을 억압하기 위해 190km에 달하는 변성을 쌓았다. 1615년부터 시작해 1622년에 마무리된 변성이 펑황고성의 서쪽에 있는 남방장성(南方長城)이다. 남방장성은 묘족을 한족과 가까운 숙묘(熟苗)와 융화를 거부한 생묘(生苗)로 갈라놓고, 생묘족의 발전을 막아 순응하도록 만들기 위한 수단이었다.

남방장성 중심에 지어진 펑황고성은 남방장성을 행정적으로 관리했다. 펑황고성은 청나라 강희 39년에 와서야 돌을 쌓아 동서남북으로 성문을 쌓고 누각을 만드는 등 지금의 형태를 갖추었다. 지금은 옛 성벽의 대부분은 사라지고 남은 것은 강을 따라 북문과 동문을 연결하는 일부 성벽뿐이다. 명나라 태조 때 창건해 1670년 강희 9년에 보수한 홍교(虹橋)는 1층은 기념품점, 2층은 전망대와 찻집으로 그 형태가 잘 보존되어 있다.

펑황현은 소설가 선총원(沈從文, 1902~1988)의 고향이다. 선총원은 1988년 노벨문학상 최종 후보에도 오르기도 하였다. 선총원은 묘족 출신으로 선총원의 생가가 이곳에 있으며, 펑황현의 관광코스에도 포함되어 있다. 소설 『변성』은 중국 민족 고유모습과 신화적인 모습을 묘사하며 펑황고성을 포함하여 이 지역의 풍경을 잘 그려 내었다. 1930년대 당시 현실변혁의 모습은 보이지 않고 이상적인 모습을 묘사하여 투쟁의식이 부족하다는 비판을 받기도 했다. 그러나 오늘날에 와서는 『변성』을 재해석하여 공연을 통해 선보이고 있으며 많은 관광객들을 모으고 있다.

펑황고성은 바둑과도 인연이 있는데, 바로 펑황고성배이다. 펑황고성배는 2년에 한 번 열리는 대회로, 2003년부터 시작해 그동안 '남방장성배'로도 알려졌으나 6회 대회부터 공식명칭을 '펑황고성배 세계바둑 정상대결'로 변경했다. 펑황고성배는 한국과 중국의 대표기사 1명씩을 초청해 단판 승부로 우승자를 가리는 대회이다. 한국의 조훈현(1회 우승), 이창호(2회 우승), 이세돌(4회 우승), 최철한(5

회 우승), 박정환 9단(6회 준우승) 등이 초대되었다. 2015년 제7회 펑황고성배에서 한국의 김지석 9단이 중국의 탕웨이싱(唐韋星) 9단에게 256수 만에 백불계승을 거두며 우승하기도 했다.

(3) 윈난성 리장고성

윈난성 리장고성은 리장시 고성구에 위치하는데, 송말원초에 축조되기 시작하였다. 리장고성은 1986년 제2차 중국역사문화명성이 비준될 때 포함되었고, 1997년 유네스코 세계문화유산에 등재되었다. 중국에서 두 번째로 국가역사문화명성으로 선정되었으며 고성 안에는 100여 채의 전통 가옥이 남아 있다.

명청 시기의 거리 모습을 간직한 리장고성의 특징은 '성벽이 없는 성'이라는 점이다. 리장고성은 일반적으로 다옌(大硯)고진으로 알려져 있다. 그 이유는 고성 전체를 보면 커다란 벼루(硯)와 같다는 의미에서 '다옌진(大硯鎭)'이라고도 했는데, '옌(硯)'자와 '옌(硏)' 자의 발음이 같아 지금은 '다옌진(大硏鎭)'이라고 부른다. 오래전부터 이 지역은 양곡시장을 중심으로 발달해온 지역이라 물자가 풍부하였으며 사람들이 많이 모여든 지역이다. 그리고 당시 이 지역 통치자는 성이 '목'씨였는데, 고성 주위에 벽이 있으면 '목(木)'자가 '구(口)'에 둘러싸인 '곤(困)'자 모양이 되기 때문에, 성벽을 쌓지 않았다는 이야기가 있다.

리장고성은 소수민족인 나씨족(納西族)과 밀접한 관련이 있다. 나씨족은 원래 모성 사회로 가정 등에서의 여성의 지위가 높으며 할머니방이라는 게 있다. 이 할머니방은 한 집안의 최연장 여성이 사는 방으로, 집안 내의 미성년자들은 모두 이곳에서 살게 되어 있었다. 또한 나씨족은 동파문자라고 칭하는 상형문자를 가지고 있었으며, 이 문자는 종교적으로만 사용하였고 종교 경전인 동파경에 쓰였다.

나씨족은 7개의 별을 달아 어깨에 거는 칠성피견(七星披肩)이라는 전통복장을 지니고 있다. 여기서 칠성은 북두칠성을 의미하는 것으로 그들은 이 북두칠성이 세상의 빛과 온기를 가져다준다고 믿고 있다. 윈난의 보이차가 티베트로 가는 중요지에 살았기에 나씨족은 윈난의 보이차를 옥룡설산의 차마고도를 통하여 운송하였고 마방을 운영하였다.

속하고진(束河古鎭)은 나씨족 어로 '높은 봉우리 아랫마을'이란 뜻이다. 여기에서 높은 봉우리는 취보산(聚寶山)을 말한다. 해발고도 2,440m에 위치한 속하고진은 옥룡설산에서 흘러내려온 물이 수로를 타고 마을 전체를 통과하는데 물빛이 어찌나 투명하던지  모든 사물을 거울처럼 반사시킨다고 하여 사람들은 '천년 맑은 샘 마을(千年淸泉之鄕)'이라고도 불렀다. 리장 전체에서 가장 오래된 건축물로 800여 년의 역사를 지닌 대석교(大石橋)가 있으며, 맑은 물의 수원지인 구정용담(九鼎龍潭)이란 연못도 있다.

샹그리라(香格里拉) 호도협(虎跳峽)도 협곡으로 매우 유명한 곳이며 세계 3대 트레킹 코스로도 유명한 곳이다. 호도협이라는 의미는 호랑이가 큰 바위를 밟고 강을 건넌다는 전설에 유래하였다.

(4) 귀이저우성 전위안고성

구이저우성 우양(舞陽) 강변에 전위안고성(鎭遠古城)이 있다. 전위안고성은 2009년 3월에 '아름다운 10대 고성'을 뽑을 때 5위로 선정되었다. 전위안고성은 흰 담장과 검은 기와의 안후이 스타일 건축물이 특히 유명하다. 또 '용선(龍船) 문화 전승 기지'가 있다. 여름이 되면, 관광객이 늘고 있는데, 이들은 용선 경기 체험, 수상 레저, 농촌 민속관광 등을 즐긴다.

전위안고성이 처음 세워진 것은 진(秦)소왕 때 현을 설치하면서부터이다. 전위안의 명칭은 1258년 송나라 시대에 성을 축조하면서 불렸다. 전위안고성은 묘족과 동족 자치주 전위안현에 위치하며 "윈난 지역의 자물쇠, 쳰둥(黔東)의 관문"으로 불렸다. 이는 당시 강남 지역이나 베이징 지역을 가려면 전위안이 지름길 역할을 하였기 때문이다. 그래서 명 홍치 초년에, 전위안 태수 주영(周瑛)은 "윈난과 구이저우를 통하고자 한다면 먼저 전위안을 지켜야 한다."라고 말하기도 하였

다. 그리고『묘강문견록』에는 "전초(원난) 지역을 차지하려면 반드시 전위안을 차지해야 한다"라는 말이 있다.

원경이 태극도와 유사하여 '태극고성'이라 불리기도 한다. 북쪽은 부성이 있어 관청이 있었고, 남쪽은 위성이 있어 군대가 주둔하는 성이었다. 그래서 태극모양의 도시가 되었다. 이 지역은 지정학적으로 매우 중요한 지역으로서 정치, 경제, 문화 중심지이면서 군사요충지이기도 하다.

북쪽에는 병풍과 같은 험한 돌산이 있는데 이름이 석병산(石屛山)으로 방위에 매우 적합한 형세를 이루고 있어 군사적으로도 중요한 지역이다. 군사지역으로 중요하기에 군사보급품이 수시로 잘 보급되었으며 이를 위해 많은 상인들의 출입이 많았다고 한다. 이에 자연스럽게 상업의 중심지 역할을 하였다.

(5) 니야유적과 고대 정절국

니야(尼雅)유적은 타클라마칸에서 현존하는 최대의 유적지역이다. 니야유적을 통해 니야 고국을 알 수 있다. 니야는 신장위구르자치구 민펑현(民豊縣) 북쪽으로 약 120km 떨어진 타클라마칸 사막에 있는 오아시스를 말한다.

'세계 10대 신비의 고국'이라 불리는 니야 고국은 1901년 영국 고고 지리학자인 마크 오럴 스타인(Mark Aurel Stein, 1862~1943)에 의해 처음 발견되었다. 그리고 1901년 이래로 여러 차례에 걸쳐 스타인에 의해 발굴되었다.

니야는 전한의 정절국(精絶國)이 있던 곳으로 여겨진다. 정절국의 도읍은 정절성이고, 창안(長安)

에서 8,820리 떨어져 있다. 인구는 3,360명 정도이고, 병사는 500명 정도로 알려져 있다.

니야에서 발굴된 유적은 정절국의 당시 생활상을 알 수 있다. 정절국에 대한 가장 오래된 기록은 반고가 지은 『한서서역전』이다. 드라마 「귀취등지정절고성」은 고대 정절국을 소재로 한 작품으로 중국에서 방영된 시리즈물 총 8편 중 첫 번째 시리즈이다. 이 드라마는 웹소설을 드라마화한 것으로, 한국에서는 『고스트 램프1-비밀지하요새』와 『고스트 램프2-정절국 여왕』으로 번역하였다. 귀취등 시리즈는 '동양판 인디애나 존스'라는 수식이 붙었는데, 만화와 게임으로도 만들어졌다.

3) 중국 고진의 주요 사례

(1) 광시좡족자치구 황야오고진(黄姚古鎭)

구이린 리강(漓江)과 인상 류삼저(劉三姐)로 유명한 광시좡족자치구에 위치한 황야오고진은 광시좡족자치구 양숴에서 동남쪽으로 약 2시간 거리인 자오핑현에 위치하며 카르스트 지형의 고촌이다.

황야오고진은 송나라 시절에 조성되었으며, 명나라 때에 광둥 출신 객가인들이 들어오면서 상업이 발달하였다. 이곳은 옛날부터 중원과 영남(광둥과 광시)을 이어주는 중요한 길목이어서 객가인들이 돈을 벌기에 매우 유리한 지역이었다. 그래서 현재에도 객가인들과 주택들이 남아 있다. 작은 마을에 집이 300채 정도가 있으며 여러 사당들이 있다. 이는 여러 성씨가 모여 공존한 흔적이라고 볼 수 있다.

또한 황야오 지역은 장수촌으로 유명하다. 카르스트 지형의 신비한 산세와 맑은 물이 흐르는 요강이 있어 물이 풍부한 지역이다.

  2007년 중국 정부로부터 3번째로 중국 역사문화 명진으로 선정되었다. 문화대혁명 시기의 벽화 등이 여전히 남아 있는 4A급 풍경구이다.

(2) 쓰촨성 단빠장채(丹巴藏寨)

  단빠장채는 단빠현에 살고 있는 주민들로 구성된 장족 마을을 말한다. 2005년, 『중국 국가지리』 잡지가 주관한 '중국에서 가장 아름다운 곳'의 평가에서 가장 아름다운 옛 촌락의 1위로 선정되었다.

  단빠현은 장족 위주의 15개 소수민족이 모여 사는 곳이다. 단빠현은 대금하의 계곡을 따라 계곡 아래부터 산 높은 곳까지 있는 5천 년의 역사를 가진 장족 마을이다. 단빠현에는 갑거 장채, 중로 장채 등 고유의 장족 가옥을 볼 수 있다.

  단빠에는 3절(세 개의 아름다움)이 있는데, 이는 "갑거 장채(甲居藏寨), 조루(碉樓)군, 미녀"로 이곳을 대표한다. 이곳 갑거 장채가 외부에 알려져 관광객이 온 것은 2002년부터라고 한다.

  단빠에는 고대의 돌집이 166채가 남아 있다. 가장 오래된 돌집은 당대에 축조한 것이고, 가장 후대의 돌집은 청대 후반에 축조되었다. 망루형태의 돌집 높이는 일반적으로 20m이다. 최고 높은 것은 50m 정도이고, 건물 내부는 10층에서 20층까지 된 것도 있다. 층별로 10여 명을 수용할 수 있으며 돌집의 모양도 다양하다. 사각형이나 오각형, 육각형, 팔각형으로 나뉘며, 13각의 망루도 있다.

  티베트 지역에는 "캉띵(康定)의 사나이, 단빠의 미인"이라는 말이 있다. 캉띵의 남성은 잘 생겼다는 의미이고, 단빠의 여성은 미인이라는 의미이다. 특히 단빠는 미인이 많이 태어나는 지역으로 유명하다. 서하(西夏)의 황족 후예라고 전해진다.

  역사 기록에 의하면, 서하가 멸망할 때, 많은 황족과 후궁, 비빈들이 닝샤를 탈출하여 단빠로 왔다는 것이다. 또 다른 사료에 따르면, 단빠는 여성들이 다스렸다는 동여국(東女國)의 수도로 알려져 있는 곳이기도 하다.

전설에 따르면 동여국의 여왕은 온천에 몸을 담그는 것을 좋아하고 온천 향기가 나는 향리(티베트 지역의 큰 배)를 좋아해서 아주 미모가 뛰어났다고 한다. 그리고 민간에서 여왕을 따라 해서 미녀가 나라에 많아졌고 이 때문에 나라가 망했다는 이야기도 있다.

(3) 장쑤성 저우좡(周庄)

중국인들은 "수향의 아름다움은 저우좡에 모여 있다(周庄集中中國水鄉之美)"라고 말한다. 그리고 "강남 풍경은 천하에서 제일이고, 저우좡의 풍경은 강남에서 제일이다"라고도 말한다. 바다처럼 넓은 호수와 강줄기가 마을 사방으로 모세혈관처럼 골고루 흘러들어 아름다운 풍경을 지니고 있다. '정(井)'자 모양으로 형성된 수로를 따라서 나룻배가 오가고, 물 위로 예쁜 다리와 명·청대의 민가 100여 채가 이어져 있어 아름다움을 뽐낸다.

원래 이름은 정풍리(貞豊里)였으나 북송 1086년에 주적공랑(周迪功郞)이 불교를 신봉하여 땅을 절에 기증하자, 그의 이름을 기리기 위해 성인 '저우(周)'를 따서 '저우좡'이라 부르게 되었다. 점차 촌락이 형성되고 쑤저우 봉문 밖 40리에 큰 마을이 형성되어 지금에 이르기까지 약 900여 년의 역사를 가지고 있다. 장청(張廳)과 심청(深廳) 그리고 불교 사원 전복사가 볼 만하다.

저우좡 고진은 장씨와 심씨의 집성촌으로 마을의 부호가 살았던 두 채의 고택 장청(張廳)과 심청(深廳)이 있다. 장청은 명나라 때 건설되었고 방이 70여 개에 달한다. 청나라 때 장(張) 씨 가문이 거주해서 '장청'이라고 부르며 물길이 주택 안으로 들어오게 설계해서 독특한 풍경을 이룬다.

심청은 운하를 통한 국제 무역으로 부자가 된 심만삼(深萬三)의 후손인 심본인(深本仁)이 청나라 때 1742년에 건축하였다. 심만삼의 유래는 돈 많은 부호를 만호(萬戶)라 불렀는데, 만호들 중 세 번째 부자라서 '심만삼'이라고 하였다.

심만삼은 원나라 말기에서 명나라 초기까지 활동한 중국 제1의 부호였다. 그는 난징에 성을 쌓는 데 큰 공을 세웠지만, 나라보다 더 많은 부를 소유해서 주원장의 눈 밖에 났고, 윈난으로 귀양을 가게 되었다. 지금도 저우좡 사람들은 심만삼을 재물신으로 받들고 있다. 그리고 심청에는 크고 작은 방이 100여 칸이 있다. 심청의 원래 이름은 경업당이었다. '경업정신(敬業精神)'이란 의미는 "맡은 바 일에 최선을 다한다"라는 프로정신을 말한다.

(4) 후난성 푸룽진(芙蓉鎭)

푸룽진은 후난성 샹시 지역 토가족묘족자치주 융순현에 위치한 연꽃마을로서 중국에서 가장 아름다운 옛 마을 중 하나이다. 푸룽진은 1966년 시작된 문화대혁명 전후의 이야기로 유명해진 마을이다. 1981년에 출간된 구화(古華)의 소설 『푸룽진』을 1987년에 셰진(謝晋) 감독이 영화 「푸룽진」으로 제작하였다.

소설 『푸룽진』은 작가 자신이 20년 동안 지내서 잘 아는 남쪽 지역의 조그만 고장의 사람과 일을 바탕으로 정치적 풍운과 민간의 풍속 등을 드러냈다. 작품은 1963년부터 1979년 사이 인물의 운명을 통해서 남쪽 지역의 생활상을 반영하였다. 이 소설은 1982년에 제1회 마오둔 문학상을 수상했고, 1986년에 셰진이 메가폰을 잡아 동명 영화로 각색되어 영화로 제작되었다.

이곳은 유광으로 떨어지는 폭포 위 절벽에 있는 경치 좋은 곳으로 잘 알려져 있다. "800년 토가족, 300년 마을, 100년 가옥, 1000년 돌길, 10000년 대폭포"가 적혀 있는 것을 볼 수 있다. 소수민족 토가족의 전통이 살아 있는 푸룽진은 예로부터 쌀두부가 유명하다. 영화 스토리는 다음과 같다.

여주인공 호옥음은 1963년 봄 남편 여계계와 함께 쌀두부집을 열어 돈을 많이 벌었다. 그녀의 파란만장한 삶이 푸룽진의 좁고 오래된 골목에서 이어진다. 평온한 마을에 국영 음식점의 여성 경리인 이국향이 부임하면서 정치 운동이 벌어진다. 호옥음도 우파로 분류돼 대중 모임에서 호된 비판을 받는다.

가게를 빼앗기고, 남편 등 주변 사람들로부터 배신당한다. 결국 사상개조를 위해 거리를 청소하는 신세로 내몰린다. 호옥음은 이미 우파로 지목돼 거리 청소를 하고 있던 진서전을 깊이 알게 된다. 동병상련의 마음으로 빗자루를 들고 춤을 추는 등 함께 어울린다.

어느 날 호옥음이 병으로 눕자 진서전은 정성스레 간병하면서 서로 사랑하게 된다. 그러나 당은 이들의 결혼을 허락하지 않고 결국 둘만의 결혼식을 올린 뒤 공식적인 부부 관계를 유지한다. 그러나 당이 허락하지 않은 결혼이라 불법 결혼으로 죄가 되었다. 진서전은 10년 징역형을 받고 수감됐고, 호옥음도 3년형을 받지만 임신 중이라 투옥되지 않는다.

호옥음은 혼자 아이를 낳다가 위험한 고비를 맞지만 미곡창 주임이었던 곡연산이 구해준다. 호옥음은 계속 거리 청소를 하면서 아이를 키웠고 시간이 흘러 결국 문화대혁명도 끝이 나게 된다. 공산당은 호옥음에게 쌀두부집과 몰수했던 돈을 돌려준다. 나아가 그녀의 바람대로 진서전을 사면해주고, 가족이 모여 살도록 해준다.

현재 푸룽진의 골목 안에 들어선 쌀두부집은 영화에서 여주인공을 맡았던 배우 류샤오칭(劉曉慶)의 이름을 따 '정통 류샤오칭 쌀두부집'이란 간판이 걸려 있다.

정통 류샤오칭 쌀 두부집

왕촌은 장자제에서 버스 약 2시간 거리에 있다. 왕촌을 끼고 강이 흐르는데, 예로부터 초촉통진(楚蜀通津)이라 하여, 초나라와 촉나라로 통하는 '천년 나루'로 유서가 깊다. 또한 이곳은 '작은 남경'이라 불릴 만큼 물산이 풍부하고, 교역이 활발했던 지역이다.

청나라 건륭, 가경, 도광 연간에는 총 500m 정도인 돌길을 따라 크고 작은 가게가 300여 채, 음식점과 객잔이 100여 호에 달했고 매일 오가는 상인들이 무려 2,000여 명을 넘어섰다고 한다.

4. 문화콘텐츠로서의 현대적 의미

시진핑 국가주석은 2014년부터 매년 중국의 주요 문화유산과 관련된 곳을 돌아보면서 문화유산 보호와 전승을 강조하고 있는데 이는 시진핑 정부의 문화유산 정책을 알 수가 있다. 그만큼 중국 정부는 문화산업을 하나의 중요한 산업으로 인식하고 이를 발전시키고자 하는 의지를 보여주고 있다. 이러한 의미에서 문화콘텐츠로서의 고성과 고진 그리고 도시재생은 큰 의미를 지니고 있다고 할 수 있다.

첫째, 문화유산으로 지정된 고성과 고진은 역사적 관광자원으로서 가치가 높다고 할 수 있다. 특히 고성과 고진이 중국의 전국에 분포해 있는데, 이들 지역은 현대화된 도시 속에서도 옛 모습을 그대로 간직하고 있어서 역사적 관광산업으로서 매우 중요한 역할을 할 수 있다. 중국이 빠른 경제발전으로 많은 지역이 도시로 발전하고 변하고 있지만, 고성과 고진은 중국 정부가 관심을 가지고 보존하면서 이를 잘 활용하고 있다.

이들 고성과 고진은 외국에서 온 관광객에게 현대화된 도시풍경뿐만 아니라 도시에 내재되어 있는 오랜 역사와 문화를 향유할 수 있게 해 준다. 과거 문화대혁명 기간 동안 고성과 고진은 많이 훼손되기도 하였지만, 개혁개방 정책 이후 중국 정부가 전통문화 보존에 힘썼고 개발보다는 원형을 보존하며 역사와 문화를 관광 상품화할 수 있게 하였다.

둘째, 도시재생은 스토리가 있는 문화산업이 될 수가 있다. 도시재생은 구도시를 현대적 의미로 재해석하여 재탄생시킨 것으로서 생활의 일부일 뿐만 아니라 하나의 스토리가 어우러져 있는 도시적 의미이다. 이는 단순히 구도시가 현대 도시로 탈바꿈하는 것이 아니라 과거의 역사를 품고 이를 현대적으로 재해석해내어 이 도시만의 스토리가 담긴 도시를 만들었기에 가능한 것이다. 사람들은 새롭게 재생된 도시들을 찾아와서 그 속에 담긴 도시의 과거 역사와 현재 그리고 미래를 동시에 경험할 수 있게 되는 것이다. 이를 통한 문화적 이익 창출 역시 가능하다. 또한 동네 전체를 무너뜨리고 새로 다시 짓던 기존의 재개발과는 달리, 도시재생은 지자체에서 도시재생 지원센터를 만들어 운영하는 게 일반적이다. 이 과정에서 이 지역 주민들과 도시재생 당국 사이에 적극적인 의견교류를 통해 지역의 현안을 파악하고, 이를 반영하면서 함께 진행한다. 따라서 단순한 재개발이 아닌 그 지역의 스토리를 담아내는 일련의 교류의 장이 형성되고 이를 통해 새로운 도시를 탄생시키기 때문에 그 자체로서 큰 의미를 지닌다.

부록: 문화산업 관련 주요 5개년 규획

「제10차 5개년 계획(10·5계획, 2001~2005)」	
2000년 제15차 전국대표대회	문화산업 정책을 수립 문화도시 건설과 문화도시 관리 강화와 문화산업 발전 추진 강조 문화산업에 종사하는 인력 양성에 주안점
2003년 중국문화부	12월에 주최한 전국 문화청 국장 회의: '인재흥문(人才興文)' 정책 제시
2004년 중국 정부	인재양성을 통해 문화산업을 부흥시키겠다는 '인재흥문' 정책을 각 성(省), 자치구, 직할시 문화부에 하달 → 정부가 한층 강화된 구체적인 인력양성 방안 제시
2005년 4월 중국문화부 부장	문화산업 인력 부족은 문화산업의 발전에 부정적인 영향을 미치고 있기 때문에 문화산업의 인재를 양성하는 데 주력할 것을 강조

「제11차 5개년 규획(11·5규획, 2006~2010)」	
「11·5 문화 발전계획강령」 서문	"전면적 샤오캉 사회를 건설하고 사회주의 현대화 건설을 추진하는 중요한 시기이자 문화발전을 위한 주요한 단계"임을 강조
주요 내용	문화사업과 문화산업을 구분하여 각각을 세분화·명료화 문화산업을 정부의 지주 산업으로 발전시키기 시작 풍부한 중문 디지털의 산업을 지향하며, 출판, 영상, 광고, 문화, 교육 등 디지털 산업의 발전을 추구한다고 강조 자국 애니메이션 산업을 발전시킬 것을 강조
	문화사업과 문화산업을 적극 발전시키고 더욱 많은 인민군중의 요구에 맞춘 우수한 문화제품 창조 정부가 문화사업에 대한 투입을 확대하고 점진적으로 전 사회를 덮는 비교적 완전한 공공문화 서비스 시스템 형성 문화혁신을 추진하고 명품 전략을 실시하고 예술 창작을 번영하게 하고 문화예술 제품의 질 향상 문화 자연 유산과 민족 민간 문화에 대한 보호 강화 방송 영화 TV의 시청 지역 범위를 확대하고 숫자 방송 영화 TV를 발전하며 방송 안전 확보 뉴스 사업을 번영시키고 현대 출판업을 발전하고 디지털 출판을 발전시키고 인터넷 매체의 건설 중시 표준 중국어 사용을 강력히 추진 국제 문화교류를 확대하고 적극적으로 국제 문화시장을 개척하며 중화 문화가 세계로 나간다는 정책을 추진하고 상하이 엑스포를 성공적으로 치름
2008년 10월	「문화체제개혁 중 영리성 문화사업 부문을 기업으로 전환하는 규정」과 「문화체제개혁 중 문화기업의 발전을 지원하는 규정」의 내용: 기업화된 국유문화기업에 대하여 세금감면의 혜택을 주고 기업소득세와 부동산세를 면제하고 지방정부가 해당 기업들의 발전을 위해 발전기금을 부담하도록 함
2010년	「문화인재규획」 정식 실시 「국가 중장기 인재 발전 규획 강요(2010~2020)」에 근거하여 편제한 문화 영역 인재 발전 계획 「규획」을 통해 '인재흥문' 전략을 실시하고 문화산업 고급 인력을 양성하며, 국민 전체의 문화적 소양을 높이고자 함

「제12차 5개년 규획(12·5규획, 2011~2015)」	
주요 내용	문화산업을 국민경제의 주력 산업으로 육성할 방침을 세움 12·5규획 기간 동안 중국정부는 문화산업 건설 등 '문화강국'이 되기 위한 여러 가지 전략과 정책 실시 「12·5 문화산업 배증계획」이 발표되면서 문화산업의 중점산업이 11가지로 제시
2011년 제17차 6중전회	「중공중앙 문화체제 개혁 심화 및 사회주의 문화 대발전 대번영 촉진에 관한 몇 가지 중대 문제 결정」에서 '문화건설'이라는 대 전제하에 문화사업 및 문화산업을 국가적 전략사업으로 지정 전 국민의 문화적 소양제고, 국가 문화 소프트파워 증대 및 중화 문화의 국제 영향력 강화를 목표로 삼음 중국 특색 사회주의 문화발전 방식을 유지하고 과학·기술·창조력을 기반으로 현대화·세계화·미래화를 지향하여 2020년까지 문화개혁 발전을 완성하는 것을 목표로 삼음

「제13차 5개년 규획(13·5규획, 2016~2020)」	
2015년 제18차 5중전회	제13차 5개년 규획 통과
주요 목표	현대적인 문화시장 시스템을 구축하고, 문화유산보호와 활용을 강화, 문화와 과학기술 등 융·복합 지향, 문화산업을 국민경제의 기간산업으로 육성, 중화문화의 세계화, 국가의 문화 소프트파워 강화 및 향상
주요 내용	문예 창작 지원, 공공문화서비스 보급 전면적인 확대, 문화유산에 대한 보호 발전, 문화산업 발전을 위한 보다 체계적인 체제보완, 중화문화 세계화 등 중점적으로 다룸
	문화산업을 통해 문화강국으로 나아가고자 하는 전략이 담김 '인터넷+문화', '문화+인터넷'의 개념이 나타나기 시작, 문화 중심으로 파생 산업 중요성 강조 문화예술 창작활동 증진, 문화 격차 감소, 문화산업 구조개혁, 건전한 문화산업 시장 형성, 문화유산 보호 및 발전, 중화문화의 세계화
2018년 발표된「문화창의산업 혁신발전 촉진을 위한 의견」	문화산업의 디지털 혁신과 IP(지식재산권)를 발전 방향으로 확정하였고, 정책과 관련하여 문화공간 확대, 중점 기업과 브랜드 육성, 문화소비 수준 향상, 문화혁신 인재 육성 등 다방면으로 지원 확대

「제14차 5개년 규획(14·5규획, 2021~2025)」	
2020년 19차 5 중전회	「중공중앙 국민경제사회발전 제14차 5개년 규획과 2035년 장기목표에 대한 건의(이하,「건의」)」 심의·통과 「건의」를 통해 '전면적인 사회주의 현대화 국가 건설'을 목표로, '사회주의 발전 2단계'의 경제·사회·문화·환경·국방·안보를 아우르는 국가발전 방향 제시 시진핑 국가주석은 다시 2단계(2021~2035, 2035~21세기 중엽)로 구분. 2035년까지 '기본적인 사회주의 현대화 국가'를 건설하겠다는 목표를 제시하였고, 이에 대한 구체적인 로드맵을 제시했다. 특히, 「건의」에는 중국이 직면하고 있는 대외 불확실성과 대내 개혁과제 대응을 위한 6대 목표와 48개 정책과제가 제시
의의	중국이 5개년 규획과 15년 장기 계획 목표를 동시에 제시한 것은 사회주의 시장경제 건설 직후인 1996년「9·5 계획과 2010년 장기목표」이후 24년 만에 처음 이는 중국이 사회주의 발전에 있어 중요한 전환점과 새로운 단계에 진입하였음을 의미
주요 내용	중국 경제사회 발전에 있어 중요한 전환기이자 새로운 단계로 진입하는 첫 번째 5개년 규획 '두 번째 100년 목표' 달성을 위한 중장기 미래 발전방향과 발전전략을 포함하고 있음
2035년까지의 목표	2035년까지 과학기술 자주혁신, 문화소프트파워 강화, 문화의 해외진출 등 종합적인 국가역량을 키워 선진국 대열에 합류하겠다는 목표를 분명하게 밝힘 2035년까지 문화강국 건설을 위한 발전 목표를 명확하게 제시하면서, 문화산업의 디지털화 전략 강조
핵심	30여 년 만의 중국 성장전략 대전환을 예고하는 '쌍순환(雙循環)' 전략 쌍순환은 '국내대순환'을 중심으로 '국내·국제 순환'을 상호 촉진한다는 중국의 새로운 경제 발전전략
6대 목표	경제발전의 새로운 성과 달성, 개혁개방의 새로운 전진, 사회문화 수준의 새로운 향상, 생태문명 건설의 새로운 진보, 민생복지의 새로운 도약, 국가 치리의 새로운 제고
중공중앙 판공청 2022년 5월	「국가 문화 디지털화 전략 실시에 관한 의견」을 발표: 중국 문화 데이터베이스 구축, 플랫폼 확대, 각종 문화기관의 디지털화, 온라인과 융합된 문화 체험 실현, 공공 문화 디지털 콘텐츠 공급 역량 강화, 새로운 문화기업 육성을 통한 문화산업의 디지털화 방향 제시, 문화 디지털화 치리(治理) 체계 구축 및 문화 데이터에 대한 관리·감독 강화 등 8가지 중점 임무 및 관련 내용 포함

2021년 4월 29일 문화여유부	「'14·5 문화산업발전규획'의 통지」 발표 「통지」의 서언에서 시진핑은 "14·5 시기의 발전을 모색할 때, 문화산업 발전을 매우 중시해야 한다."라고 밝힘 "문화산업의 발전은 사람들의 다양함을 만족시키고 고품질의 문화욕구를 충족시키는 중요한 기초이며, 문화 창조의 활력을 불어넣고 문화강국 건설을 추진하는 데 있어 필수적인 요구이다."라고 밝힘 e스포츠를 포함하며 e스포츠 및 게임산업의 융합발전을 장려 상하이, 광저우, 하이난, 청두, 우한 등 다수의 지방정부도 e스포츠 육성의 구체적인 목표를 정함 e스포츠 경기장 건립과 대회 개최, 대학교 내 e스포츠 관련 학과의 개설 등 e스포츠 산업 발전정책을 발표하고 장려
2021년 10월 국무원	「제14차 5개년 국가지식재산권 보호와 운용규획(2021~2025)」 발표 「규획」에는 지식재산권 보호 및 활용방면에서 IP강국으로 성장하기 위한 중점 전략과 지식재산권 관련 부문이 수행해야 할 중장기 계획을 담음 주요 목표: 2025년까지 "지식재산권 보호의 새로운 단계에 진입, 지식재산권 운용의 새로운 성과 달성, 지식재산권 서비스의 새로운 수준 도달, 지식재산권 국제협력의 새로운 돌파구 마련" 등
2021년 6월 2일 문화관광부	「'14·5' 문화와 관광 발전 규획」에 관한 통지 발표 : 신시대예술창작 건설, 문화유산보호전승이용, 현대공공문화서비스, 현대문화산업, 현대관광업, 현대문화와 관광시장 등을 주요 내용으로 함 문화와 관광의 융합을 촉진시키고, 혁신인인 발전을 위해 노력하며, 국가의 문화소프트파워를 제고하는데 주력을 다할 것을 강조 「'14·5'문화와 관광 발전 규획」의 구체적인 목표: 전국중점문물보호단위 '4유(有)'작업 완성율 100% 달성 30개 국가급문화생태보호구와 20개 국가급비물질문화유산관 건설 전국 각 종류의 문화시설(공공도서관, 문화 센터, 미술관, 박물관, 예술공연장소) 77,000개 건설 문화시설은 연간 48억 명에 서비스를 제공 2035년까지 문화와 관광발전은 사람들의 전면적인 발전과 인민 공동부유를 실현할 수 있도록 보장

참고문헌과 읽을거리

Natsuki Sumeragi,『양산백과 축영대』, 비앤씨, 2001.
고우영,『수호지』1-20 , 자음과모음, 2003.
공봉진 외 7명,『세계문화유산』, 경진출판, 2022.
공봉진·이강인,『중국 대중문화와 문화산업』, 한국학술정보, 2013.
공봉진·이강인·조윤경,『한 권으로 읽는 중국문화』, 산지니, 2010.
구본수,『진융 무협소설의 대중문학적 특징』, 인하대학교, 2007.
권응상,『중국공연예술의 이해』, 신아사, 2015.
권응상·HANLING, "중국 실경(實景)공연 산업의 현황과 과제",『지역과문화』10(2), 한국지역문화학회, 2023.
김두일,『중국 모바일 게임시장 이렇게 공략하라』, 유영욱 그림/만화, 에이콘출판, 2015.
김양수, "중국 '5세대 감독'의 영화와 오리엔탈리즘",『현대중국연구』제4권, 1996.
김연희, "한류와 중국의 타문화 수용 : 유가사상과 리얼리즘의 시각에서", 국민대학교 대학원, 2006.
김용,『사조영웅전』세트, 김용소설번역연구회 번역, 김영사, 2020.
김용,『신조협려』세트, 이덕옥 번역, 김영사, 2020.
김용,『의천도룡기』세트, 임홍빈 번역, 김영사, 2023.
김용,『천룡팔부』세트(전10권), 이정원 번역, 김영사, 2020.
김종현 편역,『개혁 개방이후의 중국문예이론』, 늘함께, 2000.
김진영 외 7명,『중국 문화콘텐츠에서 문사철을 읽다』, 경진출판, 2021.
김창경 외 3명,『중국 문학의 감상』, 한국학술정보, 2020.
김창경 외 3명,『키워드로 여는 현대 중국』, 경진출판, 2022.
김태만·김창경 외 2명,『쉽게 이해하는 중국문화』, 다락원, 2018.
김혜석,『소설 양귀비』, 북팜, 2020.
다이진화,『무중풍경: 중국영화문화 1978-1998』, 이현복, 성옥례 옮김, 산지니, 2007.
다이진화,『성별중국: 중국 영화와 젠더 수사학』, 배연희 옮김, 여이연, 2009.
당칠공자,『삼생삼세 십리도화』, 문헌선 번역, 문학동네, 2017.
루훙스 슈샤오밍,『차이나 시네마: 중국영화 백년의 역사』, 김정욱 옮김, 동인, 2005.
류영하,『사라진 홍콩』, 산지니, 2023.

류영하, 『홍콩 산책』, 산지니, 2023.
리어우판, 『상해 모던』, 고려대학교출판부, 2007.
모옌, 『붉은 수수밭』, 심혜영 번역, 문학과지성사, 2014.
박신희, 『중국문화산업이 미래다』, 차이나하우스, 2016.
박희성, 『WTO 가입 이후 중국 영화산업의 변화와 전망』, 영화진흥위원회, 2005.
서정희, 『서유기 81난 연구』, 부산대 중국소설연구회 번역, 산지니, 2018.
소강춘·장미영·유지은·이수라, 『스토리텔링과 문화산업』, 글누림, 2009.
소준섭, 『중국사 인물 열전』, 현대지성, 2018.
송원찬·신병철·안창현·이건웅, 『문화콘텐츠 그 경쾌한 상상력』, 북코리아, 2010.
수쉬빈, 『현대 타이베이의 탄생』, 곽규환 남소라 한철민 번역, 산지니, 2020.
슈아이잉·이준표·이승희, "중국 실경공연 <인상유삼저(印象劉三姐)>에 나타난 공연예술과 지역사회의 문화산업적 요소 연구", 『문화산업연구』14(4), 한국문화산업학회, 2014.
슈테판 크라머, 『중국영화사』, 황진자 옮김, 이산, 2000.
예룬 더클룻·앤소니 펑, 『차이나 유스 컬처』, 김정아 번역, 시그마북스, 2017.
예태일·전발평, 『산해경』, 서경호·김영지 번역, 안티쿠스, 2008.
오승은, 『교양으로 읽는 서유기』, 장순필 번역, 탐나는책, 2021.
오현리, 『중국무협영화 1』, 한숲출판사, 2001.
완수희·김선영, "중국 실경공연의 비즈니스 모델 연구: <판타지아·하남>을 중심으로", 『한국과 국제사회』8(2), 한국정치사회연구소, 2024.
위아이청, 『대중음악으로 이해하는 중국』, 이용욱·구성철 역, 학고방, 2005.
위화, 『인생』, 백원담 번역, 푸른숲, 2007.
유세종, 『지아장커, 세계의 그늘을 비추는 거울』, 봄날의 박씨, 2018.
유재기, 『21세기 중국문화산업시장의 이해』, 알에이치코리아, 2019.
유진룡, 『엔터테인먼트 산업의 이해』, 넥서스BIZ, 2009.
육소양, 『세계화속의 중국 영화』, 정옥근 옮김, 신성출판사, 2005.
윤미영, 『영화 속의 중국문화』, 이담북스, 2009.
이강인, "중국영화의 민족주의 현상에 대한 연구: 영화 「영웅」과 「집결호」를 중심으로", 『국제정치연구』Vol.11 No.1, 동아시아국제정치학회, 2008.
이강인, "중국영화의 제5세대와 제6세대에 대한 고찰", 『China 연구』Vol.4, 부산대학교 중국연구소, 2008.
이범기, 『판관 포청천』, 문공사, 1997.

이욱연,『포스트 사회주의 시대의 중국문화』, 서강대학교출판부, 2009.
이종철,『우리는 누구나 무협을 꿈꾼다: 무협 활극 탐구기』, 어문학사, 2024.
이종철,『중국영화의 거장들』, 학고방, 2008.
이종철,『중국영화의 향연 중국영화 르네상스를 꿈꾸다』, 학고방, 2006.
인홍,『중국영상문화의 이해』, 이종희 옮김, 학고방, 2002.
인홍,『중국 영상문화 연구의 길』, 학고방, 2007.
임대근,『중국영화의 이해』, 동녘, 2008.
임춘성, 왕샤오밍,『21세기 중국의 문화지도 : 포스트사회주의 중국의 문화연구』, 중국
　　　　문화연구 공부 모임 옮김, 현실문화연구. 2009.
장동천,『영화와 현대 중국 : 한 세기를 가로지른 창조와 열광의 여정을 따라』, 고려대학
　　　　교출판부, 2008.
장장,『신시대 사회주의 문화강국 건설』, 최경화 번역, 역락, 2022.
차이나헤럴드,『중국도감』, 스노우폭스북스, 2022.
천하패창,『고스트램프 1: 비밀지하요새』김하나·이미영 번역, 엠빈, 2007.
천하패창,『고스트램프 2: 정절국 여왕』김하나·이미영 번역, 엠빈, 2007.
천스위·손젠쿤,『산해경 괴물첩』, 류다정 번역, 디지털북스, 2019.
최환,『중국 영화의 이해와 감상』, 영남대학교출판부, 2005.
최명숙,『중국 대중음악 연구』, 민속원, 2019.
포송령,『요재지이』, 송시훈 번역, 다락원, 2008.
하이옌,『랑야방: 권력의 기록 세트』, 전정은 번역, 마시멜로, 2016.
한국 중국현대문학학회,『영화로 읽는 중국』, 동녘, 2006.
한국문화콘텐츠진흥원,『중국 애니메이션 비즈니스』, 커뮤니케이션북스, 2007.
한국중국희곡학회,『한국과 중국의 연극과 연희』, 서우얼출판사, 2006.
한국콘텐츠진흥원 해외산업동향 https://www.kocca.kr/kocca/bbs/list/B0158950.
　　　　do?menuNo=204160
한국콘텐츠진흥원,『중국 문화산업 정책연구 보고서(2013-2014)』, 진한엠앤비, 2015.
후지이 쇼조,『현대중국 영화로 가다』, 김양수 옮김, 지호, 2001.

찾아보기

용어

17년(十七年) 90
1호점 경제 18
2035년 문화강국 건설 78-79
2차원 경제 18
5개1공정(五個一工程) 72-73
5가지 희망사항 74
80후 감독 99
90후 감독 99
ACGNC 18
AI 콘텐츠 35
AI+음악 131
AIGC 35-36, 44
CCTV우시 영시기지 99-100
e스포츠 149-152, 164-166
OBMU 16-17
OSMU 16-17
Z세대(Z世代) 17, 44, 49, 162

(ㄱ)

게임 라이브 시장 164
게임 셧다운제 153-154
게임 스토리텔링 25
게임산업 36, 147-149, 151, 153, 155, 156, 159, 187, 229
고대 정절국 278-279
고성(古城, 故城) 254, 261-263, 273-278, 285

고우영 228, 242-243
고장극(古裝劇) 67-68, 71
고진문화(古鎭文化) 262
고품질발전 254
광저우 Redtory 267
교육형 게임 148
구룽(古龍) 244-245
국가광파전시총국 41, 78, 141
국가신문출판광전총국 41, 75
국가영화국 41, 85, 93-94, 106-110
굿즈(谷子)경제 17
그랑삼국과 킹덤 스토리 230
김염 88

(ㄴ)

니야유적 278

(ㄷ)

단빠장채(丹巴藏寨) 280
다시 만남(又見) 시리즈 135
더우위 150, 164
대중영화백화상(大衆電影百花獎) 103
도시기억재생 254
도시재생(Urban Regeneration) 255-257, 263, 267, 270, 285-286
도우인 150
동양 판타지 세계관 20
드라마제재기획회의 69
드림(尋夢) 시리즈 135

디지털 스토리텔링 24-25
딥시크(DeepSeek) 14, 175

(ㄹ)
라이브 스트리머 162
라이브 커머스 162-164
라이브방송 161-162, 161, 173-174
량위성(梁羽生) 244-246
롱폼 드라마 48
란링위 88-89
루찬 98-99
뤄톈이(洛天依, Luo Tianyi) 133
리장고성 262, 272, 276
리진후이(黎錦暉) 128-129
리팡팡 99
릴숏(ReelShort) 71

(ㅁ)
마이크로 드라마 70
맹강녀 31, 185, 199-202, 206, 250
메이란팡 89, 203, 211
모간산루 M50 265
모바일게임시장 148
모범극(樣板戲) 61
무협소설 87, 224, 239, 244-247
문예강화(文藝講話) 50-51
문예공작좌담회 50-51
문화 및 관련 산업분류 45
문화산업분류 원칙 44
문화산업진흥규획 40
문화안전(文化安全) 40
문화여유부 41, 56, 141
문화원형 15, 29-30, 32, 177-179, 182-183, 185, 228, 250-251

문화유산 30-31, 46, 72, 118, 196, 250, 254, 262, 272-274, 276, 285
문화자신 50, 55, 272
문화전승발전좌담회 56
문화창의산업(文化創意産業) 254, 256, 259-261, 264
문화창의산업단지(文化創意産業園) 42, 254, 260-261, 263
문화창의산업발전규획 260
미니 드라마 70

(ㅂ)
바이트댄스(Bytedance) 36, 175
백사전(白蛇傳) 31-32, 185, 199-203, 250
백화상 91, 103
버추얼 아이돌(虛拟偶像) 132
베이징 798예술구 258, 263-264
베이징 역대제왕묘박물관(北京歷代帝王廟博物館) 193
보도 드라마(電視報道劇) 60-61
불교 시리즈 135
비리비리 44, 150, 152

(ㅅ)
사바이톈(傻白甛) 74
사회주의 핵심가치관 51-53, 82, 109, 124, 130, 140-141, 143, 168, 170, 172-173
삼황오제(三皇五帝) 185, 190-193, 250
상산 영시성 99, 101
상하이 M50예술구 264
상하이 신십강(新十鋼) 홍방(紅坊) 266
상하이 영시낙원 101
상흔(傷痕) 드라마 62
샤오미(小米) 165-166

서부영시성 27, 99, 102
서양 그림자극(影戲) 85
세계관 19-24, 158, 168, 172, 183, 202, 203, 223, 226, 250
송성가무쇼 135-136
숏클립(短視頻) 34, 42, 44, 161, 163, 171-172, 174
숏폼 드라마 48, 70-71, 74, 78, 101
수묵(수묵화)애니메이션 112-113
스낵 컬처(Snack Culture) 33
스크립트 킬(劇本殺) 26
스토리텔링 14-15, 18-19, 21, 23-26, 35, 47, 72, 206, 215, 219
시나(新浪) 44, 165-166
시진핑 사상 52-53, 56, 123
시진핑 문화사상 55-56
신시기 영화 91
실감 콘텐츠 34-35
실경공연 133-135
실버 e족(銀髮e族) 46
쑨옌쯔 131

(ㅇ)
양귀비 204-205, 209-213, 250-251
양산백과 축영대(梁山伯與祝英臺) 32, 195-196
양축전설 31, 194-197
역사 서사 30
연합제작(聯合攝制) 81, 104
왕이(網易) 156, 165-166
왕자웨이(王家衛) 97
왕차오거(王潮歌) 135
우랑직녀(牛郎織女) 31, 185, 199, 200-202, 250

우바이(伍佰) 131
우주 SF 세계관 20
워룽성(臥龍生) 244-245
웹드라마 23, 33, 68, 70-71, 73-74, 77-78, 160, 169, 196
웹콘텐츠 32-33
위챗 샤오청쉬 148
위탁제작(委托攝制) 104
인상 시리즈 133-135
인터넷 문학예술(網絡文藝) 73

(ㅈ)
자워쮀 영시성 102
장이머우 91-92, 96-97, 133-135, 199, 207-208, 211
저우좡(周庄) 281-282
전국선전사상문화공작회의 56
전위안고성 277
정능량(正能量) 41-42
정저우시 염황이제소상경구(炎黃二帝塑像景區) 193
제11차 5개년 규획 260
제12차 5개년 규획 42
제14차 5개년 규획 78, 124, 261
제17차 6중전회 40-41
제5세대 영화감독 96-97
제6세대 감독 98
제7세대 영화감독 98
종횡 좌표법 79
주선율(主旋律) 40-41, 72, 130, 145
주제공원(主題公園) 27
주제낙원(主題樂園) 27
중국 게임산업 147-149, 151, 153, 156, 159
중국 인터넷 산업 160

중국공연문화 133, 135
중국영화금계상(中國電影金鷄獎) 103
중국영화의 해 88
중국영화화표상(中國電影華表獎) 103
중국 드라마 58, 67, 69-72, 78, 81
중산 영시성 99, 102
중세 판타지 세계관 20
중앙광파사업국(中央廣播事業局) 58
중화삼조당(中華三祖堂) 194
쥐저우 영시성 99-100
진삼국무쌍 시리즈 227, 229
진시황 30, 102, 181, 204-209, 250-251
진융(金庸) 65, 67, 97, 244-247

(ㅊ)
찰리우드(Chollywood) 85, 106
창잉세기성 100
천카이거 91, 96-97, 211
첫 번째 경제 18
치맥 관광 75
치후360(奇虎360) 165-166

(ㅋ)
캐주얼게임 147
코에이 테크모 삼국지 시리즈 228-229
콰이쇼우 150-151

(ㅌ)
타이완영화금마상(臺灣電影金馬獎) 103
테마파크 18, 26-29, 32, 101, 135-136, 214
테마파크 스토리텔링 26
텐센트 26, 35, 48, 67-68, 70, 72, 111, 132, 148, 154, 156-158, 164-165

(ㅍ)
판호 156-158
판타지아(只有) 시리즈 135
팡터환락왕국(方特梦幻王國) 28
패도총재(覇道總裁) 73-74
펑샤오강(馮小剛) 76, 97-98, 105
펑황고성(鳳凰古城) 262, 274-276
평강불초생(平江不肖生) 87
포청천 78, 214-218, 250-251
푸룽진(芙蓉鎭) 282-283
핑야오고성(平遙古城) 262, 273-274

(ㅎ)
헝뎬 영시성(橫店影視城) 27-28, 99, 101
혁명드라마 62
현실주의 드라마 62
협작제작(協作攝制) 104
홍콩 시주룽(西九龍) 문화구(West Kowloon Cultural District) 269
홍콩 영화금상상(香港電影金像獎) 103
화이러우 영시기지 99-100
화표상 103
환상서사 30
황비홍 204-205, 218-222, 248, 250-251
황야오고진(黄姚古鎭) 279
후뎨 87-88
후야 66, 150, 164
후퉁(胡同) 268-269

책, 잡지

『강호기협전(江湖奇俠傳)』 87, 244
『고량주(高粱酒)』 91

『뇌봉탑』 202-203
『백발마녀전』 246
『사조영웅전』 65, 97, 245-247
『산해경』 20, 30, 122, 185-189, 250
『삼국지』 224-229, 231, 238-242, 250, 252
『삼협오의』 215, 217, 244
『서유기』 112-114, 116, 153, 189, 224, 231-236, 238-239, 250, 252
『수호전』 63, 224, 237-244, 252
『신조협려』 65, 246
『의천도룡기』 65, 246
『중국브로드웨이(中國百老匯)』 130
『천룡팔부』 65, 246
『칠협오의』 215, 244
『포공안(包公案)』 215, 217
『푸룽진』 282
『홍까오량』 91

드라마, 영화, 애니메이션, 게임, 공연

「22」 99
「가녀홍목단(歌女紅牡丹)」 87, 89
「갈망(渴望)」 63-64
「강자아(姜子牙)」 118, 120
「거유풍적지방(去有風的地方)」 72
「검은신화: 오공(黑神話: 悟空)」 153, 234-235
「고고다이노」 122
「고주일척(孤註一擲)」 93
「귀신이 온다(鬼子來了)」 93
「그랑삼국」 227-228, 230
「금면왕조(金面王朝)」 135-136
「금수중화(錦繡中華)」 136

「꿈속의 대당」 211-212, 213
「나의 붉은 고래」 122
「나타2(나타지마동료해((哪吒之魔童鬧海))」 17, 95, 120
「나타료해(哪吒鬧海)」 113, 114
「나타지마동강세(哪吒之魔童降世)」 117, 118, 120
「낙타헌무(駱駝獻舞)」 112, 113
「난부난처(難夫難妻)」 86, 87
「농촌으로 가다(到農村去)」 59
「뉴욕의 베이징인(北京人在紐約)」 64
「당이 그를 살렸다」 60
「대료화실」 111, 113
「대어해당(大魚海棠)」 117, 120, 122-123
「대장금(大長今)」 75
「대진제국(大秦帝國)」 66-67
「덩샤오핑」 66
「랑야방」 78, 101-102
「량젠3(亮劍3)」 67
「만장적계절(漫長的季節)」 72
「매력상서(魅力湘西)」 136
「무송(武松)」 63, 240
「무훈전(武訓傳)」 90
「묵공(墨攻)」 106
「백모녀(白毛女)」 89, 90
「백사: 연기(白蛇: 緣起)」 30, 120, 201-202
「별에서 온 그대」 75-76
「별은 내 가슴에」 75
「보련등(寶蓮燈)」 102, 114
「부니베어(熊出没)」 119
「북경 내사랑」 77
「북경(베이징)자전거(十七歲的單車)」 93, 98
「분투(奮鬪)」 64

「불타는 홍련사(火燒紅連寺)」 87, 88
「붉은 수수밭(紅高粱)」 91, 97, 103
「사랑이 뭐길래」 74-75
「사병돌격(士兵突擊)」 65, 67
「산해경 Go」 187-189, 250
「삼가친(三家親)」 61-62
「새끼고양이가 낚시를 하다(小猫釣魚)」 112-113
「생사한(生死恨)」 89
「서유기: 대성귀래(西游記之大聖歸來)」 116, 120
「서유항마(서유기 모험의 시작)」 233, 235
「소과두조마마(小蝌蚪找媽媽)」 112-113, 115
「소실적타(消失的她)」 93
「소오강호」 247-249
「송성천고정(宋城千古情)」 135
「수호지 for Kakao」 241
「시대를 초월한 명시(千秋詩頌)」 36
「시양양과 후이타이랑(喜羊羊與灰太狼)」 115-116
「시험장에서의 반수정주의 투쟁(考場上的反修鬪爭) 61-62
「신녀(神女)」 88-89
「신여성(新女性)」 88-89
「아애아가(我愛我家)」 64
「양료개양(羊了個羊)」 147
「양산백과 축영대(梁山伯與祝英臺)」 89, 197-198
「어광곡(漁光曲)」 88-89
「연우장자제(煙雨張家界)」 136
「염서생(閻瑞生)」 86-87
「외지에서 온 누이(外來妹)」 64
「요즘 젊은이(現在的年輕人)」 129

「용봉무중화(龍鳳舞中華)」 136
「워쥐(蝸居)」 65-67
「위장자(偽裝者)」 66-67
「윈난영상」 133
「인생(活着)」 92, 97
「장안삼만리(長安三萬里)」 111, 118, 120
「적영 18년(敵營十八年)」 62-63
「정군산(定軍山)」 86-87, 226
「조롱박의 비밀(寶葫蘆的秘密)」 115-116
「진용(秦俑)」 207-209, 251
「질투」 74
「집결호」 98, 105
「차이빙즈 한 입(一口菜餠子)」 59-60
「착요기(捉妖記)」 92
「천문호선(天門狐仙)」 136
「천서기담(天書奇談)」 113-114
「철선공주(鐵扇公主)」 112-113, 234
「축복」 90-91
「출동! 슈퍼윙스(Super Wings)」 121
「태양의 후예」 76
「판관 포청천」 216-218
「패왕별희(霸王別姬)」 91, 97
「풍기낙양」 68
「풍류연화」 129
「풍운아녀(風雲兒女)」 88-89
「해서(海誓)」 86-87
「허 스토리(Her Story, 好東西)」 96
「호우시절(好雨時節)」 105
「홍루몽(紅樓夢)」 63, 91, 100
「홍분고루(紅粉骷髏)」 86-87
「환락송(歡樂頌)」 66-67
「황비홍6: 서역웅사(西域雄獅)」 221
「휘운가무(徽韵歌舞)」 136
「흑묘경장(黑猫警長)」 114

정책

「14차 5개년 중국 드라마 발전 규획」 78, 106
「14차 5개년 중국 영화 발전 규획」 107
「'영업성 공연 관리조례의 수정'에 관한 결정」 142-143
「'인터넷 숏클립 플랫폼' 관리규범」 171, 172
「해외 문화예술 공연 및 전시 관리규정」 142
「가라오케 음악 내용 관리 잠정 규정」 130, 143-144
「공연 매니지먼트 규범화와 연예인 관리 강화, 공연시장 질서 확립 발전에 관한 통지」 139
「드라마 제작허가증제도」 69
「드라마 중외 합작 제작 관리규정」 81
「드라마 콘텐츠 관리규정」 81
「드라마 콘텐츠 제작 통칙」 81
「딥페이크 관리 규정」 37
「모바일게임 콘텐츠 규범」 155
「미성년자 사이버 보호 조례」 173
「미성년자 온라인 게임 중독 방지 관리시행에 관한 통지」 154
「사이버 문명 건설 강화에 관한 의견」 166
「생성식 AI 서비스 관리 임시 방법」 132
「역사문화 명성·명진·명촌 보호조례」 272
「영화관리조례」 108
「오락장소관리조례」 144
「온라인 공연매니지먼트사 관리방법(2021)」 173
「온라인 폭력 정보처리규정」 174
「온라인게임 관리 임시방법(2010)」 155, 157
「온라인게임 적정 연령 안내」 156
「인터넷 생방송 규범 관리업무 강화 관련 지도 의견」 167
「인터넷 숏클립 콘텐츠 심의 기준 세칙」 171-172
「인터넷 시청각 프로그램 콘텐츠 심사 통칙」 169
「중공중앙의 사회주의 문예 번영 발전에 관한 의견」 82
「중국 만화·애니메이션산업 발전 추진에 관한 약간의 의견」 124
「중국 만화·애니메이션산업 진흥에 관한 의견」 125
「중화인민공화국 영화산업 촉진법」 108
「차세대 AI 발전계획」 36
「해외 문화예술 공연 및 전시 관리규정」 142

현대 중국의 문화산업 읽기

초판 1쇄 발행 2025년 8월 8일

지은이 김창경 공봉진 안승웅 이강인
펴낸이 강수걸
편집 이선화 강나래 이소영 오해은 이혜정 한수예 유정의
디자인 권문경 조은비
펴낸곳 산지니
등록 2005년 2월 7일 제333-3370002510020050000001호
주소 부산시 해운대구 수영강변대로 140 BCC 626호
전화 051-504-7070 | 팩스 051-507-7543
홈페이지 www.sanzinibook.com
전자우편 sanzini@sanzinibook.com
블로그 http://sanzinibook.tistory.com

ISBN 979-11-6861-491-8 94300
       978-89-92235-87-7(세트)

* 책값은 뒤표지에 있습니다.
* 잘못 만들어진 책은 구입처에서 교환해드립니다.